本书获山东省泰山学者青年专家项目资助（项目编号：tsqn202211130），为山东省哲学社会科学规划项目"乡村教育数字化转型的理论与实践研究"（项目编号：24CJYJ19）、山东省人文社会科学智库重点专项课题"数字化赋能教师专业发展的理论与实践研究"（项目编号：2023zkzd071）研究成果。

教研员信息化引领力研究

赵可云 杨鑫 著

中国社会科学出版社

图书在版编目（CIP）数据

教研员信息化引领力研究 / 赵可云，杨鑫著. --北京：中国社会科学出版社，2025.3. -- ISBN 978-7-5227-4774-3

Ⅰ.G451.2

中国国家版本馆 CIP 数据核字第 20259P2Z42 号

出 版 人	赵剑英
责任编辑	朱亚琪
责任校对	赵雪姣
责任印制	戴　宽

出　　版	中国社会科学出版社
社　　址	北京鼓楼西大街甲 158 号
邮　　编	100720
网　　址	http://www.csspw.cn
发 行 部	010-84083685
门 市 部	010-84029450
经　　销	新华书店及其他书店

印刷装订	北京明恒达印务有限公司
版　　次	2025 年 3 月第 1 版
印　　次	2025 年 3 月第 1 次印刷

开　　本	710×1000　1/16
印　　张	15.25
字　　数	244 千字
定　　价	69.00 元

凡购买中国社会科学出版社图书，如有质量问题请与本社营销中心联系调换
电话：010-84083683
版权所有　侵权必究

前　　言

百年大计，教育为本。党的二十大赋予教育在现代化国家建设和民族复兴全局中的"基础性、战略性支撑"地位，更加彰显教育之于现代化国家建设和民族复兴全局的重要作用。习近平总书记指出："建设教育强国是中华民族伟大复兴的基础工程，必须把教育事业放在优先位置。"[①]实现教育强国的建设目标，离不开教师专业能力的发展，而教师专业能力的发展，离不开教研员的专业支持。教研员群体作为连接理论与实践的桥梁，在中国各阶段教育改革与发展中发挥着举足轻重的作用。"从教师中来，到教师中去"既概括了教研员的发展轨迹，又暗含着教研员的实践逻辑。教研员群体既深谙教育教学的理论精髓，又贴近一线教学实践，既引领了教育教学工作的探索与创新，又为一线教师提供了宝贵的经验和指导，被誉为"教师的教师"。2023年，教育部办公厅印发了《基础教育课程教学改革深化行动方案》，其中明确指出了教研员在"教研专业引领"和"推进数字化赋能教学质量提升"中的引领作用。[②] 教研员作为区域教育研究与实践的引领者，其专业素养和实践经验对于提升教育质量、推动教育创新具有不可替代的作用。在新一轮的基础教育课程改革中，教研员需要积极发挥专业引领作用，深入一线课堂，了解教师的需求和困惑，为教师们提供有针对性的指导和帮助；积极拥抱数字化技术，探索数字化赋能教学的新模式和新方法，借助网络平台开展远程教研、在线培训等活动，打破地域限制，实现优质教育资源的共享。因此，如何充分发挥教研

[①]《习近平著作选读》第二卷，人民出版社2023年版，第37页。
[②]《教育部办公厅关于印发〈基础教育课程教学改革深化行动方案〉的通知》，http：//www.moe.gov.cn/srcsite/A26/jcj_kcjcgh/202306/t20230601_1062380.html。

员在区域教育研究与实践中的引领作用，探索和创新教研机制，激发教研员的积极性和创造力，使之能够更好地服务于一线教学，推动教育事业的持续健康发展，是新时代教研员专业发展的重要议题。

本书在教育信息化的大背景下，以教研员专业能力的发展为核心线索，深入探讨了教育信息化与教研员专业成长之间的紧密联系。书中系统地剖析了教育信息化背景下教研员的角色演变、知识体系构建以及教研素养的提升等关键问题，进一步阐述了教研员信息化教学的引领力、教研员知识发展路径以及教研员区域信息化教学引领力的发展路径等内容。涵盖了信息化时代教研员成长发展的多个层面，旨在为广大研究者及一线教研员提供深入的思考与有益的启示。

本书由赵可云、杨鑫统筹规划、主持编写，邵思淙、张秀秀、刘西静、崔妍、商慧波、高静怡、张乐康参与写作。由于笔者水平有限，本书难以涵盖教研员专业成长的方方面面，书中难免存在疏漏之处，敬请广大读者批评指正。

目　录

第一章　教育信息化与教研员 …………………………………… (1)
　第一节　教育信息化与教研的发展 ………………………… (1)
　第二节　数字化转型中教研员面临的现实挑战与机遇 …… (20)
　第三节　未来教研新态势与教研员专业适应 ……………… (27)
　小　结 ………………………………………………………… (32)

第二章　教育信息化背景下教研员角色剖析 …………………… (33)
　第一节　教育信息化背景下教研员角色定位 ……………… (33)
　第二节　教育信息化背景下教研员实践逻辑重构 ………… (44)
　第三节　教育信息化背景下教研员专业发展诉求 ………… (52)
　小　结 ………………………………………………………… (58)

第三章　教育信息化背景下教研员知识体系 …………………… (59)
　第一节　教研员知识体系的基本思想与概述 ……………… (60)
　第二节　教研员知识框架体系的构建 ……………………… (68)
　第三节　TRACK：整合技术的学科教研知识体系的阐释 … (77)
　小　结 ………………………………………………………… (92)

第四章　教研员信息化教研素养 ………………………………… (94)
　第一节　核心概念与体系构建的基本思想 ………………… (96)
　第二节　教研员信息化教研素养体系的构建过程与内容 … (103)
　第三节　教研员信息化教研素养体系的阐释 ……………… (110)
　小　结 ………………………………………………………… (129)

第五章　教研员区域信息化教学引领力模型研究 (131)
第一节　问题的提出 (131)
第二节　相关概念及模型构建基础 (135)
第三节　教研员区域信息化教学引领力模型的构建 (139)
第四节　教研员区域信息化教学引领力模型的阐释 (145)
小　结 (163)

第六章　信息化视野下教研员知识发展路径 (164)
第一节　教研员知识属性与发展路径 (166)
第二节　TRACK 视野下教研员知识发展路径的构建过程 (170)
第三节　TRACK 视野下教研员知识发展路径的阐释 (181)
小　结 (194)

第七章　教研员区域信息化教学引领力发展路径 (195)
第一节　教研员区域信息化教学引领力现状 (196)
第二节　教研员区域信息化教学引领力 U – D – S – P 发展路径的构建过程 (202)
第三节　教研员区域信息化教学引领力 U – D – S – P 发展路径的可行性与价值 (208)
第四节　教研员区域信息化教学引领力发展的 U – D – S – P 实现策略 (214)
第五节　个案实践 (223)
小　结 (229)

参考文献 (231)

第 一 章

教育信息化与教研员

第一节 教育信息化与教研的发展

一 中国教育信息化发展阶段

中国教育信息化的演进历程，始于以"电化教育"为标志的初期教育教学改革。党的十一届三中全会以来，中国相继出台了一系列重要文件，旨在推动教育信息化事业的稳步发展。中国的教育信息化建设历经了由传统"电化教育"向现代信息技术深度融合的变革过程，经历了教育信息化1.0时代、教育信息化2.0时代、教育数字化转型阶段以及教育数字化新阶段，逐步探索出一条符合中国国情的教育信息化发展道路。在此过程中，我们逐步构建起了较为系统与科学的教育信息化组织保障体系，为教育信息化事业的持续发展提供了有力支撑。[1]

梳理文献发现，中国学者对于教育信息化历史发展起点的观点存在差异，并且对教育信息化发展阶段的划分也存在不同的看法。对于中国教育信息化的起点，较具代表性的观点有以下几种[2]：一是王运武认为电教媒体运用于教学是教育信息化的开始，1903年汇文书院利用电影开展教育宣传成为教育信息化开始的标志；二是胡杰辉将中华人民共和国成立作为教育信息化的起点；三是通过对改革开放以来中国教育信息化的演进历程分析后，修永富将改革开放作为教育信息化的起点，1978年中央广播电

---

[1] 陈琳、姜蓉、毛文秀等：《中国教育信息化起点与发展阶段论》，《中国远程教育》2022年第1期。

[2] 陈琳、姜蓉、毛文秀等：《中国教育信息化起点与发展阶段论》，《中国远程教育》2022年第1期。

视大学建立和中央电化教育馆成立①,成为改革开放新时期教育信息化的先声②;四是马桂香、邓泽民通过对中国职业教育信息化研究文献进行聚类分析,认为中国教育信息化的起点是开始计算机辅助教育③;五是黄荣怀、江新、张进宝认为中国教育信息化的起点是计算机学科教学的开始④;六是陈琳、姜蓉、毛文秀等将中国教育和科研计算机网(CERNET)与国际互联网相连作为教育信息化的起点。⑤

教育信息化起点的多元化导致了教育信息化发展阶段的多元化。张立国、王国华立足中国本土文化和社会经济环境,着重探讨中华人民共和国成立后中国教育信息化的发展,将中国教育信息化划分为萌芽阶段(1949—1976年)、初步发展阶段(1976—1999年)、快速发展阶段(2000—2009年)、逐步成熟阶段(2010年至今)。张立国、王国华认为,中国教育信息化在实践与探索过程中逐渐形成了"信息化主体从一元主体独行向多元主体共治演化,信息化研究领域从单一领域突进向宽广领域共进演化,信息化动力从建设驱动向应用驱动演化,信息化理念从工具应用向深度融合演化,信息化策略从摸着石头过河向顶层设计演化,信息化经验从国外借鉴向国际引领演化"的独具特色的教育信息化演进逻辑。⑥

钟志贤、曾睿、张晓梅认为,教育信息化的发展离不开教育信息化政策的制度设计保障,考察中国过去20多年来的教育信息化政策发展变化历程,对于把握中国在全球教育信息化背景下的政策导向设计、切实保障教育信息化的发展,具有重要的理论和实践价值。因此钟志贤以1989—2016年中国国家层面的教育信息化政策文本为研究对象,从文本和内容

---

① 修永富:《回顾与展望:改革开放40年我国教育信息化的演进历程》,《天津电大学报》2020年第1期。

② 张立国、王国华:《中国教育信息化的科学内涵、阶段特征及演进逻辑》,《当代教师教育》2019年第1期。

③ 马桂香、邓泽民:《我国职业教育教学信息化研究40年综述》,《职教论坛》2020年第7期。

④ 黄荣怀、江新、张进宝:《创新与变革:当前教育信息化发展的焦点》,《中国远程教育》2006年第4期。

⑤ 陈琳、姜蓉、毛文秀等:《中国教育信息化起点与发展阶段论》,《中国远程教育》2022年第1期。

⑥ 张立国、王国华:《中国教育信息化的科学内涵、阶段特征及演进逻辑》,《当代教师教育》2019年第1期。

分析的角度，揭示了中国教育信息化政策演进的三个发展阶段：初步起始阶段（1989—2000 年）、迅速发展阶段（2001—2010 年）和全面推进阶段（2011—2016 年）。[①] 钟志贤等总结出中国教育信息化政策持续关注基础教育信息化发展、信息化资源建设、信息化人才培养，信息化教育管理和教育改革，对高等教育信息化、职业教育信息化、教师培训的发展、学习模式的变革以及教育创新的关注度不断提升。

王运武、黄怀荣、杨萍等借助 CIPO 评估模型，以不同时期国家教育的不同任务为依据，从教育信息化发展策略及措施、基础设施及信息化资源建设、人才保障及学科保障等方面综合出发，将中国教育信息化发展划分为前教育信息化阶段（1978—2000 年）、教育信息化 1.0 阶段（2001—2017 年）和教育信息化 2.0 阶段（2018 年以后）。[②] 他们认为 1986 年之前教育信息化的概念未被普遍认可，只有少数专家学者对教育信息化进行了探讨，直到吕可红首次阐述"教育信息化"的概念，教育信息化才逐步被认可和推广，逐渐成为新兴和热点研究内容。根据教育信息化面临的主要任务不同，王运武将前教育信息化阶段划分为计算机教学起步阶段（1978—1990 年）、计算机教育发展阶段（1991—1999 年）。

陈琳、姜蓉、毛文秀等在对中国教育信息化起点的不同观点进行深入分析和排除后，从政策推动、发展状态、标志性事件三个方面分析验证，认为 1995 年 CERNET 联通国际化联网是中国教育信息化起点的标志，1995 年为中国教育信息化的元年。[③] 她们将中国教育信息化发展划分为起步混搭期（1995—1999 年）、奠基普及期（2000—2011 年）、应用提升期（2012—2017 年）、融合转型期（2018 年至今）四个阶段，并指出中国教育信息化在世界教育信息化发展行列中的位置先后历经了跟跑、跟跑＋并跑、并跑、并跑＋领跑的快速跃迁，形成了鲜明的跨越式发展特色。

经过对中国教育信息化发展历程的深入剖析，我们可以清晰地看到，

[①] 钟志贤、曾睿、张晓梅：《我国教育信息化政策演进（1989—2016 年）研究》，《电化教育研究》2017 年第 9 期。

[②] 王运武、黄荣怀、杨萍等：《改革开放 40 年：教育信息化从 1.0 到 2.0 的嬗变与超越》，《中国医学教育技术》2019 年第 1 期。

[③] 陈琳、姜蓉、毛文秀等：《中国教育信息化起点与发展阶段论》，《中国远程教育》2022 年第 1 期。

尽管学界对其发展阶段的划分略有不同，但普遍认同其发展脉络可归结为起步、发展和成熟三大阶段。教育信息化自初始阶段聚焦于基础建设与远程教育，逐渐演进至信息技术的广泛应用与人才培养，如今已迈入提升与创新并进的全新时期。在审视教育信息化发展历程时，我们不难发现其与教研工作变革的紧密联系。本书基于对既有文献的深入分析，将1995年视为教育信息化的起始点，并从教研员的视角出发，结合教研形式的演变，将教育信息化的发展历程细化为四个主要时期：计算机辅助教学时期（1995—2005年）、网络教育时期（2005—2015年）、"互联网+教育"时期（2015—2021年）以及教育数字化转型时期（2021年至今）。在计算机辅助教学时期，教育信息化主要聚焦于基础设施建设和远程教育的发展。随着计算机技术的飞速发展，众多学校开始引入计算机辅助教学设备，如投影仪、多媒体教室等。教研员们积极探索利用这些设备进行教学的可能性，努力寻求新的教学方法和手段。这一时期，教研工作的核心在于如何将计算机技术有效地融入教学，从而提升教学质量。进入网络教育时期，信息技术的应用范围进一步拓展。网络教育的兴起使得教育资源得以更加便捷地共享和传播。教研员们开始利用网络平台开展在线教研活动，打破了地域限制，实现了跨区域的教研合作。同时，网络教育为个性化学习提供了可能，教研员们开始关注如何利用信息技术满足不同学生的学习需求。在"互联网+教育"时期，随着移动互联网的普及以及大数据、人工智能等技术的迅猛发展，教育信息化迈入了全新的发展阶段。教研员们开始运用互联网思维和技术手段推动教育教学的创新。他们积极探索将大数据应用于教学评价和反馈的途径，研究如何利用人工智能辅助教学，以及如何实现线上线下相结合的混合式教学等。这一时期，教研工作的重点在于如何充分发挥"互联网+教育"的优势，提升教学质量和效率。进入教育数字化转型时期，教育信息化的发展更加注重提升与创新。随着5G、物联网等新一代信息技术的快速发展，教育数字化转型已成为不可逆转的趋势。教研员们开始关注如何利用这些新技术推动教育的数字化转型，实现教育教学的智能化、个性化和精准化。他们积极探索利用大数据和人工智能技术构建智能教育生态系统的路径，推动在线教育与传统教育的深度融合，以及培养适应数字化转型的教育人才等方面的研究与实践。

二 教育信息化发展视角下教研形式的转变

教研源于中国的本土实践。其于清末推行新学制时萌芽。在新教育思潮的影响、民国时期教育部门的政策引导以及教育先行者身体力行的推动之下，一批民国时期新学校通过实验研究以适应教学新法，逐渐探索形成了较为体系化、制度性的教研经验。最初，"教研"为"教学研究"的简称，其内涵是教师个体或群体自发地或有组织地探讨解决与教学有关的问题以推进教学不断进步的研究活动。在中华人民共和国成立后的基础教育体系中，"教研"这一概念下已生发出多重指向，不仅仅是指"教学研究"。到现在，教研已发展为一个较为完整的工作体系，成为基础教育工作领域的重要组成部分，其中既包括自上而下逐级设置的或独立或整合的四级教研机构和学校独立设置的教研组，也包括专门从事教研工作的人员以及配套而生的体制、制度、管理、工作模式等。从根本意义上讲，"教研"的本体是"教学研究活动"，没有"教学研究活动"就无从谈论教研组织（机构）、教研人员、教研制度乃至教研体系。教研组织（机构）、教研人员、教研制度乃至教研体系都是服务保障于"教学研究活动"这一本体的。[①] 教研的目的是改进学校的教育教学，提高学校的教育教学质量和教师的业务水平，教研的主体是教研员、学校领导和教师，研究的内容包括教研管理体制，教师队伍建设，教研方式，教学理论，教学内容、目的、手段，教学模式及其建构，教学设计与实施，教学评价等内容。信息技术的迅猛发展和广泛应用，已经对教育领域产生了深远的影响。它不仅改变了教育的实施方式，还更新了教育内容。教学形式的转变和教育内容的更新引发了教研内容的转变，同时，信息技术也在不断推动着教研方式的转变。

（一）计算机辅助教学时期：传统教研的延续（1995—2005 年）

在 20 世纪 90 年代中叶，中国电化教育实现了跨越式发展，其影响力渗透至教学实践的多个层面，实现了在教学、学科和课堂层面的深度融合，以电影、幻灯、投影、录音和录像为代表的教材形态的建设水平和质

[①] 刘月霞：《追根溯源："教研"源于中国本土实践》，《华东师范大学学报》（教育科学版）2021 年第 5 期。

量呈现持续上升的趋势。教育信息化与电化教育并行发展，电化教育逐渐向教育信息化过渡。①

自 1993 年国务院发布的《关于〈中国教育改革和发展纲要〉的实施意见》中初次提出"实现教育的现代化"与"推广运用现代化教学手段"的宏伟目标以来，中国便踏上了迈向教育信息化和教育现代化的重要征程。② 在此阶段，政策层面开始深入关注并积极推进教育信息化的发展进程，并特别注重远程教育这一新兴教育形式的探索与实践。1994 年，鉴于科技的飞速进步，中国决策者深刻认识到教育现代化对于提升国家竞争力、培育创新人才的重要性。为此，《国务院关于〈中国教育改革和发展纲要〉的实施意见》明确阐明了实现教育现代化的目标，并着重强调推广运用现代化教学手段的必要性。此举标志着中国开始全面规划并部署教育信息化的战略布局，为未来的教育改革与发展奠定了坚实的基础。进入 1999 年，教育部进一步颁布了《关于发展我国现代远程教育的意见》，为中国现代远程教育指明了发展方向。③ 该意见清晰界定了远程教育的发展目标及任务，并着重指出："以电子信息技术为基础的现代远程教育，必将深刻变革教育领域，推动教育现代化的进程。"这一观点深刻揭示了远程教育在教育现代化进程中的关键作用，并为后续的教育改革提供了有力支撑。1999 年，《中共中央 国务院关于深化教育改革全面推进素质教育的决定》进一步强化了信息技术在教育领域的应用，该决定明确提出，要在高中及条件优越的初中、小学普及信息技术课程，确保全国各级各类学校均能接入教育科研网络。④ 此举旨在通过普及信息技术教育，提升师生的信息素养，加速教育现代化的步伐。进入 21 世纪，信息技术的迅猛发展进一步加快了教育信息化的发展步伐。2000 年，全国中小学信息技术教育工作会议的召开，标志着中国教育信息化迈入了崭新的发展阶段。会

---

① 陈琳、姜蓉、毛文秀等：《中国教育信息化起点与发展阶段论》，《中国远程教育》2022 年第 1 期。

② 《国务院关于〈中国教育改革和发展纲要〉的实施意见》，https://jyt.hunan.gov.cn/sjyt/xxgk/zcfg/flfg/201702/t20170214_3989964.html。

③ 教育部：《关于发展我国现代远程教育的意见》，《新疆开放大学学报》1998 年第 2 期。

④ 《中共中央 国务院关于深化教育改革全面推进素质教育的决定》，https://jyt.hunan.gov.cn/jyt/sjyt/xxgk/zcfg/flfg/201702/t20170214_3989930.html。

议强调:"面对世界信息技术教育发展环境的急剧变化,为在新世纪日趋激烈的国际竞争中占据主动地位,我们必须加快在中小学普及信息技术教育,努力实现教育信息化。"为实现这一目标,会议提出了"加快信息技术教育与其他课程的整合"的核心思路,并宣布全面实施中小学"校校通"工程,力求实现基础教育的跨越式发展。[①]

该工程的实施不仅显著提升了中小学的信息技术教育水平,也为全国范围内的教育信息化发展提供了有力保障。在这一系列政策的推动下,中国教育信息化取得了显著成效。越来越多的学校开始采用现代化教学手段,如多媒体教学、网络教学等,使得教育资源的共享和优化配置成为可能。同时,远程教育的普及也使得更多人能够享受到优质的教育资源,促进和提高了教育的公平性和普及程度。总体而言,自1994年首次提出教育现代化和推广现代化教学手段以来,中国教育信息化的发展历经多个阶段,取得了显著成果。展望未来,随着科技的持续进步和教育的深入改革,相信中国教育信息化的发展将更加繁荣、更加深入。

在信息技术革命的推动下,教育作为以信息传递为主的活动,发展十分迅速。以网络技术为核心技术的教育应用开始应用于教学,多媒体技术、网络技术和通信技术同步发展,极大地推动了计算机辅助教学系统的发展和提高。[②] 现代化教学环境从早期的语言实验室、教学闭路电视系统、小型计算机网等,发展到多媒体计算机电子教室、多功能电教室、多媒体电视教学系统、校园计算机网、因特网等,这对深化教学改革、促进教育教学现代化起到了十分积极的作用。[③] 信息资源的日益膨胀和信息处理技术的持续更新,不仅带来了计算机辅助教学在手段和教学内容上的深刻变革,还推动了以这两者为基础的教学模式的不断创新和优化。尽管投入了数十万甚至数百万元来建立现代化的教学设施,但这些设施并没有完全发挥其应有的作用,其带来的教育效果也远未达到预期。这种状况在一定程度上导致了教学资源的浪费。造成这一现象的一个重要原因是观念的

[①] 《教育部关于印发教育部部长陈至立在2001年度教育工作会议上的讲话和〈教育部2001年工作要点〉的通知》,http://www.moe.gov.cn/jyb_xxgk/gk_gbgg/moe_0/moe_7/moe_445/tnull_5941.html。

[②] 常林:《计算机辅助教学带来的信息化教学观念转变》,《中国电化教育》1998年第11期。

[③] 陈东:《试论现代化教学环境中教师教育技术的培训》,《电化教育研究》2000年第12期。

落后以及相当一部分教师缺乏运用教育技术的能力。运用现代化教学手段，需要现代化的教育思想，也需要现代化的本领，多数教师已经习惯了多年不变的教学模式，计算机辅助教育的到来冲击着他们的教学观念和知识体系，教师需要重新学习计算机的使用技能，树立起以信息为主导的教学观念。政府重视教育信息化基础设施和资源的建设与应用，加大在职教师的师资培训，培养教师的信息技术能力与应用水平，不断规范信息化资源与信息化标准，帮助中小学建立或完善教育技术设备管理制度。① 教师信息技术能力的培养也是推动教育信息化发展的重要一环，2001年教育部印发《基础教育课程改革纲要（试行）》，明确指出教师应"促进信息技术与学科课程的整合，逐步实现教学内容的呈现方式、学生的学习方式、教师的教学方式和师生互动方式的变革"，明确将教研组织确定为课程改革的支撑力量，要求"各中小学教研机构要把基础教育课程改革作为中心工作，充分发挥教学研究、指导和服务等作用，并与基础教育课程研究中心建立联系，发挥各自的优势，共同推进基础教育课程改革"。② 2003年国务院颁布《关于进一步加强农村教育工作的决定》，提出要有计划有组织地对全体教师开展培训，教研员在此过程中发挥了不可替代的作用。③ 以中央及地方电化教育馆为核心的教育信息化管理及建设队伍体系逐渐形成，以各地高等院校为核心的教育信息化教学及科研队伍体系逐渐壮大。④

这一时期教研仍然延续之前的传统教研形式，技术对教研的影响较小，教研仍以面对面的形式展开。虽然教研的形式没有发生太大的变化，但教研的内容开始关注信息技术在教育中的应用。教研开始关注如何将信息技术手段在各学科教学中成为教师传授知识的有力工具，如何将信息技术融入学科教学。这一时期教研工作的任务是紧密围绕实施素质教育这一核心目标，进行观念上的转变和方法上的创新，教研员运用前沿的教育理

---

① 钟志贤、曾睿、张晓梅：《我国教育信息化政策演进（1989—2016年）研究》，《电化教育研究》2017年第9期。

② 《教育部关于印发〈基础教育课程改革纲要（试行）〉的通知》，http://www.moe.gov.cn/srcsite/A26/jcj_kcjcgh/200106/t20010608_167343.html。

③ 张妍、曲铁华：《中国共产党百年农村教师政策回眸与前瞻》，《现代教育管理》2021年第6期。

④ 张立国、王国华：《中国教育信息化的科学内涵、阶段特征及演进逻辑》，《当代教师教育》2019年第1期。

念、科学的教学理论和高效的管理策略来引领和指导教师教学工作，确保教研活动能够高效地服务于教育实践，推动教育质量的持续提升。教研室经常进行的教研活动有听课评课、专题研讨、答疑解难以及组织教师教学素质比赛等活动。① 教研基本上是自上而下，学校围着上级教研转，学校教研服从、服务于上级安排，完成上级要求和任务。教研工作方式主要是"教练式"，一线教师很少有机会发表自己的意见。讲座、评课、发言大多是教研员"一锤定音"，这种教研方式可以说是教研员向教师的单向传递，教师只是研究试验的辅导者、配合者，而不是真正的研究主体，教师的积极性、主动性与创新性难以发挥。② 这要求教研室不仅要更新教研理念，优化教研方法，还要积极构建和完善一种能够适应教育现代化需求的教研工作新体系。③

尽管部分教研员已尝试将信息技术应用于教研工作中，但其对教研内容和形式的渗透程度仍显浅薄。这主要体现在以下几个方面：首先，教研员对信息技术的认知和应用水平仍需提升。许多教研员对信息技术的了解尚停留在表面，缺乏深入的了解和掌握，因此在利用信息技术进行教研时，往往仅能进行简单的操作，无法充分发挥信息技术的优势。其次，教研员对教育发展趋势的敏感度有待提高。由于缺乏对教育发展趋势的深入了解和分析，教研员在制订教研计划和内容时往往难以紧跟时代步伐，缺乏前瞻性和创新性。然而，随着信息技术的不断发展和普及，其在教研工作中的应用前景将越发广阔和深入。未来，教研员需不断提升自身的信息素养和综合能力，以更好地适应教育信息化的发展趋势。同时，还需密切关注教育发展的最新动态和趋势，不断更新教育理念和教学方法，以培养出更多符合社会需求的优秀人才，为社会的持续发展和进步贡献力量。

（二）网络教育时期：信息化教研的萌生（2005—2015 年）

教育信息化作为全球教育发展的大趋势，已成为推动教育改革和创新的核心动力。进入 21 世纪，中国教育信息化政策目标是加强基础教育信

---

① 阎广超：《怎样才能使教研活动不走过场》，《渤海学刊》1998 年第 3 期。
② 时曦编著：《教研员专业成长之路》，广西师范大学出版社 2008 年版，第 56 页。
③ 孙立春、张茂聪、张彩霞：《基础教育教研工作的若干思考》，《中国教育学刊》1999 年第 3 期。

息化建设，积极加强建设教育网络资源体系，鼓励各级各类学校开发开放式的教育资源，实现优质资源共享，对信息化资源应用提出了新要求。通过校园网络的建设，学校构建了丰富的教学资源库，包括网络课程、教学软件和多媒体素材，极大地丰富了教学内容和形式。多媒体网络教学的实施，使得教学活动不再局限于传统的教室，而是拓展到了网络空间，实现了资源共享和远程教学，这不仅提高了教学效率，也促进了教育公平。中国教育信息化建设在取得显著成就的同时，面临着网络基础设施、教师教育技术应用能力、培训体系建设等方面的挑战。首先，网络基础设施的建设和维护需要大量的资金投入，一些地区和学校可能因资金不足而无法跟上信息化的步伐。其次，网络速度的限制在一定程度上制约了多媒体网络教学的发展，特别是在数据传输量大和实时性要求高的情境下，网络的带宽和稳定性成为瓶颈。一些教师，尤其是年长的教师，缺乏运用现代教育技术的能力，或者对新技术持保守态度，限制了教育技术在教学中的应用。教师的培训和专业发展也是关键问题，需要建立有效的现代教育技术培训体系，以提高教师应用现代教育技术的手段和能力。

在 21 世纪初，中国展开了新课程改革，尽管大学基础教育课程研究中心的成立以及校本教研制度的确立为新课程的实施提供了坚实的专业支持，但面对教育领域的迅猛发展和广大中小学教师的热切期望，传统点对点、面对面、现场参与的小规模物理形态活动的教研模式已经难以满足当前的需求，专业支持力量的不足，成为新课程全面、健康、快速发展的"瓶颈"之一。① 教研方式亟须创新和突破。陈小娅于 2005 年首次提出"教研信息化"这一名词，教研信息化成为教育信息化发展的重要组成部分。教研活动不仅是现代化教育教学工作的重要组成部分，更是提升教师专业素养、促进教师专业成长、推动课程改革的关键途径。② 在不断地探索、交流、思想碰撞和深入研讨中，一个全新的概念——"网络教研"应运而生。它为教研方式的创新注入了全新的思维模式，是时代的产物，也是网络化、信息化时代教研发展的必然趋势。教育部基础教育课程教材发展中心在 2005 年正式立项，全面启动了"新课程网络教研"建设工

---

① 郑琰：《网络教研——校本教研的新载体》，《基础教育课程》2005 年第 12 期。
② 黄堂红：《教研信息化的内涵、意义及发展对策探讨》，《电化教育研究》2009 年第 3 期。

程，并开发了专门的网络教研平台——中国教育资源服务平台。这个网站以深入推进新课程为己任，全力构建民主、平等、对话、协商、共建的教研文化，为中小学教师提供全面及时、有效的专业支持。这一举措旨在利用现代信息技术，打破传统教研活动的局限，为广大教师提供一个更加开放、互动和高效的教研平台，从而推动教育教学质量的全面提升。

这一时期，网络教研主要有两种形态①，一是基于数字化文本交互的信息化教研，以教研博客圈的兴起为标志，基于数字化文本交互的信息化教研依托松散的教师网络联盟和自发自为的博客教研或论坛教研，开展网络环境下的教研实践。禹明、潘华东通过调研总结了网络环境中的五种网络教研方式，包括教科中心形式、民间教研团队形式、教研组虚拟教研形式、校本虚拟教研形式和网上手拉手形式，指出常用的技术手段有 BBS 论坛、博客、维基、在线多媒体技术、资源共享技术、自组建站系统、网络教学平台、电子刊物技术和思维导图技术等。② 二是基于教师在线实践社区的社群教研，基于教师在线实践社区、网络研修工作坊等形式的社群教研获得了快速发展。其中，在线社群平台和基于计算机终端的视频技术是其重要的教研交互媒介，并在教研的目标、过程、交互媒介等方面呈现新特点。教研的内容从探索信息技术支持教学的教学方法研究转向如何提升教师的信息技术应用能力、如何通过信息技术提高教学质量。

网络教研与现实教研互相促进、互为补充，为中小学教师专业发展提供了两种有效的实践模式。③ 研究表明，由教研员主导的网络教研活动对于促进教师行为的转变以及增强教师参与网络教研的广度和深度具有显著作用，教研员通过从主题、时间、要求、资源和话题五方面精心设计活动，吸引教师参与，并提供及时恰当的反馈，维持教师的参与动机。④ 这一时期，教研员的开展网络教研的形式有网络议课、网上讲座、备课评课

---

① 胡小勇、徐欢云：《"互联网＋教研"形态研究：内涵、特征与趋势》，《电化教育研究》2020 年第 2 期。

② 禹明、潘华东：《五种组织形式＋九种技术工具＝网络虚拟教研新机制——深圳市南山区让教研工作走向信息化的探索》，《中小学信息技术教育》2007 年第 5 期。

③ 裴胜辉：《网络教研引导中小学教师的专业发展》，《成人教育》2008 年第 8 期。

④ 关晓明、蒋国珍：《教研员引领的网上教研活动研究》，《中国远程教育》2009 年第 9 期。

互动、网上答疑、专题研究、教师专家互动。① 教研活动打破了时空的限制，教研员可以在网上指导教研，教研人员与教师、教师与教师、教师与学生之间，进行全方位的交流，教师可以主动上网查询信息，也可以通过教研员提供的相关链接获取各种音频、视频、图像、动画、文本等资源，教研活动具有跨时空性、交互性、主动性和便捷性。②

教研员在网络教研中扮演着核心角色，其工作职能涉及多个层面，以确保网络教研活动的有效性和专业性。首先，在教研活动开始前，教研员负责策划和确定研究主题，通过深入分析教育教学实践中的热点和难点问题，收集信息并组织讨论，以明确研究方向。其次，教研员需要对与主题相关的资料进行整合和筛选，为参与者提供丰富且有针对性的学习资源。此外，教研员承担着与学科专家的联络与协调工作，以确保活动的专业性和权威性。在活动组织与引导方面，教研员需精心设计活动流程，确保活动按计划顺利进行，并在必要时提供引导，以促进参与者的深入学习和思考。同时，教研员负责对参与者提交的资源和方案进行质量控制和审核，以保证活动成果的质量和可靠性。教研员还需促进参与者之间的交流和讨论，激发思维的碰撞和创新，为网络教研活动注入活力。在活动后期，教研员负责整理和发布交流讨论的过程和结果，将有价值的信息和成果分享给更广泛的参与者，以促进知识的传播和应用。最后，教研员需要指导参与者进行反思和实践，将网络教研的成果转化为教学实践的具体行动，从而促进教师的专业成长和教学质量的提升。通过这些工作职能，教研员在网络教研中发挥着不可或缺的作用，推动着教育教学研究的深入发展。③

这一时期，中国对信息化教学设施的建设给予了前所未有的重视和投入，信息化资源建设快速发展。数字资源的建设和网络平台的发展催生了网络教研，教研活动不再局限于线下面对面交流，网络教研作为一种新的教研方式，以其快捷、自由、广泛、高效等诸多优势，为中小学教师专业

---

① 缪抗美、高斌：《区域教育现代化建设中的教育信息化》，《中国电化教育》2009年第12期。

② 肖正德：《网络教研：一种促进教师专业发展的新型教研模式》，《现代远距离教育》2007年第1期。

③ 龚道敏：《区域性教研机构开展网络教研的模式探索与实践》，《中国远程教育》2008年第3期。

发展提供了更广阔的成长平台。

(三)"互联网+教育"时期:信息化教研的发展(2015—2021年)

经过前十几年的教育信息化基础设施建设以及信息技术教育的普及,中国开启了教育信息化的广泛应用阶段。2012年,教育部发布《教育信息化十年发展规划(2011—2020年)》,旨在用十年左右的时间初步建立起具有中国特色的教育信息化体系。① 这一阶段,中国以"网络学习空间人人通"建设为核心任务,进入了技术与教育深度融合的阶段。以"人人通"为标志的网络学习空间建设,意味着对教与学方式的进一步变革,这是对此前的"宽带网络校校通""优质资源班班通"的进一步深化。② 依托"三通两平台"工程,中国教育信息化基础设施建设逐渐完善,同时依托网络学习空间建设,中国教育信息化发展逐渐走上应用驱动的道路。③ 信息化资源主要是通过网络共享的开放式课程资源,例如微课、慕课等,信息化应用的重点转变为数字化培训开展、数字化教学模式改革与创新、信息化管理等内容。2015年3月,李克强总理在十二届全国人大三次会议上作政府工作报告时首次提出"互联网+"行动计划。④ 在2015年6月14日举办的"2015中国互联网+创新大会·河北峰会"上,教育界的权威专家和学者围绕"互联网+教育"这个中心议题,展开了热烈的交流和卓有成效的讨论。随着信息技术的飞速发展和教育改革的深入开展,基础教育界也必将迈入"互联网+教研"的时代,以适应新形势下教育的发展,创造更好的教研生态,让传统的教研方式焕发新的活力。

网络教研实践中,教师主体性的缺失、教研模式的固化以及平台价值实现的不足构成了其发展的主要困境。伴随以智能手机、平板电脑等为代表的移动终端的快速普及,以及网络带宽的提升,"互联网+"行动计划的提出和教育信息化的不断推进,大数据、云计算等新兴技术为教育领域

---

① 《教育部关于印发〈教育信息化十年发展规划(2011—2020年)〉的通知》,http://www.moe.gov.cn/srcsite/A16/s3342/201203/t20120313_133322.html。
② 张伟静:《弹指一挥间,中国教育信息化巨变70年》,《中国教育网络》2019年第10期。
③ 张立国、王国华:《中国教育信息化的科学内涵、阶段特征及演进逻辑》,《当代教师教育》2019年第1期。
④ 平和光、杜亚丽:《"互联网+教育":机遇、挑战与对策》,《现代教育管理》2016年第1期。

带来了深刻的变革，迫切要求提升教师的专业素质和信息技术能力。在此背景下，"互联网＋教研"应运而生。"互联网＋教研"是信息化教研发展的高端形态，即在超越把互联网仅作为技术工具实现简单信息连接的基础上，以互联网思维变革教研的理念、方法与技术，使得教师在移动泛在、云计算、大数据和智能技术支持的环境中，采用多样化教研方式，促进教师高水平专业化发展的教研形态。① 互联网与教研的融合在思维、技术和文化等方面弥补了传统教研在主体互动方面的不足，为教研主体更好地展开互动交流，进而促进合作教研提供了新的平台、打开了新的思路。② "互联网＋教研"通过"云＋网＋端"的技术聚合，强调教研方式创新融合，促进专家、教研员及教研名师等智力资源的高效快速流转，提高了教研空间、教研资源和教研成果的共享度，旨在通过构建一个开放、互动、个性化的教研环境，满足教师专业发展的需求，推动教育质量的整体提升。"互联网＋教研"在继承网络教研特点的基础上，既注重网络的工具性，又将互联网思维融入教研工作的过程，与作为显示为校验补充的网络教研不同，"互联网＋教研"基于互联网思维对传统教研方式及教研活动设计的改造，将互联网思维有机融合在教研工作的每一个环节，强调教师即研究者，将教学中存在的问题作为教研的主要内容，依据专业平台，采用线下与线上相结合的方式开展主题研讨活动。③

这一时期信息化发展进入一个新的阶段，"互联网＋教研"环境实现了物理空间、信息空间和社会空间的无缝连接，为教师提供了跨区域、跨学科的教研平台，专业教研网络平台通过教师在线教研、名师工作坊、在线会客室、学科专家团队工作室及直播教研等专业化教研空间，支持教师开展优课直播教研活动。教研参与主体的构成更加广泛和多元化，一线教师、教研员、教育专家、技术专家以及政策制定者等都可以在教研平台上进行交流和合作，传统的层级结构被打破，形成了更加扁平化的交流结

---

① 胡小勇、徐欢云：《"互联网＋教研"形态研究：内涵、特征与趋势》，《电化教育研究》2020年第2期。

② 谭天美、范蔚：《"互联网＋教研"：校本教研主体互动新契机》，《教育科学研究》2017年第4期。

③ 郑世忠、张德利：《继承与超越：从"网络教研"到"'互联网＋'教研"》，《中小学教师培训》2016年第10期。

构，使得每一位参与者都能够直接表达自己的观点和想法，促进了知识的共享和创新思维的碰撞。此外，"互联网+教研"鼓励教师作为研究者参与教研活动，通过实践探索和理论研究相结合的方式，提升自身的专业素养和教学能力。在教研内容方面，培育教师智能教育素养和提升高阶教学创新设计能力成为"互联网+教研"的核心和关键，教研内容不仅包括传统的教学方法和策略，还涵盖了智能教育、STEM教育、创客教育等新兴的教育领域，旨在提升教师的智能教育素养和高阶教学创新设计能力，以适应教育信息化2.0时代的需求。

在"互联网+"教研的新时代背景下，教研员肩负起了多维度、深层次的职责与任务，在推动教育教学创新与改进方面发挥着举足轻重的作用。教研员不仅需要具备扎实的学科知识和教学理论功底，还需要与时俱进，善用互联网技术和大数据资源，以科技赋能教研工作。教研员作为诊断者，需要充分利用大数据技术，通过测评与视导等多种手段，全面收集并深入分析教育教学信息。他们运用先进的数据分析工具，对教学现状进行精准诊断，从而明确教研工作的重点和方向。这有助于教师清晰地认识自身的教学优势与不足，进而调整教学策略，提升教学质量。作为资源整合者，需要积极整合互联网资源，构建多元化的教师展示与交流平台。这些平台不仅有助于教师分享教学经验和成果，更能促进教师间的深度合作与思想碰撞，从而激发教育活力，推动教育创新。作为社群构建者。教研员应致力于构建稳定、高效的教研社群，通过共同的目标导向、协同工作机制和行动一致性的强化，增强团队协作精神和社群凝聚力。他们定期组织线上线下相结合的教研活动，为教师提供学习交流的机会，推动教育教学水平的共同进步。作为策动者，教研员强化用户意识，推行"诊断—发现—培育—推广"的闭环工作机制。他们关注基层教师的成长与发展，为他们提供专业、细致的指导和支持。同时，教研员应积极参与教研活动的策划与组织，确保教研活动的常态化、专业化发展。在组织协调方面，教研员负责制定科学的教研计划、组织有序的教研活动、监管教研过程并评价教研成果，以确保教研工作的有序、高效开展。作为评价者，教研员对教研成果进行客观、公正的评价，以确保教研活动的效果和质量。教研员应运用科学的评价方法和手段，对教师的教学成果进行全面、深入的评估，为教师的专业成长提供有力支持。同时，教研员是学校发展的信息桥梁。他们通过收集、分析教育教学的数据和信息，为学校制定发展目标、规划发展路径提供重要参考。此外，通过线上线下交流渠道，促进学校间的合作与交流，推动学校的特色发展和品牌建设。教研员还利用自身专业优势，集成区域内教育特色资源，形成具有地方特色的教育品牌。通过组织区域性的教研活动、比赛、论坛等形式多样的活动，展示和推广区域内的教育教学成果和特色，提升社会各界对地方教育的认知度和关注度。总体来看，教研员在"互联网+"教研中扮演着多重角色，既是组织者又是指导者，既是协调者又是评价者。通过专业化的工作和科技赋能，推动教研工作的创新与发展，为提升教育教学质量提供有力支撑。同时，教研员是推动教育现代化、实现教育强国目标的重要力量。展望未来，教研员将继续发挥关键作用，为教育教学事业的繁荣与发展贡献智慧和力量。

中国教育信息化经历了基础设施建设和信息技术普及阶段后，随着《教育信息化十年发展规划（2011—2020年）》的实施，进入了技术与教育深度融合的新阶段。"互联网+教研"应时而生，依托云计算、大数据等新兴技术，推动了教研方式的变革。教研员在此过程中扮演了关键角色，负责诊断教学现状、整合教育资源、建设教研社群、策动教师成长，推动了教研工作的创新和发展。

（四）教育数字化转型时期：信息化教研的成熟（2021年至今）

2018年教育部发布《教育信息化2.0行动计划》，提出到2022年基本实现"教学应用覆盖全体教师、学习应用覆盖全体适龄学生、数字校园建设覆盖全体学校，信息化应用水平和师生信息素养普遍提高，建成'互联网+教育'大平台"的发展目标[1]，2021年教育部批复同意上海为教育数字化转型试点区，首次提出了教育数字化转型试点，怀进鹏在2022年全国教育工作会议上提出，实施教育数字化战略行动，推动实现教育数字化转型。[2]《教育部2022年工作要点》将实施教育数字化战略行动纳入工作要点，对基础设施升级、公共服务平台建设、教育资源供给、

---

[1] 《教育部关于印发〈教育信息化2.0行动计划〉的通知》，http://www.moe.gov.cn/srcsite/A16/s3342/201804/t20180425_334188.html。

[2] 《加快教育高质量发展 2022年全国教育工作会议召开》，《新教育》2022年第8期。

学习空间应用、课堂教学模式、学生评价方式提出新的要求。① 中国共产党第二十次全国代表大会报告指出，"推进教育数字化，建设全民终身学习的学习型社会、学习型大国"，中国将目光聚焦在教育数字化转型，教育数字化转型成为教育信息化的主旋律。可以看出，进入教育数字化转型后，中国对教育数字化的发展更加重视。建设的重点也更加关注教学模式、教学评价等教育内在需求，以切实满足教育变革的需要，提高教学质量和效率。与此同时，中国教育信息化的发展重点从对"量"的追求转向对"质"的追求，更加注重教育信息化的质量。

2021 年 7 月，《教育部高等教育司关于开展虚拟教研室试点建设工作的通知》提出，"以现代信息技术为依托，试点先行、稳步推进，建设一批类型多样、动态开放的虚拟教研室"②。2022 年《科技部等六部门关于印发〈关于加快场景创新以人工智能高水平应用促进经济高质量发展的指导意见〉的通知》提出，"教育领域积极探索在线课堂、虚拟课堂、虚拟仿真实训、虚拟教研室、新型教材、教学资源建设、智慧校园等场景"。③ 虚拟教研室被界定为"'智能+'时代的新型基层教学组织"，具有"跨专业、跨校、跨地域""以课程（群）教学、专业建设、教学研究改革等为主题""多层级、多学科领域、多类型"等丰富内涵和显著特征。虚拟教研室作为一种新型的教学基础设施，既可以数字化呈现教学大纲、教学视频、实验指南、实训案例等教学资源，又可以实时集成一线教师关于教学研究的经验反思、教情数据、学情数据等碎片化信息。数字技术的迅猛发展，为教研组织未来形态的塑造提供了无限可能性，教研组织的数字化转型预示着教学研究新形态的到来，数字技术的嵌入促使教研资源开放共享，创设了一个支持教研知识生产、评估和交流的虚拟平台。④

---

① 《教育部 2022 年工作要点》，http：//www.moe.gov.cn/jyb_sjzl/moe_164/202202/t20220208_597666.html。

② 《教育部高等教育司关于开展虚拟教研室试点建设工作的通知》，http：//www.moe.gov.cn/s78/A08/tongzhi/202107/t20210720_545684.html。

③ 《科技部等六部门关于印发〈关于加快场景创新以人工智能高水平应用促进经济高质量发展的指导意见〉的通知》，https：//www.most.gov.cn/xxgk/xinxifenlei/fdzdgknr/fgzc/gfxwj/gfxwj2022/202208/t20220812_181851.html。

④ 张双志：《虚拟教研室：数字时代教研知识的共同生产》，《黑龙江高教研究》2023 年第 7 期。

中国已迈入"互联网+教育""智能+教育"和教育信息化2.0新时代，对广大教师的信息化教学、教研、教改能力提出了高标准和严要求。开展虚拟教研、建设虚拟教研室是新时代教师专业化发展的必然要求，是在面对面教研减少、线上教研增多、线上线下混合教研成为常态的情况下，加强教研教改、打破传统教研时空限制、扩大教研范围和参与面的有效举措。虚拟教研、虚拟教研室及研究拥有快速增长的巨大现实需求。[①]

大数据时代，人工智能、大数据、云计算、物联网等新兴信息技术在教育教学中的深入应用，促进教育数字化转型。教研契合教育的发展变化，充分应用新兴技术采集、存储、分析课堂教学和教研过程数据，解决以往教研工作中存在的数据难记录、问题难发现、效率难提升等问题，促使教研工作进一步走向精准，图像、语音等智能感知设备可自动识别和采集教师教学和教研过程中的多模态数据，为精准教研奠定数据基础；自然语言处理、大数据、人工智能等技术可融合多模态数据高效分析课堂中教与学的发生、发展状态，挖掘课堂要素间的复杂关系，并生成可视化分析报告；循证决策改进教学和教研，该过程在数据量化及质性分析结果的基础上，通过教研共同体充分的专业对话生成干预策略，既注重数据分析的"硬证据"，又注重主体智慧的"软支撑"。[②] 信息化教研进入精准化阶段，精准教研是以促进教师专业发展为目的，基于信息技术环境收集多模态数据进行分析和应用，以支持课堂教学改进、教学行为优化与宏观教研精准决策的一种教研形态。[③] 精准教研旨在帮助教师深度反思教学，精准诊断问题，深挖问题背后的复杂因素及关系，以促进教学质量的提升、教师的专业成长、学生的全面发展和教育管理决策的服务。

这一时期，借助各类新型技术，教研实现了智能化和精准化。教研的内容以教学问题为导向，聚焦学科教师在课程理解、教材把握、教学实

---

① 郑小军、何娟：《教育信息化2.0与数字化转型时代的虚拟教研室：概念、种类、特点、功能与模式》，《广西职业技术学院学报》2022年第6期。

② 陈锋娟、章光琼、张思等：《精准教研的内涵特征、价值取向与发展路径》，《中国远程教育》2024年第3期。

③ 章敏、周坤亮：《基于数据分析的精准教研——数字化时代教研转型的一种探索》，《人民教育》2023年第2期。

施、教育评价等方面所面临的真问题、实问题。教研活动具有专业性、针对性、实践性、应用性、创新性和综合性，力求各项教研活动能够融合学科最前沿的教育理念，引领学科教学正确方向，摈除纸上谈兵式的空洞说教，为参加教研活动的教师提供看得见、学得会、用得上的教育教学理念、方法与策略，强调学思结合、知行统一，所开展的主题教研活动要围绕教学，紧扣课堂，聚焦一点、突破一类，注重引导学科教师举一反三、触类旁通、反思重建与迁移运用。

教研员不仅要成为学科教学的专家，还要成为区域教育的研究者、学校课程的推动者、学科育人的变革者，以及教师专业发展的引领者和支持者。为了更好地适应新时代教育的精准支撑需求，教研工作的组织实施正在从依赖个别教研员的"个人魅力型"研究，向"合作共同体"研究转变。这种转变意味着教研将更多地从"专家统一讲授"模式转向"教师众筹生成"，从"指令性实施"转向"互助性建构"。这对教研员信息化引领力提出了要求。教研员信息化教学引领力是教研员在推动区域信息化教学发展过程中，引导、带领、影响区域信息化教学组织及组织内部人员参与、研究信息化教学实践，以提高区域信息化教学水平为使命的一种综合力。① 教研员应当不断学习新的教育理念、教学方法和技术，以保持其专业知识和技能的前沿性，通过参与高级研修、学术交流和课题研究，提升自身的理论水平和实践能力。此外，教研员应具备良好的沟通和协调能力，能够有效地与教师、学校管理层、教育行政部门以及家长等利益相关者沟通，以获得他们的支持和参与。教研员应构建一个由教育专家、行政管理人员、学校领导和一线教师组成的支持网络，共同推动教育改革和实践创新。

教育信息化是一个历史进程。初始于数据化，以计算机、多媒体为代表的数字信息技术，将事实、信号或符号转化为结构化数据并产生意义以改进教学；发力于网络化，以互联网、移动互联网为代表的网络信息技术，促进教育资源通过网络进行汇聚，实现优质资源的普及和共享；加速于智能化，以人工智能、大数据为代表的智能信息技术，促进教育过程中

---

① 赵可云、杨鑫：《教研员区域信息化教学引领力模型研究》，《电化教育研究》2017 年第 3 期。

的数据挖掘、分析、利用和各类智能化教育服务的实现。① 教研员作为区域信息化的引领者，其对教育信息化理解的深度与广度决定了区域教育信息化的高度。新时代教研员应当发挥其引领作用，统筹区域信息化教学发展的方方面面，协调、引领专家、校长、教师等人力要素，促进教学一线每个教学细胞的信息化教学事务良好、有序地运行。

第二节　数字化转型中教研员面临的现实挑战与机遇

一　教研员面临的现实挑战

（一）教研员专业能力发展

从优秀教师中选拔出来的教研员无疑具备扎实的教育理论素养，随着教育技术的发展，传统的教学方法和教研模式正在被数字化工具和平台所取代，新的教育理念和课程理论不断出现，教研员原本具备的理论知识和经验无法满足新课程的诉求，教育数字化转型对教研员提出了前所未有的挑战。

教研员从基础教育一线教师中选拔而来，其专业能力和基础教育一线教师的专业能力有所交叉和进一步提升。从专业知识、专业技能、教育科研能力、研究意识这四个维度来看，教研员专业能力即教研员所具备的以学科知识、教育学和心理学知识为主的专业知识，较强的学科教育教学实践能力、听评课等专业技能，引领学科发展的学术研究能力以及具备能捕捉和把握学科前沿的研究意识。教研员专业能力是教研员充当学科教学的组织者、引领者和研究者的动力来源，也是教研员学术角色得以成立的立足之基。②

大数据、虚拟现实、人工智能等技术手段的更迭要求教育进行变革。技术与教育的浸入式融合映现了教育顺应时代发展的自我突破。教师作为教育创新发展的主力军，肩负着培养数字化人才的重任，其数字胜任力深

---

① 袁振国：《教育数字化转型：转什么，怎么转》，《华东师范大学学报》（教育科学版）2023年第3期。

② 汪路艳：《教研员学术权威的失落与重塑》，《教育理论与实践》2024年第13期。

刻影响现代课堂效果、学生数字素养和教育变革进程。[1] 教研员作为教师专业成长的重要指导者，承担着指引教师专业成长的职责。然而，教研员长时间的基层工作形成了相对稳定、成熟乃至固化的思维方式，往往这种"固化"很难在短时间内改变或"不愿"自觉进行角色自我转换，过往经验成为其专业迭进的一种障碍。此外，部分教研员缺乏独立思考和批判性反思的能力，对教育数字化转型理解产生偏差和误读。[2] 教研员的专业能力有限，难以应对教师专业成长的需求，教研员对教师专业成长的指导效果不佳，导致教师对教研员专业能力的认可度下降，教师质疑教研员的专业能力。[3]

教育数字化背景下，教研员作为教育发展的支撑性力量，需要发动好"数据引擎"，让数据充分赋能，重塑学生观、教师观、教学观、教育观。传统的课程体系和教学资源已经难以满足数字化时代学生多样化、个性化的学习需求。教研员需要深入研究教育技术的发展动态，探索如何将信息技术与学科教学深度融合，设计出富有创新性和互动性的课程。跨学科课程是数字化转型下教育创新的一个重要趋势。在数字化环境下，不同学科之间的界限日益模糊，学科间的交叉与融合为教育创新提供了广阔的空间。教研员需要具备跨学科协作的能力，能够与其他学科领域的专家进行有效沟通和合作，共同探索跨学科课程的开发和实施。通过跨学科的项目式学习、主题式研究等活动，激发学生的创新思维和综合实践能力，促进学生全面而有个性地发展。教学模式的创新是教研员必须积极应对的重要课题。数字化环境为教学带来了革命性的变化，催生了翻转课堂、在线协作学习等新型教学模式。这些模式强调学生的主动参与和个性化学习，要求教师能够灵活运用技术工具，创造性地设计教学活动。在评估和反馈方面，数字化技术的应用为教学评价提供了新的视角和工具。通过学习管理系统、智能教学平台等工具，学生的在线学习行为、作业提交、讨论参与等数据可以被实时收集和分析。教研员需要掌握数据分析的技能，从海量数据中提取有价值的信息，对学生的学习过程进行全面、客观的评估。同

---

[1] 周洋：《数智时代高校教师数字胜任力的现实困境和提升路径》，《教育观察》2024 年第 3 期。

[2] 方奇、王辉：《我国基层体育教研员角色的历时样态、现实困境及未来路向》，《北京体育大学学报》2024 年第 3 期。

[3] 汪路艳：《教研员学术权威的失落与重塑》，《教育理论与实践》2024 年第 13 期。

时，教研员要能够基于数据分析结果，为教师提供有针对性的反馈和建议，帮助他们优化教学策略，提高教学质量。

（二）教研员信息素养

2019年11月，《教育部关于加强和改进新时代基础教育教研工作的意见》，突出了教研工作在基础教育领域中的重要意义，提出了新时期教研工作总体思路和要求。第八条指出：创新教研工作方式。要根据不同学科、不同学段、不同教师的实际情况，因地制宜地采用区域教研、网络教研、综合教研、主题教研以及教学展示、现场指导、项目研究等多种方式，提升教研工作的针对性、有效性和吸引力、创造力，积极探索信息技术背景下的教研模式改革。① 教研员作为学科教学研究与指导的专门人员，理应成为区域教学信息化的引领者，深入探索实践新时期基于信息技术的教研新方式、新方法。不仅要把信息技术与课程融合的理念传递给一线教师，而且要通过学习和运用互联网、人工智能、大数据等信息技术创新教研模式，使得教研工作适应新时代发展，贴切新时期教师专业发展新要求。信息技术的发展要求教研员具备信息素养。信息素养，是指以信息理解和信息技术应用为核心的综合素养。教研员作为教育信息化的引领者和实践者，其信息技术素养对于推动教育信息化进程至关重要。信息技术素养并非仅限于信息技术专业的教师，而是所有教师，包括教研员，都应当具备的基本素质。在数字化的背景下，教育数字化转型的持续推进，云计算、人工智能、大数据、虚拟现实等技术的融合应用，预示着数字赋能、人机结合的教育将成为未来教育的新常态。因此，信息技术素养成为教研员不可或缺的一部分。2022年12月，教育部正式发布了《教师数字素养》行业标准，这一标准不仅为教师信息技术素养的评价提供了依据，也为教研员的专业发展指明了方向。② 在数字化转型的大潮中，教研员不可能置身事外，他们需要积极参与到信息化教学模式的变革之中，通过提升自身的信息技术素养来迎接新的机遇和挑战。

---

① 《教育部关于加强和改进新时代基础教育教研工作的意见》，http://www.moe.gov.cn/srcsite/A06/s3321/201911/t20191128_409950.html。

② 《教育部关于发布〈教师数字素养〉教育行业标准的通知》，http://www.moe.gov.cn/srcsite/A16/s3342/202302/t20230214_1044634.html。

一些教研员可能没有充分认识到信息技术发展对教育变革的深远影响。信息技术不仅是教学的工具，更是推动教育进步的力量，是社会发展到数字时代的必然趋势。提升教研员的信息技术素养，不仅是社会发展的需求，也是教育部门、家长和学生的共同期望。只有具备了信息技术素养，教研员才能更好地承担起推动教育现代化的责任，培养适应数字时代的人才。对于信息技术的应用，部分教研员的水平可能还停留在基础操作阶段。面对复杂问题时，教研员可能更倾向于寻求信息技术专业人员的帮助，而不是独立解决。信息技术的快速发展和应用的复杂性，使得一些教研员以工作繁忙、年龄或学科背景为由，对主动学习新技术持消极态度。此外，由于地区发展不平衡和学科特点的差异，不同地区、不同学科的教研员在信息技术素养上存在较大差距。在资源丰富、重视信息技术教育的地区或学校，教研员的信息技术素养往往较高；而在资源相对匮乏的地区或学校，教研员的信息技术素养提升则面临更多挑战。①

（三）教研员信息化领导力

2019年11月底公布的《教育部关于加强和改进新时代基础教育教研工作的意见》指出，教研员的主要角色应为教学服务者，服务学校开展教育教学、服务教师专业成长、服务学生全面发展以及服务教育管理决策。教研员既是"教育理论"一线实践应用的研究者，又是教师课程教学实践的服务者、指导者，更是教育区域信息化的示范者、引领者，教研员的这种角色属性及其鲜明的"区域服务引领"指向，要求教研员需要具备信息化引领力。教研员信息化教学引领力是指教研员在推动区域信息化教学发展过程中所展现的一系列综合能力。这种能力不仅包括对信息化教学理念的理解和掌握，还涉及对教育政策、教学实践、技术应用等方面的深刻洞察和前瞻性判断。

教研员是教育政策的执行者和传播者，通过教育政策的解读与再传递，教研员可以确保国家和地方的教育信息化政策得到有效执行，实现教育目标。通过促进教师、校长、专家等教育工作者之间的交流与合作，构建区域信息化教学共同体，形成推动教育信息化发展的强大合力，应对教

---

① 张远平：《数字化背景下教师信息技术素养的提升：何以可能及何以可为》，《黑龙江教师发展学院学报》2024年第2期。

育数字化转型过程中的诸多挑战，把握教育信息化发展的机遇。通过有效地将信息化教学资源和先进的教学理念推广到不同学校，特别是资源匮乏的地区，从而促进教育资源的均衡分配和使用，提高整个区域的教育质量，缩小城乡、学校之间的教育差距，确保所有学生都能享受到优质的信息化教育资源，促进教育公平。教研员网络引领力影响着区域教研教学组织及组织内部人员教研的观念和行为，决定着区域信息化发展的效果，对提升区域教师专业发展水平、推动学校课程改革、服务教育管理决策、提高区域教育教学质量起着重要作用。因此，教研员要转变教研观念，不断加强对信息化引领力相关知识的学习，提升自身引领力素养及专业素养，推动区域信息化的发展。

教研员对网络教研的构成、性能与教育的关系理解不够深入，缺乏对网络教研相关理论的系统研究。这导致教研员在引领网络教研活动时，可能无法准确把握教育技术发展的趋势和需求。尽管教研员能够运用理论指导一般的教学和网络教研活动，但在将理论应用于具体的网络教研实践、指导区域内网络教研活动的开展方面存在不足。在推动信息化教学的过程中，教研员可能会遇到来自教师、学校管理层乃至家长的变革抵触。这种抵触可能源于对新技术的恐惧、对改变教学习惯的抗拒或是对信息化教学效果的怀疑。教研员需要找到方法克服这些抵触情绪，以确保信息化教学的顺利推广。此外，教研室在区域信息化教学推广中可能被边缘化。在自上而下的推广机制中，教研员的角色和能力塑造往往没有得到足够的重视，导致他们在信息化教学推广中缺乏明确的角色定位和价值认识。此外，相关机构未能为教研室提供足够的保障机制，使得教研室难以实现信息化教学推广的生产力转化。

二　教研员专业发展新机遇

（一）国家政策关注教研员专业能力发展

随着教育数字化转型的推进，国家政策对教研员的重视程度不断提升。政策层面的支持为教研员的专业发展提供了坚实的基础和保障。2019年，《教育部关于加强和改进新时代基础教育教研工作的意见》指出当前教研工作还存在"教研工作还存在机构体系不完善、教研队伍不健全、教研方式不科学、条件保障不到位等问题"，并对此提出"完善教研工作体系、深化教研工作改革、加强教研队伍建设、完善保障机制"四条加强和改进新时代基础教育教研工作的意见。该文件明确了教研员的主要任务，强调教研工作要做到"四个服务"，即服务学校教育教学、服务教师专业成长、服务学生全面发展、服务教育管理决策，首次提出教研员应具备的基本条件，主要包括政治素质过硬、事业心责任感强、教育观念正确、教研能力较强（教育理论功底扎实、教学经验丰富，原则上应有六年以上教学工作经历，具有中级以上专业技术职称）、职业道德良好五个方面。这些政策为教研员指明了专业发展方向，提供了行动框架，帮助教研员明确自己的角色和职责，指导他们在教育数字化转型中发挥关键作用。随着国家对教研员关注度的提升，地方政府也紧跟国家政策导向，积极发布地方性文件以推进教研工作的改革，提供必要的资源和条件支持教研员的专业发展，包括教研项目的资助、教研员培训的费用、数字化工具和平台的采购等，确保教研工作能够顺利进行。例如台州市教育教学研究院组织市、县（区）两级教研室主任、教研员到南京进行2023年教研员能力提升培训、仙游县教研员研修班（幼儿园）培训活动于2024年5月在湖南长沙举行。这些培训项目旨在提升教研员的数字化教学能力、课程研发能力、教育研究能力等，帮助他们更好地适应数字化转型的要求。国家政策对教研员的关注度提升，不仅为教研员的专业发展提供了坚实的基础和保障，也为教育数字化转型和教育质量的提升提供了强大的推动力。教研员应积极响应国家政策的号召，抓住机遇，不断提升自身的专业素养，为推动教育创新和发展作出更大的贡献。

（二）数字技术赋能教研员信息素养提升

在数字化转型的浪潮中，信息素养已成为教育工作者必备的核心能力。对于教研员而言，这不仅关乎个人专业成长，更影响到他们如何支持和引导教师团队的信息素养提升。数字技术为教研员自身信息素养的提升赋能，这不仅推动了教研工作的现代化，也为教育质量的整体提升奠定了基础。

数字技术的崛起极大地丰富了教研员获取、处理和分析信息的方式。通过网络搜索引擎、学术数据库和在线期刊，教研员能够获取海量的信息资源，在快速定位并筛选出高质量的教育资源和文献的过程中，教研员的信息检索能力和批判性思维不断提升。大数据分析工具、智能教学工具的出现，督促教研员不断学习新兴教学工具，提高信息技术应用能力。此外，数字工具的应用使他们能够对学生的学习行为进行深入分析，从而为教学策略的优化提供数据支持。

作为教育变革的引领者和教师专业成长的支持者，教研员在推动教师信息素养提升方面发挥着关键作用。通过组织在线研讨会、网络研讨会和虚拟工作坊，为教师提供学习新工具、新技术的机会，帮助教师适应数字化教学的需求。此外，教研员负责引导教师如何有效利用数字资源进行教学设计、如何运用数据分析工具进行教学评估和反思，以及如何在教学实践中融入新兴技术，如人工智能、虚拟现实等。在对教师进行培训和指导的过程中，教研员自身也不断投身于新知识的学习和新技能的掌握中，以此提升自身的信息素养。这是一个互动共生的过程：教研员在引导教师探索数字化教学工具和策略的同时，也在积极适应快速变化的教育技术环境，不断精进自身的专业技能。

（三）资源共享支持教研知识及时更新

在数字化时代，信息的获取、交流与共享变得日益便捷，极大地推动了教育领域的发展。教研员作为教育质量提升的关键力量，他们在知识获取、同行交流以及跨学科合作方面迎来新机遇。

知识数字化使教研员获取知识更加便捷。数字化资源的丰富性让教研员在知识获取上享受到了前所未有的便利。开放获取期刊、在线数据库、电子图书馆以及各种学术搜索引擎，为教研员提供了广阔的知识领域，教研员可以轻松访问到最新的研究成果、学术论文、教学案例和教育政策，这些资源的即时性和互动性使教研员能够与教育领域的最新发展保持同步。此外，个性化的推荐系统和智能推送服务，使得教研员能够根据自己的研究兴趣和需要，接收到最相关的内容更新，极大地提高了知识获取的效率和针对性。

交流互动工具加快了知识的传播。数字技术的发展极大地降低了教研员之间交流的门槛。通过专业的在线论坛、社交媒体群组、即时通信软件和虚拟教研社区，教研员可以不受时间和空间的限制，与国内外的同行进行实时交流和深入讨论。这种即时的、跨地域的交流方式不仅加强了教研员之间的联系，也促进了知识和经验的快速传播。在线研讨会、网络直播和虚拟会议等新型交流形式，为教研员提供了展示研究成果、分享教学经验、讨论教育问题的平台，进一步加速了知识的共享和传播。

资源共享促进了跨学科和跨领域合作，进一步丰富了教研知识。资源共享的环境为教研员开展跨学科和跨领域的合作提供了可能。通过云平台、在线协作工具和开放数据集，教研员可以与其他学科的专家、行业实践者以及政策制定者共同开展项目研究，实现知识的交流与融合。这种跨界合作不仅拓宽了教研员的视野，也为解决复杂的教育问题提供了多角度的视野和创新的解决方案。同时，开放的资源和工具鼓励了更多的教育工作者参与教育创新，共同推动教育的发展。通过这种合作，教研员能够接触不同领域的最新知识和技术，丰富自己的知识体系，提高解决复杂问题的能力。

综上所述，数字化转型为教研员的专业发展提供了历史性的新机遇，这些机遇体现在国家政策的重视、数字技术的赋能以及资源共享的支持上。教研员应积极拥抱这些变化，不断提升自身的专业素养和信息素养，以适应数字化时代教育的需求，共同推动教育事业的繁荣发展。

第三节 未来教研新态势与教研员专业适应

一 未来教研的发展趋势

在当今快速发展的信息时代，教育数字化转型已成为教育领域的一大趋势。这一转型不仅改变了教学和学习的方式，也对教研工作提出了新的要求和挑战。作为教育质量提升的关键力量，教研员的角色正在经历着深刻的变革，教研员作为连接理论与实践、推动教育创新的重要桥梁，其工作模式和方法正在发生着翻天覆地的变化。

（一）数字化教研平台广泛应用

数字化教研平台，以其独特的优势，正在成为教研员和教师们开展教研活动的重要工具。这些平台不仅能够跨越地理和时间的限制，还能够提供丰富的交流和协作功能，极大地丰富了教研的形式和内容。

数字化教研平台的运用极大地提高了教研活动的效率。通过这些平台，教研员能够组织和参与跨区域甚至跨国界的教研活动，这在传统教研模式下是难以想象的。平台提供的即时通信、视频会议、在线协作等功能，让教师和教研员能够实时分享教学经验、讨论教学问题、共同开发教学资源。此外，数字化平台具备记录和存档功能，使得教研活动的过程和成果可以被长期保存和回顾，为后续的研究和学习提供便利。

教研员可以利用数字化教研平台开展多种教研活动。教研员通过在线问卷调查收集教师的教学需求和反馈，利用数据分析工具对这些信息进行深入分析，从而更准确地把握教学现状和教师需求。在教研讨论中，教研员可以利用论坛、聊天室等工具，创建专题讨论区，引导教师围绕特定主题进行深入探讨。此外，平台可以集成教学设计工具、资源共享库等，支持教师和教研员共同设计课程、制作教学材料。借助数字化教研平台开展教研工作，教研员需要具备一定的技术能力，能够熟练使用数字化平台的各种功能，为教师提供技术支持和指导，同时，教研员要承担起监督和评估的职责，确保教研活动的质量和效果，及时总结和推广教研成果。

(二) 大数据驱动教学改进

在这个信息爆炸的时代，大数据已经成为一个不可忽视的力量，它正在改变着生活和工作的方方面面。在教育领域，大数据的应用为教研工作带来了革命性的变化。通过对海量教育数据的收集、存储、管理和分析，大数据对深入理解学生的学习行为、认知发展和学业成就提供了前所未有的洞察力和决策支持。

大数据能够提供丰富的学习行为数据，帮助教研员全面了解学生的学习过程、学习时间、学习路径、学习策略等。通过对学习行为数据的分析，揭示学生学习成效的内在规律，帮助教研员识别影响学生学习的关键因素，从而更有针对性地进行教学设计。此外，大数据支持教研员进行预测性分析，如预测学生的学习趋势和潜在问题，提前采取干预措施。

教研员可以利用大数据进行多方面的教研工作。通过学习管理系统收集学生的学习数据，分析学生的参与度、互动情况和学习成果，为教学策略的调整提供依据。利用教育数据挖掘技术，发现不同学生群体的学习模式和偏好，实现个性化教学。通过情感分析工具，监测学生的在线讨论和反馈，了解学生的情感态度和动机水平。此外，教研员可以利用数据可视化技术，将复杂的数据转化为直观的图表和报告，帮助教师和管理者直观理解数据，作出决策。为了更好地应对海量的数据，教研员需要具备数据意识和数据能力，理解和运用大数据进行教研工作，在教研过程中，注意数据的收集和整理，确保数据的质量和可用性。同时，教研员要运用数据分析工具，对数据进行深入分析，发现数据背后的教育规律和问题，并将据分析结果转化为实际的教学改进措施，指导教师进行教学实践，推动教学质量的提升。

(三) 智能化教育治理的推进

在数字化转型的大潮中，大数据和智能化工具正在成为教育治理的新引擎。大数据提供了丰富的洞察力，而智能化工具和系统则将这些洞察力转化为行动，推动教育治理向自动化、智能化和精准化方向发展。对于教研员而言，这意味着他们可以利用智能工具来优化教研工作流程，提高教研活动的效率和质量，实现教育治理的现代化。

智能工具的运用对教研工作产生了显著的影响。利用智能分析工具跟踪和评估教学活动的效果，识别学生的学习模式和偏好，处理和分析大量的教学数据，帮助教研员快速识别教学中的问题和瓶颈，为教学策略的调整提供数据支持。自动化评估系统通过在线测试、作业批改等，能够提供及时、客观的学生学习反馈，个性化地分析学生的特点和需求，并能够借助智能推荐系统向学生推送精准化学习资源，实现教师个性化教学和学生自主学习。此外，通过预测性分析，教研员可以预见学生的学习趋势和潜在问题，提前规划教学干预措施。但智能技术的运用对教师而言是一个难题，教研员应为教师提供智能化工具的培训和使用支持，帮助他们克服技术障碍，充分利用这些工具，同时教研员应积极探索智能化工具在教研工作中的应用，不断尝试和创新教学方法。

二 面向未来的教研员专业成长

(一) 凸显价值引领，重塑教研引领文化

文化是一种精神力量，它在个体和社会层面上的影响是深远的。对于区县教研员而言，重塑领导文化，强化民主参与和协同共生的价值导向，对于提升教研员的引领力和改进区域教研工作的实效具有重要意义。首先，区县教研员应深刻认识到自己在区域教研工作规划与实践中的核心引导作用。教研员的引领力不仅需要学术、历史和实践的逻辑支撑，还应明确自己的教研引领角色，激发作为区域教研领导者的责任感和主人翁意识。通过增强领导意愿、自觉、信心和内在动力，区县教研员可以提升领导效能，从而促进个人领导力的增长。其次，区县教研员应基于变革型领导理论，有序地推动区域教研的价值观念、核心任务和工作机制的转型与发展。教研员需要关注个体差异和用户需求，强化民主协商和多维共生，以促进教学相长和优势互补。此外，区县教研员需要理顺区域教研系统内部与外部相关主体和要素之间的价值、需求及其相互关系，从精神、物质和制度环境等多维度构建区域教研领导的良好生态，将教研领导融入区域教研的精神生产、观念形态、思维方式和行为实践。最后，区县教研员的领导力应具备目标性、前瞻性、发展性、全局性和实效性（影响力）等特性。作为区域教研的领导者，教研员应在通识性领导力的基础上不断提升规划、推进和实现教研愿景的专业领导力。通过深化教研活动的过程、实效和影响，区县教研员可以激活区域教研领导的活力，营造区域教育领导的环境，凝聚区域教研领导的合力，并重塑区域教研的领导文化。①

（二）创建专业发展共同体，开展区域教研实践

为了推动教研专业的发展，需要构建一个共享、共赢的教研专业发展共同体。紧密结合各个领域的专家、学者和教师，共同开展丰富多样的教研活动，分享优质的教育资源，不断提升教育教学水平。建立一个高效、规范的组织架构，明确各部门和成员的职责，确保教研活动的顺利进行。同时，要注重发挥各级教育行政部门的指导作用，加强对共同体成员的培训和指导。通过互联网技术，将教研资源整合在一起，实现资源的共享和优化配置，鼓励成员自主创新，开发更多优质的教育资源，为教育教学提供有力支持。定期组织各类教研活动，如研讨会、观摩课、专业培训等，为成员创造交流学习的契机，加强和他地区教研共同体进行合作交流，借鉴先进的教育理念和实践经验。

为推动教研专业的持续健康发展，必须构建一个富有活力且实现共享共赢的教研专业发展共同体。这一共同体旨在汇聚来自不同领域的专家、学者和教师，激发他们的创新潜能，通过举办丰富多样的教研活动，实现优质教育资源的共享，进而不断提升教育教学水平。构建高效且规范的组织架构是教研专业发展共同体稳健发展的基石。须明确界定各部门和成员的具体职责，确保每位成员都能在共同体内找到合适的位置，充分发挥其专业特长。同时，为确保教研活动的顺畅进行，需建立起有效的沟通机

---

① 宋乃庆、吴乐乐：《区县教研员领导力的内涵、构成要素与提升策略》，《教育科学》2023年第3期。

制,保障信息在共同体内部畅通无阻。在共同体的发展进程中,各级教育行政部门的引领和指导作用至关重要。通过制定科学合理的政策导向,提供必要的资金支持,教育行政部门能够为共同体的发展提供坚实的保障。此外,加强对共同体成员的专业培训和指导同样不可或缺。通过定期举办培训班、研讨会等活动,可以持续提升成员的专业素养,使其更好地适应教研工作的需要。互联网技术为教研专业发展共同体的发展提供了广阔的空间。借助网络平台,能够将各地的教研资源进行整合,实现资源的优化配置和共享。这不仅可以降低教研成本、提高教研效率,还能为成员们提供便捷的沟通渠道,促进即时的学习交流。为激发共同体成员的创新活力,应鼓励其自主开发优质教育资源。这不仅能够丰富教育教学内容、提升教育教学的质量,还能够通过设立相应的奖励机制,对在资源开发方面表现突出的成员给予表彰和激励,进一步激发其参与教研工作的积极性和热情。此外,定期举办各类教研活动是推动共同体发展的重要手段。通过举办研讨会、观摩课、专业培训等活动,为成员们提供相互学习、交流的平台,加深彼此之间的了解与信任,进而拓宽视野、更新理念,提升教研水平。同时,加强与其他地区教研共同体的合作与交流也是推动共同体发展的重要途径。通过借鉴其他地区先进的教研理念和实践经验,可以不断完善自身的教研体系,提升教研质量。此外,与其他地区的教研共同体建立合作关系,能够拓宽资源渠道,为教育教学提供更多的支持和帮助。构建共享、共赢的教研专业发展共同体是推动教研专业持续健康发展的关键所在。需要充分发挥各级教育行政部门、专家、学者和教师的力量,共同推动共同体的发展壮大。通过不断完善组织架构、加强培训指导、利用互联网技术、鼓励自主创新以及加强合作交流等举措,可以为教育教学提供有力支持,推动教育事业的持续健康发展。

(三)丰富教研知识体系,提升信息化教研素养

信息化教研素养指教师面向信息化教学的实践问题,以学校信息化教学发展规划为导向,以自身信息化教研素养提升为目标,运用信息化知识理论与资源,采用信息化的创新研究手段,进行有效的信息化教学研究所必需的品质。一般由信息化教学理论研究力、信息化教学实践研究力、信息化教学研究反思创新力、信息化集体合作教研力等方面相互联系、贯

通、发展而形成。① 政府应当出台一系列相关政策，鼓励和支持教研员不断提高自身的信息化素养，政府还应提供必要的资金支持，构建一个教育信息化资源库，其中包含诸多优质资源，如优秀的信息化教学案例、教学软件、在线课程等，以便教研员可以方便地学习和使用。为了进一步激发教研员提升自身信息化素养的积极性，在教研员职称评定和绩效考核中，可以将信息化教研素养作为一个重要的评价指标，使教研员更加重视提升自身的信息化能力。教研员应当积极参与政府或教育部门组织的信息化培训，主动学习最新的教育技术和信息化教学方法，不断提升自身的知识水平，将所学的信息化教学理念和技术应用于实际教学和教研工作中，通过实践不断优化和提升，不断反思，总结经验教训，形成适合自己的信息化教学模式。同时，积极参与学术交流，与其他教研员分享经验，学习他人的优点。

小　结

本章节基于教研员的视角，论述了中国教育信息化发展经历了计算机辅助教学阶段、网络教学阶段、"互联网+教育"阶段和教育数字化转型阶段，并对各个阶段的教研形式进行了研究，发现教研形式经历了从传统教研、网络教研、"互联网+教研"到虚拟教研的转变。在教育信息化发展过程中，教研员发挥了不可替代的作用，但对于教育数字化转型，教研员仍然面对许多挑战，国家和政府应该采取相应的措施提高教研员的专业能力、信息素养和信息化领导力。

---

① 王宁：《小学教师信息化教研素养的体系构建及现状调查》，硕士学位论文，曲阜师范大学，2020年。

第二章

教育信息化背景下教研员角色剖析

第一节 教育信息化背景下教研员角色定位

在20世纪50年代中期，随着教研制度在中国教育领域的逐步确立，教研员这一角色也应运而生，成为推动中国教育发展的重要力量。几十年间，教研员群体从最初的默默无闻逐渐走向台前，其价值也逐渐受到大众认可。纵观中国对于教研员角色的研究，无外乎围绕教研员自身素养、能力、职能、领导力等方面展开，对时代赋予教研员的使命作出诠释，在这种"客位逻辑"的诱导下，"我们究竟要做什么""我们究竟需要做什么""我们应该怎么做"，成为困扰诸多一线教研工作者的难题。究其根本，还是教研员角色边界模糊与定位不准确导致的。因此，要深入剖析教育信息化背景下的教研员，首先要明确其角色定位。

一 课程改革的领航员

在任何时代与语境下，课程研究始终是教研员所承担的核心职责。特别是在当前教育数字化转型迅猛发展的新时期，教研员的角色显得尤为关键。他们不仅是教育的积极探索者，更是课程改革的坚定领航员，肩负着引领广大一线教师实现专业发展、推动教育创新的崇高使命。在数字化浪潮席卷而来的时代背景下，教育领域正经历着前所未有的深刻变革。信息技术的迅猛发展，既为教育带来了前所未有的机遇，也带来了诸多挑战。教研员们须紧跟时代步伐，积极拥抱数字化变革，将其深度融入课程研究的各个环节，以推动教育教学的创新与发展。

2001年教育部印发的《基础教育课程改革纲要（试行）》提出："教

学研究应该以课程改革为导向。"① 教研员作为地区政策的执行者,实际承担了落实国家课程政策,整合多方专业力量,推动地区课程研究与改革的职能。② 党的二十大报告中所强调的科教兴国战略与教育、科技、人才三位一体的论述,为中国未来高质量教育体系的建设指明了方向。课程研究不仅涵盖对课程内容的深入挖掘与梳理,还涉及对教学方法、评价方式等的全面探索。教研员们须深入研究各学科领域的知识体系,把握学科前沿动态,结合学生的实际情况与需求,精心构建符合时代要求、贴近学生实际的课程体系。同时,需要关注教学方法的创新与实践,积极探索如何利用数字化技术提升教学效果,激发学生的学习兴趣与主动性,促进学生全面发展。在课程改革的过程中,教研员们应充分发挥领航员的作用,为广大一线教师提供清晰明确的方向指引。通过组织专题培训、分享先进经验、交流心得体会等方式,教研员们可以帮助教师更好地理解和适应数字化教育环境,提升其专业素养与教学能力。同时,教研员们须密切关注教育教学的实际问题与挑战,积极寻求解决方案,推动教育教学质量持续提升。

教研员作为课程研究的引领者,在推动地区教育向前发展上承担着至关重要的责任。在当前复杂多变的社会背景下,教研员必须积极调整传统思维模式,以全新的视角和策略应对教育领域所面临的新挑战。具体而言,教研员的角色定位可概括为以下几个方面:(1)区域教育高质量发展的推动者:教研员是地区教育结构优化的关键力量。随着中国由高速增长向高质量增长的转型,人才需求结构发生了深刻变革。在巩固和深化义务教育的同时,教研员需要对职业教育进行精细化调整与规范,紧密结合地区高端产业发展趋势,打造独具特色的职业教育体系。这既符合经济社会高质量发展的需求,也促进了中国经济产业结构、技术结构和人才需求结构的优化升级。通过优化教育结构,教研员为地区经济的持续健康发展提供了坚实的人才保障。(2)育人方式的创新者:目前,中国中小学课堂教学仍受学科本位和"填鸭"式教学等工业化时代教育模式的束缚,

---

① 《教育部关于印发〈基础教育课程改革纲要(试行)〉的通知》,http://www.moe.gov.cn/srcsite/A26/jcj_kcjcgh/200106/t20010608_167343.html。

② 沈茜:《"专业人":知识—权力视域下的区县级教研员角色建构》,博士学位论文,南京师范大学,2018年。

忽视了学生的主体性和个性化需求，不利于培养具备创新精神的人才。因此，教研员应深入教学一线，倾听教师群体的声音，与教师和学生共同探索以学生为本的新型教学模式。例如，通过将人工智能、大数据等技术应用于课堂，实现对学习者的学情画像，进而实现学习者的精准培养，激发其主动学习的热情和探究精神，培养其创造性思维和解决问题的能力。(3) 协同育人的统筹者：尽管现行的家校社协同育人模式在一定程度上整合和优化了教育资源，但仍面临诸多挑战。例如，"委派式""任务式"的家校沟通方式给家长带来沉重负担，影响了家校关系的和谐。因此，教研员须深入思考如何更有效地整合社会资源，借助数字化手段构建区域家校社协同育人保障机制，实现三方信息的互联互通，为学习者的学习生活保驾护航。(4) 课程体系的解读者与加工者：通过对教材的深入解读和再加工，教研员能够构建符合学生发展规律的课程体系。在此过程中，教研员应重点关注如何使课堂成为培养学生核心素养的重要阵地。通过培养学生的创造性思维、多元智能和元认知等高阶能力，教研员助力学生更好地适应未来社会的挑战。同时，教研员应积极探索学科大概念，将知识系统化、结构化，帮助学生构建完整的知识体系。例如，作为信息科技学科教研员，在构建学科大概念时，应紧紧围绕信息意识、计算思维、数字化学习与创新和信息社会责任四大核心素养内涵选择教学策略与方法，实现学习者能力的提升。教研员作为课程研究的领航员，在地区教育发展中发挥着举足轻重的作用。教研员需不断调整思维，以全新的视角和策略应对教育领域的新挑战。通过优化教育结构、创新育人方式、整合社会资源、培养高质量人才等多维度措施，教研员引领地区教育不断迈向新的发展阶段，为中国教育事业的发展贡献智慧与力量。

二 教育理论的研究者

教研员作为教育行政部门的核心力量，承担着为教育行政部门提供科学决策依据、推动学校全面发展、解答教师教育教学难题以及促进区域课程改革等关键职责。这些职责要求教研员必须具备扎实的教育学理论基础，以及出色地完成一线教学任务的能力。特别是在教育数字化转型的大背景下，教研员更需展现出敏锐的洞察力和前瞻性的思维，以应对教育领域不断涌现的新变化和新挑战。

在教育数字化转型的进程中，教研员应积极拥抱新技术，全面掌握和灵活运用多元化的教育学研究视角与方法。教研员可以通过参与专业培训、广泛阅读专业文献、积极参与学术交流等途径，持续提升自身的专业素养和综合能力。同时，教研员须深入一线教学现场，切实把握教学实践中的实际需求与问题，从而精准把握教育数字化转型的核心要义，深入探索教育数字化转型的实践逻辑。

从中国教研员的选拔机制来看，"教而优则研"已成为地区选拔教研员的主流模式。这一机制使得学校、地区的优秀教师有机会进入教研员队伍，他们通常具备丰富的一线教学经验，能够深入洞察教学实践中的难点问题。然而，这种选拔机制也存在一定的局限性。例如，在某些地区，市区学校的生源质量往往高于乡村学校，因此从市区学校选拔出的教研员可能缺乏对乡村教育的深入了解，难以准确把握乡村教育所面临的困境。因此，教研员需要勇于走出自己的"舒适区"，积极拓宽视野，通过深入调查研究，全面了解不同地区、不同学校的教育实际状况，积极拥抱数字技术，运用大数据、人工智能等新兴技术赋能传统教育教研员进行教学研究的重要性不言而喻。首先，教学研究有助于促进教师的专业发展。教师是教育系统中的中坚力量，其专业素养和教学水平直接关系到学生的学习效果和成长质量。教研员通过深入开展教学研究，能够为教师提供有力的专业指导和支持，帮助其不断提升教学水平，优化教学方法，提高教学效果。通过与教研员的紧密合作与有效指导，教师可以更加深入地理解教育理论和教学原则，不断提升自身的教学技能和专业素养。其次，教研员进行教学研究对于提高教学质量具有重要意义。教学质量是教育工作的核心，直接关系到学生的学习成果和教育质量。教研员通过深入研究教学方法、教学内容和教学手段，可以不断优化教学设计，提升教学过程的有效性，从而切实提高教学质量。教研员可以通过实地观察、实验研究、数据分析等多种手段，发现教学中存在的问题并提出改进措施，进而推动教学质量的持续提升，激发学生的学习积极性和潜能。再次，教研员进行教学研究有助于推动教育改革和创新。教育领域在不断发展变化中，需要不断进行改革和创新以适应时代的需求和挑战。教研员作为教育改革的积极参与者和推动者，可以通过教学研究发现教育领域存在的问题和不足，提出创新性的教育理念和方法，推动教育改革深入发展。教研员可以在实践中不断探索和尝试新的教学模式和教学策略，为教育改革提供理论支持和实践经验，推动教育体制的完善和发展。最后，教研员进行教学研究有利于促进教师间的交流与合作。教研员在教学研究过程中需要与广大教师进行密切的互动和交流，分享教学经验和研究成果。这种交流与合作不仅能够促进教师之间的互相学习和共同进步，还能够促进教育资源的共享和教学成果的推广。教研员可以积极组织各种形式的教研活动，如研讨会、讲座、教学观摩等，为教师提供一个展示和交流的平台，推动教师之间的合作与共赢。

教研员进行教学研究对于教育领域的发展和进步具有深远的影响。通过促进教师的专业发展、提高教学质量、推动教育改革和创新以及促进教师间的交流与合作等多方面的努力，教研员为教育事业的发展作出了积极的贡献。未来，教研员应继续深化教学研究工作，不断创新教育理念和方法，为构建更加优质、公平、包容的教育体系贡献智慧和力量。

三 教研活动的组织者

教育信息化背景下，教研员的角色得以重新审视和强化。一般来说，教研员日常工作的重要组成部分是负责本学科区域内教研活动的组织和开展，在一学年的不同时期按照教学进程需要与教学中存在的问题进行研究，传递国家精神，解答教师日常教学中存在的问题，了解基层实际教学计划。数字化时代，教研形式变得更加多元，传统的教研方式已经无法满足现代教育"培养全面发展的人"这一目标。因此，教研员的工作方式和工作重心也应进行相应的调整。例如，可以利用网络平台开展远程教研活动，让教师们能够跨越地域的限制，共享教育资源，交流教学经验。或利用大数据和人工智能等技术手段，对教育教学数据进行深入的分析和挖掘，以揭示教育现象背后的规律和趋势，为教学决策提供科学的依据。

此外，教研员需要关注新兴的教育技术和工具，积极学习和掌握它们的使用方法，以便将其应用于教育教学中。例如，虚拟现实、增强现实等技术可以为教育教学提供更为丰富和生动的体验；智能教学助手等工具可以帮助教师更好地备课和授课。教研员需要将这些新兴技术和工具引入到教研活动中，让教师们能够了解和掌握它们的使用方法，进而将其应用到实际教学中，提高教学效果和质量。

具体来说，可以分为以下几个部分。

（1）网络教研：网络教研是一种将教研方式转移到线上的教研模式，具有突破时空限制、容纳范围广、开展方式灵活等优势。在网络教研中，网络身份的虚拟性为教师提供了更高的参与积极性。在网络交流平台上，教师无须面对面交流，可以更加自由地发表自己的观点和看法，不必担心因为身份地位等因素而受到束缚。这种自由开放的氛围有助于激发教师的创新思维，促进教学经验的分享和传承。此外，网络教研为教师提供了与更多其他教师交流的机会。通过在线平台，教师可以结识来自全国各地的同行，了解其教学方法和理念，拓宽自己的视野和思路。这种跨地域、跨领域的交流有助于教师吸收更多的新鲜血液，提高自己的教学水平。同时，开展网络教研是进行其他数字化教研活动的基础。在网络教研中，网络身份的虚拟性为教师提供了更高的参与积极性，使其更容易发表自己的意见与看法。在网络交流平台上，教师能够与更多的其他教师发表和分享自己的教学工作经验，化被动为主动，提升教师的教学水平。同时，网络教研是进行其他数字化教研活动的基础。随着教育信息化的不断推进，越来越多的数字化教研工具和平台被开发出来，如在线课程、智能教学系统等。这些工具和平台都需要网络教研作为支撑，通过不断试错和优化，才能更好地服务于教育教学工作。[1]

（2）跨区域教研：在信息化时代，网络教研以其便捷、高效的特点逐渐成为教研领域的主流形式。然而，单纯依赖网络教研仍存在着一定的局限性，如沟通深度不足、缺乏直观感受等问题。为了克服这些局限性，跨区域教研应运而生，它旨在通过网络教研的基础，积极联系其他地区教研员，与其他地区合作开展交流活动，从而进一步推动教育资源的共享与传递。跨区域教研的开展，使得教研员们能够跨越地域限制，与不同地区的同行进行面对面、零距离地交流。[2] 这种交流方式不仅有助于增进彼此之间的了解与友谊，更能促进教育理念、教学方法、教学资源等方面

---

[1] 吕晶鑫：《面向教学共同体的网络教研平台交互设计》，硕士学位论文，山东大学，2023年。

[2] 汤少冰、黄彩娇：《人工智能下的区域智慧教研模式构建与实践检验》，《中国教育信息化》2023年第5期。

的深度交流与碰撞。通过这种多元交流的方式，教研员们能够相互学习、相互借鉴，从而不断提升自身的专业素养和教学能力。在跨区域教研中，优质教育资源的传递共享显得尤为重要。不同地区的教育资源各具特色，有的地区可能拥有先进的教学设备、丰富的教学材料，而有的地区可能拥有独特的教学经验、优秀的教学团队。通过跨区域教研，这些资源得以相互传递与共享，在交流过程中，教研员们可以针对当前教育领域的热点问题进行深入探讨，共同寻求解决方案。同时，在教育教学实践中的创新做法与成功经验的分享中，往往会激发出更多的教育创新灵感。

（3）虚拟教研室：虚拟教研室的实质是基于虚拟社区搭建的为教研活动服务的专业场景，具有一定的运行逻辑，如匿名、自治、开放平等、行动自由和自主选择等。[1] 这些原则确保了教师能在一种自由、宽松的氛围中深入开展教研工作，摆脱了传统教研框架的束缚。匿名性鼓励教师勇敢发表见解，无须担忧因身份或地位差异而受到制约；自治性则赋予教师自主管理、自主决策的权力，进一步激发其积极性和创造力。相较于网络教研，虚拟教研室展现出了更为独特的优势。尽管网络教研同样突破了地域界限，但其活动往往局限于特定平台或社群，难以实现更大范围的交流与资源共享。而虚拟教研室则以其更为开放的特性，打破了地域、学校及职称间的壁垒，使教师能够跨越时空界限，开展广泛的交流与合作。在虚拟教研室的构建过程中，应始终围绕教学问题的解决与教师自我成长这两大主线展开。教师们可以针对教学中的实际问题展开深入探讨，分享宝贵经验与心得，共同探寻解决方案。同时，虚拟教研室为教师提供了一个自我成长的平台，通过参与教研活动，教师能够不断提升专业素养与教学能力，实现个人成长与发展。为提升全体教师的参与度，虚拟教研室可采取多元化策略。例如，定期举办线上教研活动，邀请业内专家举办讲座或指导；设立专门的讨论区，鼓励教师积极发言、交流心得；建立奖励机制，对在教研活动中表现突出的教师给予表彰和奖励。虚拟教研室的构建不仅有助于提升教师的专业素养和教学能力，而且能促进教育资源的共享和优化配置。借助虚拟教研室这一平台，不同地区、不同学校的教师可以相互

---

[1] 刘宏：《虚拟教研室构建研究》，《安康学院学报》2023 年第 1 期。

学习、借鉴先进经验，共同提升教育教学水平。

（4）智慧教研：作为教育数字化的关键一环，智慧教研正逐渐转变着传统教研活动的格局。智慧教研，即通过大数据分析、人工智能等尖端技术的融合，对传统教研模式进行革新，为教育教研领域带来革命性的变革。在传统教研活动中，教师们常面临教学资源获取困难、评价反馈滞后、教学效率低下等挑战。然而，智慧教研的兴起为这些难题提供了切实可行的解决方案。借助大数据分析技术，智慧教研平台能够精准地搜集并整合各类优质教学资源，并根据教师的个性化需求进行智能推荐。这不仅显著提升了教师获取资源的效率，也使其在教学实践中能够更加游刃有余。同时，智慧教研运用多模态数据分析模型，对教师的课堂行为进行科学、客观的量化评价。这种评价方式相较于传统的听评课模式，能更全面、更真实地反映教师的教学水平，有效避免了评价的主观性和片面性。此外，智慧教研能及时反馈评价结果，为教师提供有针对性的改进建议，助力其不断提升教学技能。智慧教研还能有效避免听评课时教师过度表现的现象。在传统听评课中，部分教师可能因担心评价不佳而刻意调整教学策略，导致真实教学水平无法得到充分展现。而智慧教研通过实时的评价反馈机制，使教师能在自然、真实的状态下进行教学，从而更真实地展现其教学水平和风格。作为信息技术背景下区域教研模式改革的重要举措，智慧教研对推动人工智能与教育教学的深度融合、促进教师专业成长以及实现高质量人才培养具有重要意义。随着技术的不断进步和应用场景的不断拓展，智慧教研将在未来发挥更加关键的作用，在提高教学质量、促进教师专业成长以及推动教育公平等方面发挥更加重要的作用，为培养更多优秀人才奠定坚实基础。

四 教学数据的分析师

数字化时代，教育领域的发展正日益依赖于数据的支持和分析，教研员需要了解教育数据管理和分析技术，能够使用数据处理软件和统计分析工具，对教育数据进行整理、分析和呈现，发现数据背后的规律和趋势，为教学决策提供科学依据。

（1）学情分析：学情分析作为教育数据管理与分析技术的重要应用领域之一，正发挥着日益重要的作用。随着教育技术的飞速发展，学生在学习过程中所产生的数据日益丰富，包括学习行为数据、成绩数据、学习轨迹数据等。这些数据资源通过采集设备的捕捉，经由专业的数据处理软件和统计分析工具的精细分析，为教研员们提供了深入了解学生学习进度、学习偏好等信息的契机。教研员们可据此为下一阶段教学计划的制订提供支撑，同时，通过对数据的实时监控与深入剖析，能够对学情风险及时作出预警，进而协助学校与教师采取针对性措施，解决学生在学习过程中遇到的难题。

（2）流程优化：教研员们通过深入分析教学数据，能够全面把握教学资源的利用状况、教学过程中存在的问题与瓶颈等信息。通过对获得数据的采集、处理与分析，能够将所得信息及时反馈到教师端。例如，通过深入分析学生的反馈数据与评价数据，教研员们能够洞悉学生对教学内容与教学方法的反馈意见，进而调整教学设计，提升教学质量。同时，通过对数据的深度挖掘与分析，教研员们能够精准识别学生的学习难点与薄弱环节，从而优化教学流程，提高教学效果。

（3）决策支持：数据分析可以支持教育决策。教研员可以通过对教育数据的分析，了解教育政策的实施效果、学校教学资源的分配情况等信息。这些数据分析结果可以为教育管理者提供科学依据，帮助他们作出更加明智的决策。例如，通过对学校学生成绩数据与毕业生就业数据的深入分析，教研员们能够客观评估教育质量，为学校领导提供有价值的决策建议。同时，通过对数据的深入挖掘与分析，教研员们能够揭示教育领域中存在的深层次问题，为政策制定者提供有益的参考意见。

（4）数据共享：数据分析还可以促进教研合作。教研员可以通过共享数据和分析结果，与其他教研员合作，共同探讨教学问题和挑战。通过共享经验和互相学习，教研员可以推动教研工作的深入发展，促进教育领域的创新和进步。教研员需要具备数据分析的能力，以此更好地应对教育领域的挑战，提升教育质量，推动教育改革和创新。通过数据分析，教研员可以更加科学地指导教学实践，推动区域教育教学发展。

五　区域合作的推行官

数字化时代教研活动的意义被不断放大，大数据、人工智能等数字化手段在促进教师职业发展、精准教学支持方面发挥着越来越重要的作用。

作为教育行政体系中的公职人员，教研员的角色定位与职责范畴亦在不断地调整变化。首先，教研员的行为多带有强制性和权威性，这种传统的工作逻辑带有浓厚的个人色彩和主观倾向，往往容易导致偏差与失误；其次，教师在这个过程中往往处于被动接受状态，参与热情较低，与教研员沟通较少，容易造成教研活动的定位过于狭隘；最后，随着社会进步和新兴技术发展，这种双元单向教研模式的弊端也逐渐暴露，扩大教研活动影响范围，让更多群体参与地区教研活动，能够提高教研活动的实际效果，打通区域与区域、政府与学校之间的障壁。

（1）地区教研部门为主导：在区域教研工作中，教研员肩负着主导地区教研活动的职责，通过深度剖析国家及地方教育类政策文本，精准把握政策走向，并据此制定贴合实际、切实可行的教研目标。在此基础之上，教研员须进一步强化制度保障，确保教研活动的顺畅开展。在统筹安排教研活动时，教研员应充分考量学年或关键时间节点的特性，合理安排教研活动的时间节点与形式。同时，教研员须紧密结合教育教学实践，选取具有代表性和针对性的教研主题，引导教师进行深入研讨，共同提升教育教学水平。为充分调动教师参与教研活动的积极性，教研员应积极倡导并鼓励名师、名校长等优秀教育工作者参与教研活动。这些优秀教育工作者的参与不仅能够为教研活动提供宝贵的经验与建议，还能发挥模范带头作用，激发更多教师投身教研工作的热情。此外，教研员须建立健全教研评测与激励机制。通过定期对教研活动进行评测，了解活动成效，及时总结经验教训，优化教研策略。同时，通过设立激励机制，对在教研活动中表现突出的教师给予表彰和奖励，进一步激发他们参与教研活动的积极性与热情。在教研活动中，教研员还应充分发挥团队协作的力量。教研员应组织教师开展集体备课、教学观摩、经验交流等活动，促进教师之间的相互学习与共同提高。教研员还应积极搭建平台，为教师提供展示教研成果的机会，激发他们的创新精神与创造力。

（2）一线教师为主体：教研活动的核心目标在于推动教师教学理念的创新，提升教学方法的实效性，进而助力学生更好地掌握知识，实现教育教学的全面优化。在此过程中，一线教师扮演着不可替代的角色，他们是教研活动的核心参与者，也是教育改革与实践的积极推动者和践行者。在教研活动实施过程中，应充分考虑一线教师的实际需求，为他们提供与实际教学场景紧密衔接的学习资源。这些资源不仅应具备针对性，能够切实解决教师在教学过程中的实际问题，还应具备前瞻性，能够引导教师关注教育教学的最新发展动态，把握教育改革的脉搏。由于不同地区教师的教育背景、教学环境等存在差异，教师的需求亦不尽相同。因此，在教研活动中，应依据教师的实际需求，提供个性化的服务内容。例如，针对教学经验丰富的老教师，可提供更高层次的教育理论学习和教学实践指导；对于年轻教师，则注重基础教学技能的培养和教学方法的创新。此外，教研活动中须关注教研资源缺失与教师能力提升需求之间的矛盾。针对此问题，可采取多项措施加以解决。一方面，通过加强校际合作、区域合作等方式，实现优质教研资源的共享，提高资源利用效率；另一方面，利用现代信息技术手段，构建在线教研平台，为教师提供更加便捷、丰富的教研资源和学习机会。教研活动的成功与否，关键在于能否充分发挥一线教师的主体作用，为他们提供与实际教学情境相结合的学习资源，并根据教师的实际需求提供个性化的服务内容。唯有如此，方能有效解决教研活动中存在的问题，推动教育教学质量的持续提升。同时应不断探索和创新教研活动的形式与内容，以适应教育改革的需要，为培养更多优秀人才贡献力量。

（3）高校专家为指导：相较于一般教研员，高校研究人员具有更强的前瞻力和专业性，将高校专家纳入教研活动，可以加强教研员、一线教师与大学、相关科研机构的交流与沟通，通过与教研员及一线教师的深入交流与合作，高校研究人员能够将最新的研究成果与教育理念融入教研活动中，帮助教研员及一线教师拓宽学术视野、提升专业素养，进而推动教育教学的改革与创新。在信息化时代背景下，教育教学的信息化水平已成为衡量一个地区教育发展水平的重要标尺。通过高校专家的参与，教研员能够更深入地了解本地信息化教学的实际情况、存在问题及面临的挑战，从而制订更具针对性的教研计划与措施。同时，高校专家可以为一线教师提供指导，一线教师作为教育教学的直接实施者，其信息化素养与教学能力直接关系到教育教学的质量与效果。通过高校专家的指导与培训，一线教师能够更深入地理解信息化教学的核心理念与方法，掌握更多的信息化教学技能，从而更好地适应信息化时代的教育教学需求。高校专家还能为教师提供解决教学问题的系统性方法。在教育教学实践中，一线教师难免会遇到各种问题和挑战。高校专家凭借其丰富的实践经验与深厚的专业知识，能够为教师提供有针对性的解决方案与建议，帮助教师更有效地应对教学中的困难与挑战。

（4）地方教育企业为补充：教研活动需要必要的技术支持，在教研活动中，数据挖掘、数据分析、智能教研等活动的开展都离不开过硬的技术，政府、学校可以与地方教育企业进行合作，根据需求定制教研工具，使教研活动能够更好地开展。

第二节　教育信息化背景下教研员实践逻辑重构

2019年的教育部新闻发布会上，中国首次明确了教研员标准，并指出教研工作是保障基础教育质量的重要支撑，对推进课程改革、指导教学实践、促进教师发展、服务教育决策等，发挥着重要作用。意见提出，教研员应具备的基本条件包括政治素质过硬、事业心责任感强、教育观念正确、教研能力较强、职业道德良好五个方面。[①] 其中，教研能力较强主要包括教育理论功底扎实、教学经验丰富，原则上应有六年以上的教学工作经历，具有中级以上专业技术职称等要求。此外，意见强调要注重创新教研方式，鼓励因地制宜采取区域教研、网络教研、综合教研、主题教研以及教学展示、项目研究等多种方式开展教研，积极探索信息技术背景下的教研模式改革。同时，各地要建立教研员乡村学校、薄弱学校联系点制度，组织教研员到农村、贫困、民族、边远地区学校和薄弱学校持续开展教学指导。信息化时代，传统教研室与教研员所肩负的职能已无法满足需求，教研员与教研活动也需要与时俱进，不断提升自身专业能力。

一　传统教研员职能及其存在的问题

通过对中国各省市有关教研员政策文本的收集整理后发现，传统教研室与教研员肩负教育研究、教学评价、教师指导三大基本职能。同时，由

---

① 《教育部关于印发〈基础教育课程改革纲要（试行）〉的通知》，http://www.moe.gov.cn/fbh/live/2019/51594/mtbd/201912/t20191203_410645.html。

于各地教研室设置情况不同，其作为各级教育行政部门的业务科室，肩负着日常行政工作和党政等多种工作。本书主要讨论传统教研室与教研员所肩负的教育研究、教学评价与教师指导这三大职能所存在的问题，而不去探讨后者对教研员生活工作的影响。

首先，教研室与教研员承担着的首要职能是教学研究。在一线教学实践中，往往存在着先进的教学理论与实际教学场景不能拟合的情况。对于肩负教学任务的广大中小学教师而言，盲目地采用新技术、新理论进行教学而不顾及学习者的实际情况是一种对学生不负责任的行为。因此，在一般课堂上，往往很少有教师大规模开展新式教学，在这种情况下，教师自然缺乏对于教育理论的探索与理解，而更注重实践层面的操作与反馈。这种思维定式形成后很难改变，无法做到教学行为的自我反思与自我诊断，难以及时发现和纠正教学实践中存在的问题。在这一背景下，教研员的作用显得尤为关键。他们凭借丰富的一线执教经验，能够敏锐地察觉一线教学中存在的问题与不足。同时，教研员具备较高的教育理论素养与科研能力，能够有效弥合教育理论与实践之间的鸿沟。具体来说，教研员的职责主要体现在以下几个方面：（1）不断进行理论学习。教研员需要紧跟时代步伐，持续更新知识体系，学习并掌握教育学、心理学、管理学等领域的先进理论。通过不断学习，教研员能够站在教育理论的前沿，为区域学科发展提供有力的引领与支持。（2）深入一线实践。传统意义上，教研员深入一线实践的方式，主要以听评课为主，在听评课的过程中解答教师疑难，指出教师不足，助力教师成长，指引教师不断进步，然而在信息化背景下，教师获取知识的途径增多，能够使用的教学技术也在不断升级，教研员也需要根据时代的发展，不断学习新的教学工具使用，才能更好地指导教师。其次，教研员承担着教学成果评价与教学指导的职能。这里对于教师教学成果的评价可以分为区域学科发展与教师个人教学成果两部分。从宏观上来看，教研员作为区域学科带头人，需要对区域内各校该学科学习的整体情况负责，通过纵向与往年对比和横向与其他区域对比，判明区域学科发展情况，并提出后续发展意见。从微观上看，教研员承担着指导教师个人成长发展的职能。教师是课堂的主导者，教师的教学成果既直接反映出课堂教学质量的高低，也反映出学习者的学习效果。地区内各校发展情况不可能完全相同，师源、生源、地理位置、基础设施建设状况等因素都影响着学校的发展,不同学校教师面对的教学条件也不尽相同,年龄、性别等因素也会造成教师的教学风格、对于新技术的接受程度不同。总之,教研员在对一线教师进行评价时,需要带领教师们在教学策略、教学方法、教学技巧等方面进行调整,在指导的过程中,从理性的角度出发,将先进的教学理论、成功的教学案例传递给教师,建立平等的关系。

中国的教研制度与教研员诞生于计划经济时代,受到政府的统一管理。此时期的教育资源分配、教学方法设定以及教学质量的评估均受到政府的统一管理。因此,从某种程度上讲,教研制度与教研员无疑深受计划经济时代的影响,其运作亦受限于单一的考试体系、教材教法以及评估手段。在计划经济时代的教研实践中,考试分数被视作衡量学校办学质量与教师教学水平的唯一标尺。这种以分数为主导的评价机制,导致教研工作常陷入机械重复的窠臼。教研员的主要工作聚焦于听课、评课、命题等方式[1],缺乏对教育理念的深入探讨、教学方法的创新以及对学习者全面发展的全面关注。数字化时代,单一的唯分数论显然已经不符合社会发展的需求,中国也将学习者的全面发展、培养创新型人才作为重点,在这种情况下,这种由政府主导的传统的教研形式已经不再适应社会的发展,存在着诸多问题,主要表现在以下几个方面:(1)学习意识不强。多数教研员认为自身对于开展教研工作的主要优势在于拥有多年的教学经验和丰富的听评课经历,但是他们对于课改倡导的研究并不熟悉。[2] 信息化时代,教师获取资源的手段已不仅仅局限于书本和教研员指导,互联网上各类学习平台为教师提供了便捷的自我提升途径。信息技术所带来的先进教学工具无法仅凭经验完全理解与掌握,因此,如果教研员不能与时俱进提升自身素养,将无法站在理论的高度为教师提供满意的服务,进而削弱自身权威性。(2)缺乏系统思维。数字时代,教研活动应是一个系统性的过程,涉及教学设计、实施、数据收集、分析、评估、反思和成果分享等多个环节。通过不断地进行教研活动,教师可以提高自身的教学水平,促进教育教学的发展和进步。而传统的教研活动往往仍停留在听评课阶段,教研员

---

[1] 时曦:《论教研员的生涯规划与专业成长》,《广西教育》,2006年第Z1期。
[2] 李幽然:《教研员专业发展的现状、问题及改进策略研究——基于兰州市3个区的调查》硕士学位论文,西北师范大学,2012年。

对于教师课堂上提出的问题往往是孤立的，这种问题的解决方式往往会导致决策的片面性与问题的局部优化，忽视整体系统的协调与平衡性，因此建立系统的问题解决思维，对于信息化时代下的教研员至关重要。(3) 引领力不足。长期以来，在"官本位"思想的影响下，教研员对于教师的要求往往以强制的手段实施，不善于解决教师在教学过程中产生的问题，不能满足教师的需求，服务意识淡薄。缺乏引领的"技巧"与智慧，这也导致了部分教研员在信息化教学中的"角色缺失"与"现实困惑"。

二　教研员职能转型必然与应然

教育部印发《义务教育课程方案和课程标准（2022年版）》，提出了坚持德育为先，提升智育水平，加强体育美育，落实劳动教育，培养学生适应未来发展的正确价值观、必备品格和关键能力，引导学生明确人生发展方向，成为德智体美劳全面发展的社会主义建设者和接班人。[①] 新课程标准的提出，重新强调了以学习者为中心，以学生发展为本，是课程改革的出发点和落脚点。新课程标准的提出，不仅是教育领域的一次深刻变革，更是对以学生发展为本的教育理念的全面重申。该标准的核心观点是以学习者为中心，致力于促进学生全面发展。其实施不仅深刻影响着教师的教学行为，更对整个教育体系的构建与发展产生深远影响。

首先，新课程标准明确提出开放型的课程观，这是构建现代化课程体系的必由之路。此课程观强调课程的多样性与灵活性，注重培养学生的创新精神和实践能力。它要求教育者摒弃传统的知识传授模式，转而关注学生的全面发展，实现知识与技能、过程与方法以及情感态度价值观等要素的有机整合。这种整合不仅有助于提升学生的综合素质，更有助于培养他们的终身学习能力。

其次，新课程标准的实施推动了教师行为的深刻变革。一方面，教师需要更新教育观念，摒弃传统的填鸭式教育方式，充分认识到学生在学习过程中的主体地位，尊重学生的个性差异和兴趣特点，以促进其创新能力和批判性思维的发展。另一方面，教师需重构教学方式，引入探究性教

---

① 《教育部关于印发义务教育课程方案和课程标准（2022年版）的通知》，http://www.moe.gov.cn/srcsite/A26/s8001/202204/t20220420_619921.html。

学、任务驱动式等新型教学方式，培养学生的问题解决意识和自主学习能力。同时，教师应注重培养学生的团队合作精神和实践能力，引导他们积极参与实践活动，以提升其综合素质。

最后，新课程标准要求教师重塑知识结构，转变工作方式。这意味着教师需不断学习新知识和技能，掌握数字化教学工具和方法，以数据赋能精准教学。通过收集和分析学生的学习数据，教师可以更精准地了解学生的学习风格和需求，为其提供个性化的学习体验。同时，教师应积极参与课程研发，深入了解课程标准对教师的新要求，避免照本宣科，为学习者创造真实的学习情境，提升课堂教学的深度和广度。

这一变革不仅对教师提出了更高的要求，也对教研员的工作提出了新的挑战。教研员须及时更新自身的教研知识，了解最新的教育理念和教学方法，为教师的专业发展提供有力支持。同时，教研员须加强与教师之间的沟通与协作，共同推动新课程标准的顺利实施和不断完善。

在教育信息化2.0时代背景下，中国学校信息化设施已基本实现全面覆盖。然而，目前学校中每日生成的海量数据却未能得到妥善利用，大量数据堆积且缺乏有序管理，未能按照其内在价值进行科学合理的分类与整理。鉴于此，教研团队应肩负起重要使命，致力于设计并优化数据利用方案，以充分发掘并发挥学校教学过程中产生的大量数据的潜在价值。2019年《教育部关于加强和改进新时代基础教育教研工作的意见》提出，教研工作是保障基础教育高质量的重要支撑，强调了教研工作在推进课程改革、指导教育实践、促进教师发展、服务教育决策等方面的重要作用，强调了形成课程目标引领下构建包含备课、教学、学习、评价的教学体系。根据国家对中小学课程提出的新要求，教研员须充分发挥其研究与服务职能，以更好地服务于学校的发展。当前，学校教育的核心目标聚焦于培养学习者的核心素养，因此，教研员的教研工作亦需要实现从传统教学研究向以学习者为中心的教研活动的转变。从核心素养的视角出发，教研员应将工作重心由课程层面逐步转向学科层面，加强课程之间的联系，协助教师明确学科大概念，并将教学评价的重点从单纯运用教学工具转向有效利用教学工具。

第一，通常情况下，教师在一线进行教学研究时，往往侧重于研究的实效性，所选研究内容多依托于课程，聚焦于某一知识点或某一章节的课程学习。然而，这种以知识点为核心的传统研究方式亟须转变。教师应实现从研究知识、研究思想到研究学科、研究原理的层次提升，将学科大概念的学习有机融入课程教学，以更好地适应国家对中小学课程的新要求。第二，教研员要树立跨学科教研的意识。在工业时代，学科的分化使得知识得以更加系统化、专业化地分类汇总，从而帮助学习者在有限的时间内迅速掌握所需的知识。然而，随着时代的进步和知识的不断膨胀，单纯的学科分化已无法满足现代教育的需求。在信息化时代，教育的目标不再局限于知识的传授，而是更加注重培养学习者的批判性思维与创新思维。这两种思维方式是现代社会对人才的重要要求，也是推动社会进步的重要动力。因此，学科的交叉融合是创新性思维产生的关键所在。跨学科教研意味着跨越不同学科领域，将各个学科的知识、方法和思维方式相互融合，以探索新的问题和解决方案。这种教研方式有助于打破学科壁垒，促进知识的共享与交流，从而激发学习者的创新思维。同时，跨学科教研能帮助学习者建立更加全面的知识体系，提高他们解决实际问题的能力。在跨学科的视角下培养学习者的综合能力，是未来教育的发展趋势。教研员们应该关注学科之间的内在联系，发掘不同学科之间的共通之处，从而构建更加完善的跨学科教研体系。同时，教研员们应该积极推广跨学科教研的理念和方法，引导广大教师关注学科交叉融合的重要性，共同推动教育的创新与发展。第三，要将德育教育融入学科教学。在传统课堂中，德育教育往往被忽视，导致学生的道德品质和社会责任感的培养得不到充分的重视。虽然中小学设立了思想品德课，但在唯分数论的影响下，全国普遍出现了重智育轻德育的情况。然而，随着时间的推移，人们逐渐认识到了唯分数论的弊端，并开始反思德育教育的重要性。习近平总书记在 2019 年 3 月 18 日召开的学校思想政治理论课教师座谈会上指出："在大中小学循序渐进、螺旋上升地开设思想政治理论课非常必要，是培养一代又一代社会主义建设者和接班人的重要保障。"[①] 加强中小学德育教育，关键在于打造一批高素质的教师队伍，定期开展教师德育培训，加强教师心理学理论学习，更好掌握班级内学生思想状态，确保青少年的茁壮成长。在学科教学中融入德育教育，不仅有助于提高学生的道德品质，还能促进他们对学科知识的深入理解和应用。例如，在语文课中，教师可以通过分析文学

[①]《习近平谈治国理政》第三卷，外文出版社 2020 年版，第 329 页。

作品中的人物形象和思想内涵，引导学生理解什么是善良、正义和责任感等道德品质；在数学课中，教师可以强调解决问题的过程中需要耐心、细心和坚持不懈的精神，培养学生的毅力和意志力；在历史课中，教师可以讲述历史事件和人物的故事，让学生了解到爱国主义、民族精神等价值观的重要性。此外，德育教育需要注重实践环节。学校可以组织各种社会实践活动，如志愿服务、社区活动等，让学生在实践中体验德育教育的意义和价值。通过参与这些活动，学生可以锻炼自己的组织协调能力、沟通能力和团队合作精神，同时能增强自己的社会责任感和公民意识。为了更好地推进德育教育在学科教学中的融入，学校需要加强对教师的培训和教育。教师需要不断更新教育观念，掌握德育教育的相关知识和方法，以更好地引导学生的成长。同时，学校需要完善评价体系，注重对学生全面发展的评价，而非仅仅关注分数。

三　教研员角色信息化转型方向

在信息时代，教研的内涵得到了丰富与发展，教研员的角色也应随着发生相应的变化，具体应体现在以下几个方面。

第一，提升数字化技能。数字教学工具的持续革新为教育形态的重塑奠定了坚实基础，将数字技术深度融入课堂教学，推动数字技术与教学在各个环节、各个领域、各项业务中实现全面覆盖，并将数字技术嵌入教育治理体系，已成为学界广泛的共识。在工业时代，以成绩筛选为核心的单一评价模式，显然已无法适应数字时代社会对于多元化人才的需求。因此，将大数据、人工智能等数字技术引入教学领域，转变传统的线性评价方式，以数据驱动的方式为教师教学赋能，成为当务之急。教研人员应积极学习并掌握数字工具的使用，提升自身数字化技能，以便在实践中根据教师和学生的实际需求，选择适合的数字化教学工具，实现教学的精准化和个性化。同时，应在教研工作中大力推广数字工具的应用，鼓励一线教师积极运用数字技术，通过案例学习等方式，帮助教师深入理解数字工具的应用场景和使用方法。在与教师的实践交流中，应不断提升教师的数字意识，并深入探讨数字技术与教育教学深度融合的可能性。通过建立优质课程供教师参观学习，可以进一步提升教师的专业水平。此外，推动教师自评和众评机制的发展，鼓励教师将教学数据上传到平台，以便通过数据支持进行自我诊断、自我评价和自我提升。同时，教师之间可以进行互动交流，共同提升教学水平。借助嵌入式智能采集设备，可以实现对教师的动态评价，有效解决传统评测中评测内容抽象、评测手段单一、评测结果低质等问题。通过利用过程型数据对教师日常教学过程进行评测，可以避免听评课引发的"表演式授课"现象，从而促使教师不断提升教学技能。此外，借助 AI 大模型对教师行为进行深入分析，可以为教师提供个性化反馈和建议，形成教师群体的数字画像，实现教师能力的全面评测。

第二，引领教师专业发展。实现学习者的全面发展是教研员、教师和学校的共同愿望，课堂是教学活动开展的"主战场"，保证课堂教学的有序高效运行，是提升学习者学习效果的基本保证。只有寻找有效的提升教师专业发展水平的方法，才能保证课堂的正常运行，因此，教研员的工作重心应向指导教师教学偏移。教研员引领教师专业成长，并非采用强制手段要求教师服从。相较于一般教师，教研员的教学经验丰富，且所处岗位特殊，许多时候教研员在向教师推广经验时，并不能使教师真正心服口服，教研员需要用自己丰富的学识来获得教师的专业认同。教研员由"育人者"到"育师者"的角色转变，需要教研员将关注点落脚在教师的发展上，培养卓越教师、骨干教师，以点带面推动区域学科发展。在教育研究中，教研员应帮助教师选择和确定适用的研究课题，然后对这些课题进行理论培训和指导，帮助教师制订切实可行的实验计划，并帮助教师将其落实到教育教学实践中，注重"教—学—评"的一致性，解决"为什么教""教什么""教到什么程度"等教师关心的问题。教师和教研员共同努力，营造以学校为基础的教学和研究氛围。通过研究项目，提高教师的教学研究技能，提高他们的教育研究意识，改善他们的教学观念和行为，促进教师的专业发展，最终实现促进学生全面发展的目标。

第三，营造学科教研文化。教研文化的建设是学校文化建设的一部分，发展学校教研文化有助于唤醒教师内生发展自觉、坚定内生发展信心、提高教师内生发展专业能力、凝聚教师内容生发展思想共识、形成教师内生发展价值引导。[①] 建设学科文化需要教师和教研员树立团队使命，

---

① 潘燕燕：《从教研到学研的校本实践探究》，《教育理论与实践》2022 年第 14 期。

阐释团队理念，改进团队管理风格，在团队文化之间建立合理的沟通路径，在营造氛围时理解学科教师使命和团队的发展理念、学科管理和风格、团队特有的文化。受到过去单一成绩取向的评价方式的影响，长期以来，教学研究的重心一直放在提升学生成绩上，忽略了学习者身心的全面发展和学习者能力的成长。因此，应转变区域教研文化，与教师共同建立追求学习者全面发展的价值追求，提倡教师创新教学方式，将教研活动的重心转向吸引学习者学习兴趣、提升学习者学习效果上。教研团队内要形成一种和谐创新的研究氛围，真正的研究需要团队合作。所有教师都参与共同发现、研究和解决问题的过程，在教学研究和教学评价的活动中，应制定教研活动的基本规范，对于教研内容、教研方向等进行多要素的规范，评价者应勇于接受批评，以积极的态度听取真实的评价。评估者应该更加务实，对批评和建议应该采取务实的方法，进行切实的研究。这种切实研究的良好氛围必须成为团队的常态。

第四，研究重心向跨学科教研倾斜。教育部印发的《义务教育课程方案和课程标准（2022年版）》中提出，要强化课程的综合性与实践性，推进育人方式变革，着力发展学生核心素养，增强课程的系统性与科学性。培养学习者解决问题的能力、专家思维，依靠单一学科知识无法实现，需要跨学科的知识迁移与应用。传统教研以学科为单位进行组织，教研活动在长期重复中逐渐固化，教研员在长期重复中形成思维定式，不利于区域学科的发展和学习者高阶思维的培养。因此，为满足区域学科教学质量的发展要求，教研员要摒弃"学科本位"的思想，通过组织不同学科教师开展教研活动，在完成基本教研任务的基础上，形成跨学科的教学思维与教学方法。通过吸收不同学科形成的独特的教研文化，形成全新的教研思维，激发教师的主观能动性。教师作为教学活动的主导者，课堂活动导向的转变将影响学习者的学习兴趣、学习态度，进而影响学习者的学习效果。教研员在组织教材、考试内容时，既要准确把握学科范围，又要注意学科之间的交叉情况，尽可能培养学习者的综合能力和跨学科学习能力。

第三节　教育信息化背景下教研员专业发展诉求

"培养全面发展的人"是教育数字化转型的出发点和落脚点，教育行业的教育数字化转型区别于其他服务业的本质特征是教育所肩负的育人价值要求其对学习者负责。培养高素质人才，离不开高素质教师的培养，《中共中央 国务院关于全面深化新时代教师队伍建设改革的意见》确定了"培养造就党和人民满意的高素质专业化创新型教师队伍"[①]。教研员专业能力的成长，在本质上与教师的专业成长没有区别，二者都是以学习者的培养为根本目的，探求学习者成长的最优解。但在具体工作内容上，二者有着很大区别，教研员不直接参与学习者的培养过程，而是以教师为中介，通过将自身教学理论、教学技巧赋予教师，从而间接影响学习者成长，因此，相较于教师，教研员的专业发展更加偏向于理论层面，且更需要理论作为支撑。教育数字化转型时期，面对大量涌入教育的工具、技术、资源，教研员亟须厘清人与技术的关系，引导教育者与受教育者选择适合的教育工具，正确认识数字工具的价值。因此，在"新课改"的背景下，教研员这一角色需要被重新赋能，不能将教研员这一身份的含义局限在教育研究人员，更加重要的是寻找将教研员自身知识与能力向下传递的方式方法。这不仅要求教研员自身拥有深厚的功力，还要求教研员有能够将这份功力向教师传递的能力。如何实现教研员的多元发展，是数字时代教研员应思考的内容。

一 教育信息化下教研员知识体系建构

从历史的角度来看，知识一词的产生可以追溯到古代文明的发展过程。在人类社会逐渐形成和发展的过程中，人们通过观察、实践和思考逐渐积累了各种经验和信息。这些经验和信息被传承下来，经过系统化和总结，形成了一定的规律性和普遍性。这些系统化和总结的经验和信息就构成了人们所谓的知识。在古代，知识主要通过口头传承的方式传播，比如神话、传说、故事等形式。随着文字的出现和发展，人们开始将知识记录下来，形成了文字记载的知识体系，这也标志着知识开始系统化和正规化。古代的哲学家、学者、科学家通过研究和实践，逐渐积累了各个领域的知识，推动了知识的发展和传播。随着社会的进步和科技的发展，知识的范围和深度不断扩大，知识也逐渐分化为不同的学科和领域。现代社会中，

---

① 《中共中央 国务院关于全面深化新时代教师队伍建设改革的意见》，https://www.gov.cn/zhengce/2018-01/31/content_5262659.htm。

知识的产生和传播更加依赖于科学研究、教育体系和信息技术等现代手段，知识也更加系统化、专业化和全球化。总的来说，知识一词的产生是人类社会发展和进步的产物，是人类认识客观世界、改造世界的重要工具和基础。通过不断积累、传承和创新，人类的知识体系得以不断完善和发展。

一般来说，教研员知识体系起源于教师知识体系，并高于教师知识体系。教研员知识体系的形成，主要依靠以下几个方面：第一，教育背景和专业知识积累。教研员通常具有较高的学历和专业知识，他们在接受教育的过程中积累了丰富的学科知识和教育理论知识。这些教育背景和专业知识是构建教研员知识体系的基础。第二，教学实践和经验积累。教研员在长期的教学实践中积累了丰富的经验，包括教学方法、教学资源、学生管理等方面的经验，这些实践经验对于教研员知识体系的形成起着至关重要的作用。第三，学术研究和教育研究。教研员通常会进行学术研究和教育研究，通过阅读文献、参加学术会议、开展实证研究等方式，不断深化对教育领域的理解和认识。这些研究成果和学术思考有助于构建教研员的知识体系。第四，教育培训和专业发展。教研员通常会参加各种教育培训和专业发展活动，包括参加研讨会、讲座、课程培训等。这些培训和发展活动有助于不断更新和完善教研员的知识体系。第五，合作交流和团队建设。教研员通常会与同行进行合作交流，共同讨论问题、分享经验、开展合作研究等。这种合作交流有助于拓展教研员的视野，促进知识体系的不断扩展和更新。综合来看，教研员知识体系的形成是一个循序渐进的过程，需要不断学习、实践和研究，同时需要与他人合作交流，共同促进知识的积累和发展。

教研员作为教育事业的关键推动者和引领者，其知识体系亟待更新以适应新时代对教育事业所提出的新挑战。为此，教研员必须不断提升自身的数字化技能与信息素养，以更好地服务于教育教学的创新与发展。教研员应熟练掌握并应用各类教育技术工具，包括但不限于在线教学平台、虚拟实验室和教学视频制作工具等。这些工具的有效利用不仅能显著提升教学效果，还能有效激发学生的学习兴趣和主动性。通过熟练运用这些工具，教研员能够将抽象的知识具象化，进而使学生更容易理解和掌握知识内容。教研员还应具备出色的信息筛选与搜索能力，以便迅速获取并整合最新的教育资源和信息，从而为教学提供坚实的支持。在知识日益多元化的今天，单一学科的知识已无法满足学生全面发展的需求。因此，教研员需具备整合各学科知识的能力,设计跨学科的教学活动,以帮助学生构建更为全面和系统的知识体系。通过跨学科教学,学生可以更深入地理解学科之间的联系与相互作用,培养跨学科思维和解决问题的能力。在教学方法和内容方面,教研员应勇于创新,结合教育技术和学科特点,开发更具吸引力和实效性的教学方案。例如,利用在线课程、数字化教材和虚拟实验室等教育资源,创新教学资源的使用方式和组织形式,使教学更加生动、有趣且实用。同时,教研员应密切关注学生的学习需求和兴趣点,设计符合学生特点的教学活动和实践项目,以激发学生的学习兴趣和积极性。教研员还应保持持续学习的热情和动力,不断汲取新知识、新技术和新理念。随着教育领域的发展和技术的不断进步,教研员须不断更新自己的教育理念和方法,以适应快速变化的教育环境和技术发展。同时,教研员应关注教育领域的最新研究成果和发展动态,以便及时将最新的教育理念和技术应用于教学实践之中。

二 教研员信息化教研素养提升

从归属关系上来看,教研员信息化教研素养应是高于教研员知识体系的词汇,教研员的信息化教研素养,是包含教研员知识体系和认知、情感等多方面的综合能力。在教育学领域,对于素养的研究随着时代的变迁出现了不同的侧重点:20世纪初期,素养主要指的是学生的基本知识和技能,强调对传统学科的掌握和应用。这一时期的研究侧重于培养学生的基础学科知识和基本技能,以应对当时社会的需求。教育学家们强调了学生在基础学科领域的学习,包括语言、数学、科学、社会科学等学科的知识和技能。在这一时期,教育机构的教学内容主要围绕传统学科展开,强调学生的记忆和应用能力。教育目标主要是让学生掌握基本的学科知识,为他们未来的职业和社会生活做好准备。在20世纪中期,随着认知心理学的兴起,对素养的研究开始注重学生的认知能力和思维方式。教育学家们开始关注学生的思维发展过程,提出了一系列关于认知目标的分类法和理论,强调培养学生的分析、综合和评价能力。在这一时期,教育领域开始重视学生的学习策略和元认知能力,即学习者对自己的学习过程进行监控和控制的能力。教育学家们认为,培养学生的元认知能力可以帮助他们更好地理解和应用知识,提高学习效果。教育学研究者在这一时期开始尝试引入更多的认知策略和教学方法，以促进学生的思维发展。教育目标不仅是让学生掌握知识，还包括培养他们的批判性思维、问题解决能力和创新能力。在20世纪末至21世纪初，随着信息技术和全球化的发展，对素养的研究逐渐转向了综合性和跨学科的研究。教育学家们开始关注学生在信息时代所需要具备的能力和素养，提出了更加综合和多元化的素养理念。在这一时期，教育领域开始强调学生的信息素养、跨文化素养、创新素养等新兴素养概念。教育学家们认为，学生需要具备信息搜索和评估能力、跨文化交流能力、创新和解决问题的能力，才能够适应当今社会的快速变化和复杂挑战。教育机构在这一时期积极探索跨学科教育和项目化学习，以培养学生的综合素养和跨学科能力。教育目标不仅是让学生具备专业知识，还包括培养他们的团队合作能力、跨文化沟通能力和创新思维。总的来说，20世纪末至21世纪初对素养的研究强调了学生在信息时代所需具备的综合素养和跨学科能力，包括信息素养、跨文化素养、创新素养等。这一时期的研究为教育领域提供了更加全面和多元化的素养理念，也反映了当今社会对于教育的新需求和挑战。

随着信息技术与课程的深入融合，信息技术在提升教师课堂教学便捷性的同时，也带来了一系列风险挑战，包括数据泄露风险、人工智能伦理风险以及教学隐私风险等。面对这些风险，如何在有效规避的前提下，最大化信息技术对教师教学的促进作用，优化教学工具在教学活动中的应用路径，以满足学习者个性化成长的需求，已成为教研员信息化教研素养发展的重要方向。

三　教研员信息化教研引领力发展

"引领力"是"领导力"在教育信息化背景下面向教研员等群体的特有能力。相较于领导力，引领力更侧重于以人格魅力、渊博学识等自身特质"吸引"教师转变自身观念。

"领导力"这一术语，可追溯至企业管理领域，对领导力的深入探讨自20世纪便已展开。在传统领导模型的研究范畴内，学者们常借助领导行为理论、情境领导理论等经典理论，剖析领导者对学校组织所产生的影响。学界普遍认为，领导者的行为对学校的整体氛围、文化塑造以及绩效表现具有显著影响，校长的领导风格及决策方式将直接作用于学校的日常运作与长远发展。这些研究成果为学校领导者提供了一系列指导原则，有助于其更深刻地理解自身的领导风格，进而提升领导效能。

然而，随着社会与教育环境的持续演进，传统领导模型研究的局限性逐渐显现，研究者开始更加关注领导者与环境之间的动态互动关系，以适应日益复杂多变的教育现实。在这一阶段的研究中，领导者的个人特质、行为模式及技能水平成为研究的重点，旨在探寻领导者成功的核心要素。研究者通常聚焦于领导者的决策能力、沟通技巧以及团队建设能力等方面进行深入剖析。

在教育领域的情境领导力研究中，学者们逐渐认识到领导者的行为和决策需根据具体情境和实际需求进行灵活调整，以实现最佳的领导效果。情境领导力理论强调，领导者应依据特定情境的要求选择最合适的领导行为与风格，而非僵化地套用固定模式。在此研究阶段，学者们积极探索领导者如何适应多样化的教育环境、学校文化及团队特性，以达成教育目标并推动学校发展。他们特别关注领导者在面对挑战与变革时的应对策略，以及如何有效激发团队成员的潜能与创新精神。情境领导力研究为教育领域提供了更具实践指导意义的领导理论，有助于领导者更好地应对日益复杂多变的教育环境。

在教育领域的变革型领导研究中，学者们进一步强调领导者的角色不仅限于维护现有秩序和管理团队，更在于推动变革与创新，引领组织适应快速变化的环境。变革型领导理论主张，领导者应具备远见卓识、鼓舞人心的能力以及果断的决策力，以激发团队成员的潜能和创造力，推动组织不断向前发展。在这一阶段的研究中，学者们聚焦于领导者如何引领组织应对教育领域中的诸多挑战与变革，包括技术革新、教育政策调整以及学生需求变化等方面。他们强调领导者需具备开放的思维方式和灵活的领导风格，以促进组织内部的创新与变革，从而适应不断变化的教育环境。变革型领导研究为教育领域提供了一种更具前瞻性和战略性的领导理论框架，有助于领导者更好地应对未来的挑战与机遇。

在教育领域的服务型领导研究中，学者们开始倡导以服务为导向的领导理念，强调领导者应关注员工和团队成员的需求与福祉。服务型领导理论认为，领导者的核心职责是为他人提供支持、指导和资源，帮助他们实现个人和组织目标。在这一研究阶段，学者们越发重视领导者与员工之间的关系质量、沟通效果以及团队协作，强调领导者应倾听员工的声音、关注他们的需求，并鼓励他们积极参与决策和问题解决过程。服务型领导者不仅注重工作目标的实现，更致力于促进员工的成长与发展，通过提供支持和指导，帮助他们充分发挥潜力，提升工作绩效和满意度。服务型领导研究为教育领域提供了一种以人为本的领导理念，有助于领导者更好地理解和满足他人的需求，营造积极的工作氛围和团队文化。

小　结

对教育信息化背景下的教研员身份进行剖析，实则是对教育信息化背景下教研员的角色定位、实践逻辑以及专业发展诉求进行全方位解读。教研员的角色定位反映出其在教育数字化转型背景下的工作目标与方向：课程改革的领航员角色要求教研员承担起落实国家教育数字化转型政策、引领一线教师数字化教学能力成长发展的作用；教育理论的研究者角色要求教研员及时对新兴教育学理论进行学习和转化，将其融入学校教育教学实践；教研活动的组织者角色要求教研员积极采用多元化的教研手段推动人工智能与教育教学的深度融合，实现高质量人才培养；教学数据的分析师角色要求教研员转变日常工作方式，熟练使用数据处理与统计分析软件，通过对学校数据的统计、整理与分析，完成区域学科学情分析、学习流程优化，切实指导区域教学实践，推动区域教育教学发展；区域合作的推行官角色要求教研员整合地区多方资源，共同促进地区教育发展。

教研员角色的转变，既是国家政策的要求，又是教研员自身谋求发展的必然途径。传统教研中长期存在教研员群体学习意识不强、缺乏系统思维、缺乏引领力等问题，数字化时代则对人才培养与教师行为提出了新的要求，究其根本，要以学生发展为本，培养高素质人才。因此，教研员自身的发展方向也应向着提升数字技能、引领教师发展、营造学科教研文化、跨学科教研方向发展。教育数字化转型的新局面对教研员发展提出了新的要求，教研员知识体系的重构、教研素养的提升和其自身引领力的发展，是新时代教研员自身发展前进的不竭动力。

第 三 章

教育信息化背景下教研员知识体系

教研员，这一特殊群体在中国教师队伍中占据着举足轻重的地位。他们不仅是中国各级教研部门中的核心力量，更是推动教育事业不断发展的重要引擎。教研员的主要职责是承担教学研究、指导和服务等职能，为学校提供有力的支持。《基础教育课程改革纲要（试行）》明确指出，教研员在区域教育信息化发展中发挥着关键的引领作用，是推动教育改革和发展的重要力量。[1] 随着信息化时代的到来，《国家信息化发展战略纲要》也将"造就一批领军人才"作为"大力增强信息化发展能力"的重要内容。[2] 这意味着，在信息化背景下，教研员需要具备更高的专业素养和综合能力，以适应教育信息化的发展需求。知识是教研员完成教学研究工作所必需的心理特征，是他们职业发展的根基。教研员的知识框架涵盖了教育学、心理学、课程与教学论等多个领域，这些知识的深度和广度直接影响着教研员的专业发展水平。如果教研员的知识框架不够清晰、不够完善，那么他们的专业发展必然会受到限制，难以充分发挥其在教学研究中的引领作用。同时，随着技术的不断发展，技术与教育、教学的深度融合已经成为教育信息化发展的重要趋势。这也对教研员的技术知识提出了新的要求。教研员需要掌握一定的信息技术知识，能够熟练运用各种教育信息技术工具，以便更好地支持学校的教学改革和创新。尽管技术在教育领域的应用越来越广泛，但当前对教研员的研究却几乎未能充分涉及"技

---

[1] 《教育部关于印发〈基础教育课程改革纲要（试行）〉的通知》，http：//www.moe.gov.cn/srcsite/A26/jcj_kcjcgh/200106/t20010608_167343.html。

[2] 《中共中央办公厅 国务院办公厅印发〈国家信息化发展战略纲要〉》，http：//www.gov.cn/gongbao/content/2016/content_5100032.htm。

术"这一重要因素。很多教研员在面临教育信息化改革时，往往感到力不从心，难以适应新的教学环境和要求。这在一定程度上制约了教育信息化的发展进程。因此，在信息化背景下，需要逐本溯源，厘清教研员的知识内涵及框架体系。需要深入研究教研员的专业知识、技术知识以及教育实践能力等方面的要求，努力提高教研人员的信息化专业水平。只有这样，才能推动区域教育信息化协调发展、促进未来教育战略改革及协同创新，为培养更多优秀的人才奠定坚实的基础。教研员作为教师队伍中的特殊群体，在推动教育信息化发展中发挥着重要的作用。需要加强对教研员的研究和培养，提高他们的专业素养和综合能力，以适应教育信息化的发展需求。同时，需要关注教研员在技术应用方面的能力和需求，推动技术与教育、教学的深度融合，为教育事业的发展注入新的动力。

第一节 教研员知识体系的基本思想与概述

一 教研员与教师专业发展的关系

作为教师的教师，教研员和教师在教学实践中有着天然的、真实的联系。[①] 鉴于当前学术界对教研员知识本体研究的关注度相对不足，为了更为清晰地界定教研员专业发展的知识体系，有必要首先明确教研员与教师专业发展之间的内在联系。具体而言，从教师专业发展的角度出发，深入探究并准确把握促进教研员专业发展的知识体系，是当下亟待解决的重要课题。

教师专业发展是教师的专业成长或教师内在专业结构不断更新、演进和丰富的过程。根据教师专业发展结构，教师专业发展可以分为观念、知识、能力、专业态度和动机、自我专业发展需要意识等不同侧面；根据教师专业结构发展水平，教师专业发展有不同等级。[②] 同教师的专业发展一样，教研员的专业发展是教育工作者在其教育工作生涯中不断建构知识、

[①] 沈伟、孙天慈：《中国教研员研究的历史脉络与多重视角》，《华东师范大学学报》（教育科学版）2021年第5期。

[②] 叶澜、白益民、王枬等：《教师角色与教师发展新探》，教育科学出版社2001年版，第226页。

生成能力的发展过程。然而，由于主体角色、所担负教育教学任务及责任的不同，其两者之间又必然存在差异。

第一，从研究范围来看，"优教则研"揭示了教师专业发展的深刻内涵。该理念明确阐释了教师在教育实践中，应不断总结经验，深刻反思教学过程，以此持续增进其教学能力。只有在教育教学领域达到卓越表现的教师，才更有可能蜕变成为杰出的研究者。教研员作为教师群体中的特殊且关键的一员，其专业发展自然成为教师专业发展研究的重要组成部分。教研员的专业成长不仅代表了教师专业发展的一个独特面向，更是教师职业成长过程中不可或缺的关键环节。他们既在实践中积累了丰富的教育经验，又拥有扎实的教育理论知识，能够针对教育实践中的复杂问题展开深入研究，提出富有成效的解决方案。因此，教研员的专业发展对于提升广大教师的教学水平、推动教育教学的深化改革与发展具有至关重要的作用。同时，教研员的工作成效直接关系到教师队伍的整体素质和教学质量的提升。他们通过精心组织各类教研活动、积极开展教学研讨、提供丰富多样的教学资源等途径，有效促进教师群体专业素养和教学能力的持续提升。教研员的专业发展不仅有助于提升其自身的专业素养和教育教学能力，更能够为其他教师提供有力的专业支持和指导，从而推动整个教师队伍的专业成长。在教育体系中，教研员扮演着至关重要的角色，他们既是教育教学的实践者，又是教育教学的研究者。教研员的专业发展能够有力推动教育教学理论的创新与实践的改进，为整个教育体系的持续健康发展提供坚实的支撑。

第二，从职责定位来看，教研员的专业成长与教师的专业发展实为两条并行不悖的职业轨迹，二者在各自领域内深耕，相辅相成，共同推动教育事业的持续繁荣与进步。在区域教育教学共同体的框架内，教研员与教师之间构建起一种特殊的引领与被引领的组织关系，各自承载着不同的教育使命，协同努力以提升教育质量为核心目标。教师的职业定位核心在于教书育人，其工作重心聚焦于教学实践，致力于提升学生的学业成就与综合素养。为此，教师不仅需要具备扎实的学科专业知识与教学技能，还需关注学生的心理成长与个性化发展需求。在日常教学过程中，教师须不断更新教育教学方法与手段，以激发学生的学习兴趣与创造力，培养他们的自主学习能力与问题解决能力。而教研员的职业定位则侧重于教育教学研究，其工作重心在于开展教研活动，探索教育教学的内在规律与有效方法，旨在为教师的专业成长提供有力支持与指导。教研员须具备深厚的学科素养与教育教学理论功底，能够深入研究教育教学实践中的难点与热点问题，提出切实可行的解决方案。同时，教研员须关注教育政策动态与发展趋势，为区域教育教学的改革与发展提供决策参考与智力支撑。当然，教研员与教师的专业发展并非孤立存在，而是相互关联、相互影响。教研员的教学研究以教师的教学实践为基础，通过对教学实践的深入观察与分析，总结成功经验与有效做法，提炼出具有普遍意义的教育教学理论与方法。这些理论与方法又可反过来指导教师的教学实践，助力其提升教学水平与质量。因此，加强教研员与教师之间的合作与交流显得尤为重要，通过共同研究、探讨与分享经验，实现教学相长、共同发展的目标。在教研员与教师的职业发展过程中，区域教育教学共同体发挥着举足轻重的作用。它搭建了一个广阔的交流平台，促进了教研员与教师之间的相互学习、相互借鉴与相互支持。同时，区域教育教学共同整合了丰富的教育资源，为教研员与教师提供了更多的学习与培训机会，有力地推动了他们的专业成长与发展。

第三，从目标追求来看，教研员和教师具有不同的发展目标和追求。对于教师而言，其核心发展目标在于成为一位具备高度专业素养的专家型教师。这一目标不仅涉及教学实践能力的持续提升，更包含对学科知识的深入挖掘与教学方法的创新实践。首先，教师在教学实施过程中致力于精进教学技艺，通过大量实践经验的累积，逐步构建起一套成熟的教学体系，能够灵活应对多样化的教学场景。其次，教师致力于增强学科素养，掌握扎实的学科知识，以便更有效地指导学生进行学习。最后，教师在教学方法上亦追求创新。随着教育理念的不断更新和教学手段的日益丰富，教师积极学习并应用新兴的教学方法，如项目式学习、合作学习等，以适应学生日益增长的学习需求，并顺应时代的发展潮流。

而教研员在职业发展达到高级阶段后，其关注点则更多聚焦于区域教育建设、管理、研究与引领等方面。作为教育领域内的权威专家，教研员需具备更为广阔的教育视野与深厚的专业素养。一方面，教研员致力于关注并推动区域教育发展的整体进程。通过深入调研各学校的实际情况与需求，提出切实可行的教育改革方案与建议，推动教育教学的持续优化与创新。另一方面，教研员在教育资源的优化配置与教育教学质量的提升方面发挥着关键作用。教研员通过组织教师培训和交流活动，推广先进的教育理念和教学方法，提升教师的专业素养与教学能力。同时，教研员通过对学校教育教学质量的监测与评估，及时发现并解决问题，促进教育质量的稳步提升。此外，教研员在教育政策制定与教育管理方面扮演着重要角色。教研员需要积极参与政策研究与制定过程，为教育政策的科学性与有效性提供专业意见与建议。同时，教研员在协助教育行政部门进行教育管理工作的过程中，提供专业支持与指导，推动教育管理的规范化与科学化进程。

第四，从职业成长轨迹的维度审视，教师角色在教研员的专业发展道路上扮演着至关重要的先导角色。教研员，作为教育领域内的资深研究人员，其成长轨迹无法与教师角色割舍。一个卓越的教研员，在迈向教研领域之前，必然历经了作为优秀教师的历练，通过持续的知识积累与经验沉淀，逐步攀升至教师专业成长的巅峰。首先，教研员所构建的知识体系应囊括教师所拥有的知识范畴。教师作为教育教学工作的核心执行者，必须具备坚实的学科基础知识、灵活多变的教学方法论以及卓越的师生互动能力。在此基础上，教研员的知识体系得到进一步的拓宽与深化，他们不仅应具备深厚的学科素养，还需熟练运用教育理论与教育心理学等专业知识，对教学实践进行深入的剖析与指导。其次，教研员需要累积丰富的教学实践经验与扎实的学科知识。在日常的教学实践中，教研员通过亲身执教、观摩他人教学、参与评课议课等方式，积累了丰富的教学经验。同时，他们需要时刻保持对学科知识的更新与深化，紧跟学科发展的前沿动态，以确保能够针对教学实践提供与时俱进的指导。最后，教研员需要具备出色的教育研究与教学改革能力。教研员应善于发现问题、分析问题，并提出切实可行的解决方案。在教育研究领域，教研员需要运用科学的研究方法，对教育教学现象进行深入的探究，形成具有指导意义的研究成果。同时，他们需要密切关注教育教学改革的新趋势，积极推动学校教育教学改革进程，以提升整体教育教学质量。综上所述，教研员的知识体系是在教师知识体系的基础上进一步拓展与完善的，涵盖了教育理论、教育管理、教育心理学等多个领域的知识。这些知识的综合运用使得教研员能够更为高效地开展教育教学研究工作，引领学校教育教学改革方向，为提升教育教学质量贡献智慧与力量。他们通过组织教研活动、推进课题研究、编写教材等方式，推动教育教学的创新与发展，为教育事业的蓬勃发展注入新的活力。

第五，从教学研究的定位来看，教师与教研员具有不同的教学研究任务及指向。各自承担的教学研究任务与指向虽有所不同，但他们共同为教育事业的持续发展作出了积极贡献。聚焦教师教研的定位及其特性。教师教研主要聚焦于课堂教学实践，这构成了他们日常工作的核心部分。其目的在于提升学生的学习成效，促进学生的全面发展，并同时注重教师自身的专业成长与发展。为实现这一目标，教师需要深入钻研教材，精心设计教学活动，密切关注学生的学习状态与需求，并不断进行教学反思与经验总结，以持续提升教学质量。此外，教师教研涉及对教育教学理论的探索与实践应用。教师需要保持对最新教育理念、教学方法及评价方式的关注，以更新教育观念，提升教育教学能力。同时，他们应积极参与学校组织的各类教研活动，与同行交流教学经验，共同解决教学中遇到的难题，从而营造积极、健康的教研氛围。相较于教师教研，教研员的教研任务则更为广泛且深入。教研员须具备更为开阔的研究视野和广泛的影响力，其研究范围不仅涵盖学生、教师、校长等教育领域的各个层面，还须关注整个区域教育信息化的发展以及未来教育战略的改革与创新。教研员的研究旨在推动教育领域全方面、全要素的优化与发展，进而促进教育事业的持续进步。为实现上述目标，教研员须系统梳理知识体系，深入剖析教育教学的理论与实践。他们须关注国内外教育领域的最新动态，分析教育政策、教育制度等方面的变革趋势，并探索适应时代发展的教育教学新方法。同时，教研员须具备从宏观层面把控教育系统各要素的能力，全面把握教育事业的发展方向与重点，为政策制定提供科学依据。此外，教研员应积极开展实证研究，通过收集和分析实际教学数据，验证教育教学理论的有效性，为教育实践提供有力支持。他们还须组织各类教研活动，为教师提供学习、交流和成长的平台，推动教师队伍整体素质的提升。综上所述，教师与教研员在教学研究领域中各有侧重，但共同致力于教育事业的持续发展。教师教研侧重于课堂教学与学生发展，而教研员教研则具有更广阔的研究视野和更大的影响范围，致力于推动整个教育领域的优化与发展。因此，教研员须系统梳理知识体系、宏观把控教育系统各要素，以贯彻落实好教研任务，为教育事业的繁荣与进步贡献自己的力量。

二 教研员知识的内涵界定

（一）教师知识

如前所述，教研员专业发展与教师专业发展存在密不可分的关系，教研员知识体系与教师知识体系也存在继承与发展的关系。关于教师的知识研究，自从史密斯在1982年提出教师"核心知识基础"的概念之后，对教师知识的研究一直为国内外众多学者所关注。但是由于立场不同，学术界在教师应拥有何种知识上存在着分歧。对教师知识的研究有三种取向：一是教师教学的知识基础的研究；二是教师实践知识的研究；三是教师情境知识的研究。[1]

首先，关于教师教学知识基础的研究，从事这一类研究的学者主要是对教师知识进行了详细的分类，例如：舒尔曼将教师知识分为学科内容知识、一般教学法知识、学科教学法知识、学生知识、教育环境的知识、教育宗教知识和教育目的知识七类[2]；格罗斯曼则认为教师知识包括内容知识、学习者与学习的知识、一般教学法知识、课程知识、教育环境知识和自我的知识六大部分。[3] 伯利纳、普南克和艾尔贝兹等人也提出了关于教师知识的不同分类。虽然不同研究者提出的教师知识分类结果不同，但基本上包含了学科内容知识、一般教学法知识、学科教学法知识三大基础知识，尤其是舒尔曼和格罗斯曼还认为教师最需要掌握的主要知识就是以学科知识和教学知识为主的内容知识。[4]

其次，关于教师实践知识的研究。教师实践知识的研究者主张应研究教师自己在教学实践中所形成的、运用的知识，即教师实践知识。[5] 这些

---

[1] 吴义昌：《国内教师实践性知识研究综述》，《上海教育科研》2007年第11期。

[2] Shulman L., "Knowledge and Teaching: Foundations of the New Reform", *Harvard Educational Review*, Vol. 57, No. 1, 1987.

[3] Grossman P. L., "Teachers' Knowledge", *International Encyclopedia of Teaching and Teacher Education*, No. 2, 1995.

[4] 邹斌、陈向明：《教师知识概念的溯源》，《课程·教材·教法》2005年第6期。

[5] 吴义昌：《国内教师实践性知识研究综述》，《上海教育科研》2007年第11期。

研究者并不认同舒尔曼等人的教学知识基础研究，认为教师拥有知识具有实践性、情境性、模糊性、个人性的特点，而且这些知识常常难以用语言来表达。例如，舍恩认为教学中遇到的问题往往是复杂的、疑惑的、不确定的，需要教师对其进行建构或重新建构，再试图找到解决问题的策略。因此他提出了"行动中反思"和"行动后反思"。[1]

最后，关于教师情境知识的研究。情境认知对知识的理解是：知识是个体与社会情境和物理情境互动的结果，知识的运用不仅受其本身规则的制约，还受特定文化、活动和情境的制约；知识随着在每一次新的情境中的运用，其内涵都将发生变化。[2] 目前的研究存在对教师情境知识的两种理解：(1) 教师知识就是教学情境。例如，奥尔森认为，知识是情境（包括自然情境和社会文化情境）在于它是对情境的反思。教师知识就是对其所处的这两种环境的反思结果，教师教学效能的提高在于理解其所处的教学环境[3]；(2) 教师知识受教学情境的制约。例如，拉菲特研究发现西班牙学校管理体制影响了教师职责，并进一步影响了教师对学生、学生学习、教学的认识。[4]

总之，根据教师知识的相关研究可知，教师专业知识不仅仅需要教师掌握大量的学科知识、教学知识、实践知识，也强调在复杂多变的现实情境中做出合宜的变通、调整乃至创造。除此之外，教师所建构的专业知识不是一种静态的呈现，而是基于特定情境的动态实践过程，有时会升华为更为常见的教学艺术或教学智慧。新时代教师专业知识建构的重点，应是通过对教师情感、道德、信念、价值观等方面的影响，促使置身于一定社会文化中的教师在专业发展上获得新的表现。

（二）教研员知识

下面对于教研员知识的定义，便可以借鉴教师知识的内涵与要素。

---

[1] Schön D. A., *The Reflective Practitioner: How Professionals Think in Action*, Routledge, 2017.
[2] Brown J. and Collins A. and Duguid P., "Situated Cognition and the Culture of Learning", *Psychology of Education: Major Themes: Pupils and Learning*, Vol. 18, No. 1, 1989.
[3] Olson J., "Making Sense of Teaching: Cognition vs. Culture", *Journal of Curriculum Studies*, Vol. 20, No. 2, 1988.
[4] Laffitte R., "Teachers' Professional Responsibility and Development", *Research on Teacher Thinking: Understanding Professional Development*, 2012.

教师的实践性知识是指："不同学科的教师所掌握的一系列建立在对生活和教学反思评估的基础上、融合了教师个人价值取向和信念意志的、具有实践取向并在具体的情境中得以表达的对教育教学的认识。"① 借鉴这一定义，卢立涛、沈茜、梁威从知识来源的视角出发，认为教研员实践性知识是教研员自己真正信奉的、在完成基本的教育教学研究、指导与组织管理等工作过程中所使用的或表现出来的知识和信念。② 类似地，田春、张隐云从教师的实践性知识定义出发，指出教研员实践性知识是处于义务教育阶段的教研员实践性知识，是指教研员在日常教研工作中或具体教研活动情境中，基于对自身的生活体验、教学经验和教学研究能力、程序与方法等的总结与反思、交互与创生，用于服务教师发展、提高教研质量和促进自我成长的一种知识体系。③ 这种从教师知识视角认知与界定教研员知识的研究方法对进一步系统思考教研员知识体系具有一定的启发性。

然而，从教研员的职责需要来看，教研员知识应是教研员引领区域信息化教学发展所必需的理论性知识和实践性知识的总和。除了借鉴教师实践性知识的定义界定和剖析教研员的实践性知识，还应该从理论性知识层面思考如何丰富教研员知识的内涵。理论性知识是教研员知识体系的重要组成部分，包括教育教学理论、学科专业知识、教育科技理论等。教研员需要深入理解这些理论，以便能够站在更高的角度，引领区域内的教师进行教学研究和实践。此外，理论性知识包括对教育政策、课程设置、教学评价等方面的了解，这些都是教研员在指导教师进行教学工作时必不可少的理论知识。

因此，可以将教研员知识的内涵界定为：教研员知识是指教研员根据区域信息化教研引领力发展需求，应该掌握包含理论性知识和实践性知识在内的教与学知识体系。系统地掌握教研员知识，是教研员成长与发展的前提和基础，更是教研员更好发挥区域信息化引领力的关键。

---

① 高瑛、项佳敏、马宏佳：《教师实践性知识发展影响因素研究》，《课程·教材·教法》2020 年第 3 期。

② 卢立涛、沈茜、梁威：《职业生命的"美丽蜕变"：从一线教师到优秀教研员——兼论教研员实践性知识的生成过程》，《教师教育研究》2016 年第 3 期。

③ 田春、张隐云：《教研员实践性知识：内涵、特征与价值取向》，《现代教育科学》2023 年第 4 期。

实际上，教研员知识是认识教研员专业发展在心理认知层面的一种表达，是针对教研员角色及职能的外在性而言的，是由关注教研员的外在行为向关注支撑教研员行为的认知结构的深层次转变。从认知主义的观点来看，教研员能力及教研行为表现均是以教研员知识为中介环节，并受其支配。因此，对教研员知识的关注是逐本溯源的举措。这一观点从教师知识研究领域也可以得到佐证，如焦建利认为，我们不能奢望仅仅为教师预设特定的行为方式就能解决问题，而是要让他们用自己的知识基础作为决策和行动的依据。杨彦军认为，教师实践性知识实质地主导着教师处理具体教育情境时的行为。TPACK的风靡也同样说明了专业知识对主体专业发展的基础性作用。由此可见，当下对教研员知识的研究的确具有相当的必要性。

第二节　教研员知识框架体系的构建

教研员知识体系的构建方法应根据教研员相关领域的研究现状及历史逻辑特征来进行选择和设计。鉴于教研员知识的研究成果较少，本书选择文献研究与实际调查相结合的方式来构建教研员知识框架，并据此形成以下研究思路及具体步骤：

首先，借鉴"教师知识研究领域"及"教研员研究领域"的相关文献资料，发掘并尊重教研员研究的固有规律及逻辑，总结归纳教师知识领域的优秀研究成果及方法，为教研员知识研究做好理论及方法储备。

其次，在此基础上，采用行动研究法及访谈法等研究方法，深入观察、了解教研员的实际工作职能、行为等外在表现，收集一线资料，作为辅助。

再次，基于上述步骤收集的资料，推演、提炼职能视域下教研员外在行为所蕴含的知识要素，归纳、划分教研员知识维度，进而形成初步的教研员知识框架。

最后，以"德尔菲专家法"对初步形成的知识框架体系进行循环研判及校正，以求确保教研员知识框架的合理性及科学性。

一　教研员职能素养与角色定位的研究

教研员知识因具有内敛性而无法被直观地看到，但可以采用逻辑分析方法透析教研员职能、素养、角色定位等外在表现，进而为教研员知识类别的挖掘及知识维度的划分提供有效途径，见表3-1。

表3-1　　教研员职能、素养、角色等相关研究

提出者	时间	角度	内容描述
胡进	2003年	素质	终身学习的习惯和专业可持续发展的意识；较高的研究素质与能力；符合先进理念的管理与组织能力①
时曦	2008年	素养	道德素养、理论素养及教学专业素养②
崔允漷	2009年	角色定位	课程政策执行者、地方课程设计者、教师的发展服务者、教学专业指导者、教学质量促进者、专业的课程领导者③
刘宝剑	2009年	能力素质	知晓教育原理、领悟育人规律、了解教师成长、熟悉学科特点、懂得教学评价④
王培峰	2009年	职能定位	政府教育公共服务的具体实施者；服务对象的平等合作者⑤
王洁	2011年	工作职能	课堂教学研究、引领教师成长、学科发展规划、学科队伍建设、行政事务等⑥
宋萑	2012年	能力	学术研究能力、课程开发能力、专业指导能力、教育测评能力⑦
任勇	2014年	工作职能	教育科研、教学指导、教学管理、评价教师、服务意识、研训有机结合⑧
毕景刚、韩颖	2016年	能力	学习能力、沟通能力、协作能力、教材解读能力、学科教学能力、课程研究能力、教学研究能力、业务培训能力、组织协调能力、引领示范能力等⑨

---

① 胡进：《新形势下教研员的素质》，《教育科学研究》2003年第4期。
② 时曦编著：《教研员专业成长之路》，广西师范大学出版社2008年版。
③ 崔允漷：《论教研室的定位与教研员的专业发展》，《上海教育科研》2009年第8期。
④ 刘宝剑：《教研员的职业角色与工作智慧》，《上海教育科研》2009年第8期。
⑤ 王培峰：《教研员职能转变的定位与路径》，《中国教育学刊》2009年第2期。
⑥ 王洁：《从"专业指导"到"专业支持"——上海市教研员现状调查的分析与思考》，《人民教育》2011年第9期。
⑦ 宋萑：《论中国教研员作为专业领导者的新角色理论建构》，《教师教育研究》2012年第1期。
⑧ 任勇：《教研员，做更好的自己》，《人民教育》2014年第13期。
⑨ 毕景刚、韩颖：《专业发展背景下的中小学教研员能力结构研究》，《教育理论与实践》2016年第14期。

从教研员的素养角度出发，时曦指出教研员应该培养三大素养：一是道德素养，要求教研员同教师一样遵守教师职业道德规范，做到爱岗敬业、出于公心、服务奉献、诚信务实、团结协作和与人为善等；二是教研员应当不断提高自身的理论素养，树立与新课改相适应的教育观、课程观、教师观和学生观等，以更好地指导和服务教学，实现自身学科教育教学的可持续发展，保持持续的创造生命力；三是教研员需要具备较高的学科知识素养，包括掌握丰富的本体性知识和专业性知识，具备卓越的教育科研能力、教学管理能力、组织协调能力和人际关系处理能力等。

从教研员的角色定位出发，崔允漷指出教研员的角色需要定位在专业的课程领导者，具体包括：（1）政策执行者：协助教育行政部门，整合多方专业力量，认真贯彻落实国家课程政策，培育高效的课程政策执行文化；（2）发展服务者：理解教学专业，建立合作共同体，尊重教师的专业自主，为教师的专业成长提供平台、支持和服务；（3）专业指导者：指导学校做好课程规划方案，指导教师开展基于课程标准的教学与评价，指导教师开发综合实践活动课程与校本课程；（4）课程设计者：根据本地的实际和需求，与相关人士一起，致力于国家课程的推广工作和地方课程的设计工作；（5）质量促进者：配合教育行政部门，加强统考管理，研制地方统一测试框架，明确分工与责任，提倡"谁统考，谁提供科学的数据与分析报告"，让统考成为促进教与学的重要手段，以促进本地教学质量的持续提升。王培峰指出面对新的挑战，教研员必须兼具社会工作者和教师的双重角色，教研员的教学研究、指导职能必须面向教师、学生、家庭和经济社会等广阔的社会公共空间，教研员应是政府教育公共服务的具体实施者以及服务对象的平等合作者。

从教研员的能力素质出发，刘宝剑指出教研员应该具备以下能力：（1）研究课堂教学和指导课堂教学的能力；（2）试卷与作业的编制和学科评价的设计能力；（3）开展教学研究和指导教学研究的能力；（4）教研工作与活动的组织策划能力；（5）培养骨干教师和促进师资队伍建设的能力；（6）横向沟通交流与组织协调的能力。王洁借助座谈与访谈的方法分析了教研员的职责能力，将教研员的职责组成划分为五个维度：课堂教学研究、引领教师成长、学科发展规划、学科队伍建设、行政事务。宋萑指出，教研员职能在基础教育改革背景从早期的组织教学研究和教师学习的二元职能转向多元职能，具体包括教研员的"学术研究能力""课程开发能力""专业指导能力""教育测评能力"。在教育改革的背景下，任勇认为应该重构教研员职能，教研员的未来发展应该面向终身学习、与教师建立新型关系、创新教研形式、突出内涵评价、服务教师的新需求和重新认识自我。毕景刚、韩颖则提出了教研员的能力结构框架，指出教研员能力结构主要由一般能力、专业能力、自主发展能力三个维度构成。其中，一般能力是指教研员作为普通社会个体，能够参与社会一般活动所应具备的基本能力；专业能力是指教研员作为教师队伍中特殊群体，能够充分发挥教育教学活动的研究者、教育教学实践经验的总结者、教育教学成果的推广者和教育教学团队的缔造者等角色职能所具备的业务能力；自主发展能力是指积极主动探寻改革前沿信息的意识与能力、关注并借鉴最新学科知识和教学方法的能力、参加并有效完成专业共同体相关活动的能力、及时更新专业知识和教育理念的能力、针对教学方法、行为、效果而反思和评价的能力。

由上可见，关于教研员角色的研究，一般是从教研员与区域教学共同体关系的角度展开。关于教研员职能的研究，主要是以教研员工作范畴、专业活动类型及工作条例等为基础，划分职能维度。关于教研员能力与素养的研究则主要依照教研员职能研究维度而进行的继续研究。虽然研究教研员的视角不尽相同，但其中却仍有逻辑可循——关于教研员的理论研究应与教研员的职业生态、专业实践及工作要求相适应。这也为教研员知识的研究提供了借鉴。

二 职能视域下教研员知识映射与维度划分

鉴于教研员知识与教师知识的"近缘性"，教师知识框架的相关研究对构建教研员知识体系也具有一定借鉴价值。一般而言，教师知识通常划分为学科教学法知识、学科内容知识、课程知识、情境知识、技术知识等。在此基础上，梳理教研员相关文献发现，教研员研究的"职能"角度与"知识"提炼角度具有一定的适应性。因此，抛开教研员研究的视角差异，剥离教研员职能、角色的外壳，归纳、划分教研员知识维度，还原教研员知识本质。在此思想指导下，我们以行动研究法和访谈法深入考察了山东、甘肃两省县域教研员的实际工作职能，跟随其开展教研活动，深度把握一线教研员的实际知识诉求。在此基础上，将教研员知识映射划分为以下五个维度，即课程知识、学科知识、管理知识、教研知识、教学知识，并对每个维度进行了梳理，各维度关键词分析结果见表3-2。

表3-2　　　教研员相关研究的关键词提炼及知识映射维度

维度	关键词
课程知识	学科课程、教材解读、课程研究、课程开发
学科知识	教材、学科特点、教材解读、教材研究、学科内容
管理知识	专业共同体、政策、社会公共服务、合作、管理、组织、教师成长、终身学习、学科规划、学科队伍、行政、服务、指导、服务意识、研训、领导者、表达、沟通、人际交往、协作、问题解决、业务培训、组织协调、引领示范、改革
教研知识	研究、教学研究、校本教研、科研、研训、教学评价、课程研究
教学知识	教育理论、教育原理、育人规律、经验、教法、专家、学习、教育理念、教学方法教学、学科教学、教学方法

第一，课程知识。指教研员对教材和教学计划应该熟悉掌握的知识，具体包括以下几点：(1) 对国家相关课程政策标准的解读。教研员作为连接一线教师和国家政策的重要枢纽，正确解读国家教育政策是所有教研员都必须严肃以待的任务。(2) 熟悉课程结构和内容。教研员的另一项职能任务就是要完成对一线教学效果的监督和评测，在这个过程中，教研员首先应该了解将要评价的课程的内容和结构，以实现对课程教学效果的客观真实评测。(3) 深入课程研究。教研员还应该具备课程研究的精神，在多听多看的同时多思考，要善于捕捉教学中的问题，透过问题发现事物本质。(4) 创新课程开发。教研员在进行教学研究过程中，应该树立动态发展的课程内容观，不能局限于满足既有的标准和教材，要多和一线教师交流探讨，带领当地教师开发地方课程、校本课程。

第二，学科知识。主要指学科的内容和知识，通过文献梳理分析，结合实践研究，可以将教研员的学科知识大致分为以下几点：(1) 掌握具体学科教材内容，熟悉学科课程内容。教研员虽然不需要同一线教师一样进行教学实践，但是，教研员需要多深入基层听课、评课，这自然需要教研员掌握充实的相关学科知识。（2）了解具体学科特点。教研员除了要掌握具体学科知识内容以外，还要对不同学科的特点熟悉了解，以根据学科特点有针对性地对不同学科实施不同的教研手段。（3）正确解读教材教学目标。教研员要具备多样化解读教材的能力，传统的教学中，教师往往把文本教材当成课程，当成学生学习的唯一对象，新课程要求教师不能只是"教教材"，教研员要指导教师认真研究教材，对教材进行补充、延伸、拓宽、重组，鼓励教师对教材进行质疑和超越。（4）深入教材内容研究。教材内容的规定是一个预设系统，而不是既定系统，教研员不仅应该是教材教学的指导者，更应该是教材内容更新与完善者。（5）补充完善学科内容。教研员作为学科教学引领者、教师发展引领者，应该发挥研究者意识，积极探索当前学科教学遇到的困难与挑战，及时补充完善学科教学的不足。

第三，管理知识。教研员担任着引领教师发展、提升教育教学质量的重担，因此，教研员在与多个群体沟通交流的过程中，基本的组织管理知识是必不可少的。教研员的管理知识内涵丰富，它关乎教研员工作的方方面面，主要涉及的关键词有专业共同体、政策、社会公共服务、教师成长、问题解决、业务培训、组织协调等。教研员的管理知识属于教研员实践性知识的一部分，这些知识是在教研员工作中潜移默化形成的，是高效开展教研工作的前提和基础。为了提升管理知识，要求教研员在工作中通过不断完成每项活动的设计、组织与监督等任务，运用管理思维解决工作中遇到问题与困难，以不断丰富完善自己的组织管理知识。

第四，教研知识。教学研究一直是教研员工作的重点，尤其是随着教研制度的不断改革，教研员的"研究"职能愈来愈受到重视，教研工作从工作经验型向科研型转变。[①] 教研员首先要认真"研究"，然后才能"指导"与"服务"，只有研究到位，才有资格指导，才有底气去服务。

[①] 卢立涛、沈茜、梁威：《职业生命的"美丽蜕变"：从一线教师到优秀教研员——兼论教研员实践性知识的生成过程》，《教师教育研究》2016年第3期。

教研员的研究和专业研究者的研究稍有不同，教研员的研究常常是应"实践"之需而产生，在各种教研活动中，教研员会面临各种问题，为了解决教育教学中出现的问题，需要教研员以研究者身份投入其中。教研员要提供高水平的指导，只有在研究基础上才能站得高、看得远，才有资本指导。教研员要研究的内容很多，如教材教法的研究、校本教研研究、科研研究、教学评价研究、课程改革的研究、教师成长的研究等，既要有理论研究，又要立足实践研究，要能够以敏锐的视角洞察教育教学中出现的问题，并能够客观理性地分析问题，提出切实可行的教学建议和学习策略。

第五，教学知识。舒尔曼曾指出教师的教学知识分为两类，一般教学法知识和学科教学法知识。作为"教师之师"，教研员的教学知识和教师的教学知识具有相似性，但并不完全相同，因为教研员掌握教学知识并不同教师一样是为了课堂教学，更多的是为了更好指导一线教师的教学。因此，教研员需要掌握丰富的教学理论知识、教育原理知识、育人规律、教学方法等与教学法相关的基本理念和原理。只有这样，教研员才能在教研活动中灵活运用掌握的知识，敏锐洞察教育教学中的问题和不足，并且能针对教学问题提出解决方法。当然，教研员的教学知识也不能仅仅依靠对理论原理的掌握，要想做到真正将理论应用于实践，在很大程度上依赖于教研员丰富的教研经验，这其实依旧是教研员实践性知识的一种，需要教研员经过丰富的教研实践积累而成。

三 教研员知识框架体系的提出与验证

综上，归纳划分教研员研究领域的关键词，透析教研员工作职能及专业行为下所蕴含的知识内涵，我们已经初步确定了教研员知识维度大致可分为：课程知识、学科知识、管理知识、教研知识、教学知识五个维度。

在对教研员知识维度划分之后，为了进一步构建出具有教育信息化背景的教研员知识体系，我们成立了由教育技术专家4人、教研员6人、教师8人组成的专家组，以上述知识维度为框架，编制评定文档。基于德尔菲法征询专家组意见，并根据专家意见修改知识框架，该过程循环数次，直至专家意见得到统一，以保证该框架的科学性。经两轮循环修订后，最终对其作出以下调整。

（一）调整维度

关于"课程知识"与"学科知识"两个维度，有专家指出课程知识与学科知识在教育领域中各自扮演着重要的角色，但它们之间的界限往往不够清晰。课程即经验，它产生于当下的教学过程，又指引着教学过程的前进方向，学科即有组织的观念、事实与方法体系。[①] 课程知识更多地强调经验的积累和生成，它产生于实际的教学过程中，并持续地为教学过程提供指导和方向。它关注的是如何有效地组织、传递和应用知识，以帮助学生获得全面的学习体验。而学科知识则是有组织的观念、事实与方法体系的集合，它代表了某一学科领域内的核心内容和专业知识。学科知识为课程知识提供了基础素材和理论支撑，是构建课程框架和内容的基石。二者的联系无疑是紧密的，在组织方式上，综观一切学科知识，其组织方式包括单学科和跨学科。这两种组织方式同样适用于学校课程，分别构成单学科课程与跨学科课程。[②] 在课程设计上，课程知识需要依据学科知识的特点和要求，进行有针对性的选择和整合，学科知识的更新和发展也会推动课程知识的不断创新和完善。在教学过程中，教师需要根据学生的实际情况和学科知识的特点，灵活运用课程知识，以达成教学目标。因此，鉴于课程与学科概念的联系，以及不同学者对"课程"与"学科"关系的不同见解，为研究的便利，专家建议将其两者合并，统一称为"学科知识"。

关于"教学知识"和"管理知识"两个维度，有专家指出，教学知识与管理知识在教研工作中并非孤立存在，而是相互交织、互为补充的。在教研工作中，教学知识是教研员开展工作的基石，它涵盖了教学方法、课程设计、学生心理等多个方面，是确保教学质量和效果的关键。教研员需要不断更新和深化自己的教学知识，以应对不断变化的教育环境和学生需求。同样地，管理知识在教研工作中发挥着重要的作用。教研员不仅需要管理自己的教学工作，还需要参与团队管理和项目管理，确保教研活动的顺利进行。良好的管理知识有助于提升教研团队的协作效率、优化资源

[①] 杨修平：《论"课程育人"的本质》，《大学教育科学》2021年第1期。
[②] 张紫屏：《跨学科课程的内涵、设计与实施》，《课程·教材·教法》2023年第1期。

配置，从而推动教研工作的深入发展。由此可见，教学知识与管理知识在教研工作中的联系性是非常明显的。两者在目标上具有一致性，都是为了提升教研工作的质量和效果。在教学实践中，管理知识的运用有助于更好地实施教学知识，提高教学效率；反过来，教学知识的不断更新也促进了管理方法的改进和创新。综上考虑，教学知识与管理知识的直接目的都是服务于教研工作的开展，又因其两者在教研工作中的紧密关系，建议将二者合并为"教研知识"，这样教研知识的内涵也得到了扩展，包含管理知识和教学知识两大模块。

（二）增加技术知识

关于技术的认识，由于技术的表现形式多种多样，包含的内容也丰富多彩，涉及的范围非常广泛，因此想要形成对技术的统一认识是非常困难的。关于技术的本质认识，马克思将技术称为"工艺"，认为技术是人类认识与改造自然、形成与塑造社会、开展与改进思维的活动方式与方法，是一个动态的、连续的、发展的、不断生成的、多样化的手段与过程。布莱恩·阿瑟则认为技术是达到目的的一种手段，它是一种装置、一种方式或一个流程。[1]

随着技术日新月异的发展，信息技术、人工智能等在教育领域的应用也越来越广泛，人们越发认识到作为一种技术科学，信息技术将会影响人才培养理念、革新教学模式和方法，给传统教育环境带来巨大变革。

但是，在教研员相关研究中，技术知识并没有引起人们的关注，关于教研员信息技术能力和知识的阐述更是少之又少。实际上，区域信息化教学研究的实际需求对教研员技术能力与知识提出了要求，对教研员的访谈也再次验证了技术知识的重要性。因此，有专家指出应该将技术纳入教研员知识体系。

根据以上专家建议，借鉴整合技术的学科教学知识体系（TPACK），提出了教研员知识框架体系——整合技术的学科教研知识体系（TRACK），如图3-1所示。

---

[1] ［美］布莱恩·阿瑟：《技术的本质：技术是什么，它是如何进化的》，曹东溟、王健译，浙江人民出版社2014年版，第43页。

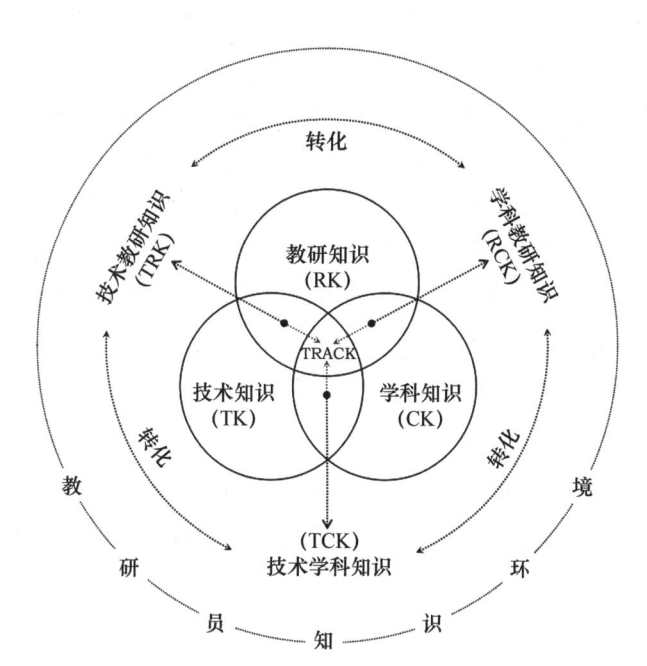

第三章 教育信息化背景下教研员知识体系　　77

图3-1　教研员知识：整合技术的学科教研知识体系

第三节　TRACK：整合技术的学科教研知识体系的阐释

一　TPACK 理论对 TRACK 框架建立的影响

前面已经提到，我们基于 TPACK 提出了 TRACK，因此，在对 TRACK 进行详细阐述之前，有必要先来了解一下 TPACK 及其特征以及相关概念，这种前置知识的梳理对于我们深入理解 TRACK 的内涵至关重要。

（一）TPACK 的提出

关于教师知识的研究，在20世纪80年代舒尔曼指出，教师知识涉及学科内容知识和教学法知识的复杂互动，正确理解这两种知识的关系对于教师具有重要意义。在舒尔曼关于教师知识研究的基础上，密歇根州立大学的科勒博士和米什拉博士于2006年提出了一种整合教育技术的全新概念框架——整合技术的学科教学知识（Technology Pedagogical Content Knowledge，TPCK）。① 后来，为了方便阅读，将"TPCK"更改为"TPACK"，由此正式形成 TPACK 理论。

在 TPACK 框架中，科勒和米什拉将教师应该掌握的基础知识分为三类：技术知识、教学法知识和学科知识，并提出了超越这三大基本知识元素而形成的四种复合知识：学科教学法知识、整合技术的学科知识、整合技术的教学法知识以及整合技术的学科教学法知识，这些复合知识是教师使用技术进行有效教学所必须具备的知识。下面我们再对 TPACK 框架三大知识元素和四大复合知识元素作进一步的了解。

（二）TPACK 内涵介绍

如图 3-2 所示，TPACK 主要包含学科知识（CK）、教学法知识（PK）、技术知识（TK）以及三者两两组合形成的整合技术的学科知识（TCK）、学科教学法知识（PCK）、整合技术的教学法知识（TPK）和三者共同形成的整合技术学科教学法知识（TPACK）。

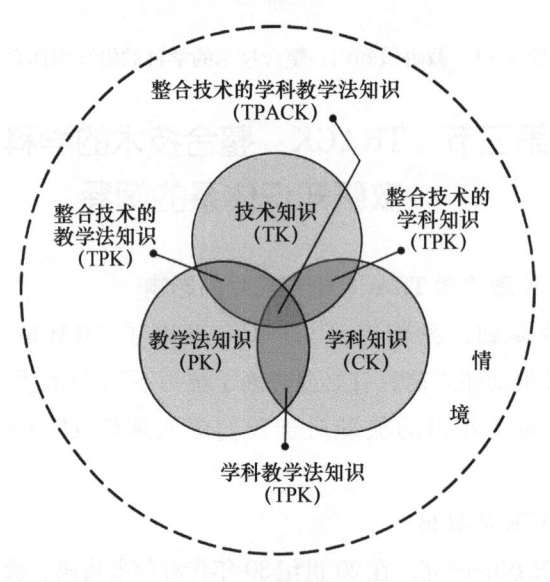

图 3-2 TPACK 框架

---

① 何克抗：《TPACK——美国"信息技术与课程整合"途径与方法研究的新发展（下）》，《电化教育研究》2012 年第 6 期。

学科知识：学科知识是教师在任教不同学科时应该掌握的关于具体学科的内容知识，既包括任教学科中涉及的概念、理论、观点、组织结构、证明和定理等理论性知识，也包括为发展这些知识所建立的实践和方法。

教学法知识：教学法知识是指教师组织好教学过程所必须掌握的专业知识，包括教育理念、教育原则、教学方法等理论性知识和教学组织、教学实施、教学评价等实践性知识。

技术知识：技术知识是指教师在教学过程中应该掌握的各种可应用于教育教学的技术工具、媒体与软件的相关知识，既包括传统技术工具，也包含最先进的数字媒体技术，是不断发展、变化的元素。

学科教学法知识：学科教学法知识是指教师根据不同的学科内容和特征实施教学活动时需要掌握的教学知识。

整合技术的学科知识：整合技术的学科知识是指教师根据不同技术特性与不同学科特征，理解技术与学科内容之间相互支持又相互制约的关系，选择适合于具体学科知识教学的技术工具并实际运用。

整合技术的教学法知识：整合技术的教学法知识是教师应该掌握的关于技术工具如何促进教学法运用的知识，教师应该能够熟练选择运用具体的技术来支持不同教学方法的实施和教学活动的开展。

整合技术的学科教学法知识：整合技术的学科教学法知识是指同时整合技术、教学法和学科内容的知识，是教师知识掌握的高级层次，具体体现为教师能够使用恰当的技术有效表征和呈现教学内容以促进学生对知识的理解，进而能够有效提高教学效果。

（三）TPACK 特征分析

TPACK 作为指导教师发展的知识框架，不仅指明了教师应该掌握的知识内容，也为教师的专业成长提供了可行的路径，为教师评价体系的建立奠定了基础，具有知识融合、劣构性知识和动态发展的特征。

首先，TPACK 具有知识融合性。TPACK 涉及学科内容、教学法和技术知识三个基本元素，但并不是将这三种知识元素进行简单堆叠，而是强调将"技术"元素融入具体的学科内容教学的教学法知识，不是单独强调某一种知识，而是强调应当及时地关注信息技术环境下的"教与学理论"以及方法。① TPACK 的知识融合性是其核心理念，强调技术知识、学科知识和内容知识之间的深度整合与相互渗透。在 TPACK 框架下，技术不再是孤立的工具或手段，而是被有机地融入具体的学科内容教学，与教学法知识紧密结合，共同服务于教学目标的实现。TPACK 不仅关注技术的运用，更重视在信息技术环境下如何有效地进行教与学。它要求我们不仅要掌握基本的技术操作技能，更要深入理解技术如何改变教学的本质、如何提升教学效果。因此，在 TPACK 的实践中，我们应当及时关注信息技术环境下的"教与学理论"以及方法，不断探索和创新，使技术与教学真正融为一体，实现教学的最优化。

其次，TPACK 是一种劣构性知识。乔纳森从客观主义和建构主义的角度，并根据问题的结构性维度，将问题分为良构性问题和劣构性问题。② 良构性问题是抽象的、去情境化的、符号化的、具有严格对错之分的和结构良好的问题；劣构性问题是复杂的、不确定的、富含多种解决途径的、依赖具体问题情境的和无标准答案的问题。③ 科勒和米什拉认为 TPACK 是一种"结构不良"的知识，因为 TPACK 不仅整合了学科内容、教学法和技术知识三种基本知识元素，还涉及许多复杂的条件、因素、情境，且彼此交互作用。正因为 TPACK 的这种特性，它所能解决的问题往往具有特定的背景和条件，不具备普适性。④ 换句话说，TPACK 解决的是教师在信息技术与课程整合过程中遇到的实际问题，这些问题往往具有"劣构性"，即结构不清晰、解决路径不明确。因此，TPACK 的应用需要教师结合自身的认知灵活性，在三种基本知识中不断探索与寻找合适的解决方案。这也使得 TPACK 并非适用于所有学科教师或课堂教学，而是需要教师根据具体情况进行灵活运用。

最后，TPACK 具有动态发展性。信息社会教学观念与教学技术的不

---

① 何克抗：《TPACK——美国"信息技术与课程整合"途径与方法研究的新发展（下）》，《电化教育研究》2012 年第 6 期。

② Jonassen D. H.，"Learning to Solve Problems with Technology: A Constructivist Perspective"，*Prentice Hall*，2003.

③ Prayitno L. L. et al.，"Exploring Student's Representation Process in Solving Ill-structured Problems Geometry"，*Participatory Educational Research*，Vol. 7，No. 2，2020.

④ ［美］全美教师教育学院协会创新与技术委员会主编：《整合技术的学科教学知识：教育者手册》，任友群、詹艺译，教育科学出版社 2011 年版。

断更新与发展要求教师能力的提升。信息技术环境下，教师在教育教学实践中不断地学习，并及时进行反思和总结，就会获得并持续增长 TPACK 新知识。① TPACK 作为信息技术整合与教学背景下教师必备的全新知识，其重要性不言而喻。随着信息技术时代教学观念和教育技术的不断演进，教师不能再满足于传统的知识结构和教学方法。相反，教师应当积极参与教学改革，勇于尝试，敢于创新，不断探索信息技术与课程整合的有效教学实践。只有这样，教师才能确保自己的知识能力结构始终与时代的发展保持同步，为培养适应信息时代需求的学生贡献自己的力量。因此，对于每一位教师而言，不仅要认识到 TPACK 的重要性，更要付诸实践，通过不断的学习与探索，使自己的 TPACK 知识得以更新与完善。这样，教师才能更好地适应信息社会的教学需求，为学生的全面发展提供有力的支撑。

（四）从 TPACK 到 TRACK

何谓教研员？教有所成则研，教艺精湛则研，教绩斐然则研。教研员的知识起点与专业生涯起点相统一。这种从优秀教师中选拔教研员的机制决定了教研员必然继承教师的知识基础，表现为客观"遗传"了以前职业所固有的思维及工作方式。② 显然，历史与逻辑相统一，教研员知识发展并非"平地起高楼"，而是在教师知识基础上的重构与再发展。

在阐述教师知识框架相关研究中，TPACK 理论是其中较为成熟且应用范围最广的框架之一。以历史的眼光审视"新手教研员（专家教师）"的知识结构，可以发现，尽管不同教研员个体的专业知识结构及水平存在一定的差异，但整体而言，其往往停留于均衡或较不均衡的 TPACK 框架，一般包括该教研员（教师）所教授的特定学科知识、教学法知识、技术知识，以及诸多复合知识元素。一定程度上，TPACK 框架可以支撑新手教研员应对简单的听课、评课等基本职能，却无法有效支撑教研员引领区域信息化教学发展的复杂实践。因此，应该以 TPACK 框架为起点，继续建构教研员特有的知识元素，即 TRACK——整合技术的学科教研知识

---

① 李志河、王晓丽：《TPACK 框架下现代教育技术公共课课程设计》，《中国教育技术装备》2014 年第 10 期。

② 李玲、赵千秋：《教研员专业发展的困境与对策》，《教学与管理》2011 年第 22 期。

体系。

整合技术的学科教研知识体系 TRACK 由三个基本元素（学科知识、技术知识和教研知识）和四个复合元素（整合技术的学科知识、整合技术的教研知识、学科教研知识和整合技术的学科教研知识）组成，下面是对各个元素内涵与意义的阐释。

二 教研知识体系中的基础知识元素

（一）学科知识

巧妇难为无米之炊，学科知识是教研员应该具备的最为基础的知识，是教研员开展教研工作的前提（一般教研员的研究对象是特定的一门学科或者不固定的数门相关学科，也称作学科教研员）。舒尔曼认为学科知识是被学生学习的、被教师教授的学科内容。换句话说，学科知识是指特定学科内具有一定相关性、逻辑性的知识组成的知识模块，以及对模块、结构内容之间关系的认识。例如，在数学学科中，学科内容知识包括一般性内容知识、专门性内容知识和关联性内容知识，一般性内容知识指数学学科中的基本概念、运算与法则解释等，专门性内容知识指概念的不同表征、运算与法则的解释、公式与定理的证明等，关联性内容知识包括不同概念之间的联系、数学内容在物理学科中的应用等。

而从教研员专业需求的角度来看，学科知识的内涵会更加丰富。除了包含一般意义上的学科内容知识，还应包括特定学科的课程知识。这里的课程知识不仅指课程材料的使用、编排，还包含一定的课程理论知识，例如课程内容、课程设计、课程实施及课程评价等。综上所述，教研员的学科知识应该包括以下三方面的内容。

首先，教研员需要掌握教师知识框架里的学科内容知识，包括对学科的基本概念、原理、理论以及知识体系的深入理解。教研员需要熟悉学科的核心内容，了解学科的发展脉络和前沿动态，以便能够指导教师准确把握学科教学的重点和难点，帮助学生建立起扎实的学科基础。

其次，教研员需要掌握关于学科课程设计、开发、实施、评价的基本理论知识，包括对课程设计原则、教学方法、评价策略等方面的了解。教研员需要根据学科特点和教学需求，制定合理的课程方案，指导教师有效实施教学，并对教学效果进行科学的评价。同时，教研员需要关注课程资源的开发和利用，为教师提供丰富多样的教学资源，促进学科教学的创新和发展。

最后，教研员需要了解关于课程改革、政策及其背后隐藏着的众多隐性知识和经验，包括对国家教育政策、课程改革方向以及教育发展趋势的敏锐洞察。教研员需要关注教育领域的最新动态，深入理解课程改革的精神和要求，以便能够指导教师适应教育改革的发展，提高教学效果。同时，教研员需要总结和推广成功的教学经验和做法，为学科教学的改进和提升提供有力的支持。

总之，对于学科内容知识，教研员不仅要知其然还要知其所以然。

（二）技术知识

技术知识是当今信息社会技术发展的时代产物，是教育信息化背景下教研员专业发展所必不可少的，也是最活跃的知识成分，具有与其他知识相融合的天然趋势。关于"技术"的认识，从不同的角度出发具有不同的看法，如有传统技术与现代信息技术，"硬技术"与"软技术"等之分。然而，这里的技术更多地指现代教育技术。可以从三个方面把握现代教育技术的内涵与构成：第一，它包括教师在教学过程中运用的各种物化手段，无论是传统的黑板、粉笔、投影仪，还是现代的多媒体教学系统、电子白板等，都属于现代教育技术的硬件组成部分；第二，现代教育技术还包括教师在教学过程中使用的各种经过技术手段处理的文本教材、影音图像、模拟动画等教与学资料，这些文本、图像、视频、动画材料属于现代教育技术中的软件组成；第三，除了硬件和软件，现代教育技术还包括教师在设计教学内容、组织教学活动、评价教学过程等环节中使用的各种教学方法和策略，这些也是现代教育技术中不可忽略的重要组成部分。

理解了技术的内涵与组成，再来讨论什么是技术知识就简单得多了。范良火认为，教师关于技术的知识有两类：关于技术本身的知识和在教学中如何运用技术的知识。[①] 从这个角度来看，教研员的技术知识指能够支撑教研员教研工作的信息技术知识，包括关于技术本体的知识、在教学中如何应用技术的知识以及如何利用技术促进教学研究、提高教研实践效

---

① 范良火：《教师教学知识发展研究》（第二版），华东师范大学出版社2013年版。

果、效率和效益的知识。

首先是技术本身的知识,即技术本体知识,不仅包括技术相关的概念和原理,还包括各种技术如何使用的操作技巧。掌握相关教育技术的本体知识,是教研员在教研工作中应用教育技术的先决条件。因此,教研员在教研工作中应该掌握了解各种教育技术的概念原理和操作技能,为在教研工作中熟练使用这些教育技术做好准备。

其次是在教学中如何应用技术的知识,即技术应用知识,这一部分知识是教研员应该掌握的技术知识的核心。掌握了基本的技术本体知识,教研员只是做到了对技术的了解和操作,但如何将各种教育技术合理运用于教学过程从而有效提升教学效果,是教研员应该进一步掌握的技术应用知识。也就是常说的"知其然并知其所以然",教研员应该深入了解各种教育技术的特性和适用场景,在不同的学科教学、不同的课堂教学中合理选择并运用,充分发挥现代教育技术整合学科教学的优势。

最后是如何利用技术促进教学研究,提高教研实践效果、效率和效益的知识。"研"是教研之本,教研员职能定位决定了其不能脱离研究者的角色。教研员的研究工作既要进行理论研究,也不能忽视实践研究,充分掌握各种研究工具可以使教研员的研究工作事半功倍。例如,在课堂教学研究中借助表情识别和智能分析技术,可以帮助教研员更科学、客观、系统地分析课堂教学中学生遇到的困难和问题,更能及时准确地把握学生在课堂学习过程中的态度变化,从而能更有针对性地提出促进课堂教学效率提升的教学策略和问题解决方法。

(三) 教研知识

教研知识不同于教研员知识,教研员知识包含教研知识,两者的关系如同教师知识与教学知识的关系。教研员知识是教研员专业发展宏观视角下的综合知识体系,而教研知识则是针对教研员开展具体教研活动相关的知识。从教研活动组织的过程来看,教研知识应包括一般教学法知识、教学研究法知识和教育管理知识。

一般教学法知识,即教学知识。范良火认为教学知识表示与教学活动有关的知识,而不需要限定是谁的知识,也就是说教学知识的认知者可以是教师、教师培训者、教研员甚至是外行,而被知体则相对清楚,即有关教学的事情。① 也有观点认为，教学知识是教师拥有的与教与学的过程、实践、方法相关的深层次知识。② 从教研员知识角度出发，我们认为，教研员应该掌握的一般教学法知识是包括教学目标、教学对象、教学过程、教学方法、教学策略、教学结果及教学评价等相关的本体性知识，以及如何将其应用于教学实践的过程性知识。换言之，教研员不仅需要掌握教学相关的各种理论知识，还应该熟练运用理论知识去分析教学对象、制定教学目标、设计教学过程、实施教学评价的实践性知识。

教学研究法知识是关于如何教学研究的知识。教研之本在于"研"，相比教师的教学研究，教研员教学研究具有更高的职责使命及更开阔的研究视野，教研法知识也因此具有更丰富的内涵。在微观层面，教学研究法知识一般包括针对教学的研究方法、研究策略、研究模式、研究过程、研究评价等方面的知识，以及将这些知识应用到实际研究工作中的经验、认识等；在宏观层面，教学研究法知识还包括如何采集、分析、管理、评价、应用区域教育教学发展的信息数据的知识，以及如何研判区域教育发展态势，制定发展战略的决策知识等。

教育管理知识，指如何做好教学人员（学生、教师、校长等）的组织管理的相关知识。教研员的教研工作始终离不开与人（教师、学生等）的交流活动，掌握必要的教育管理知识，是教研员做好教研工作的前提条件。一般而言，教育管理知识涉及以下五个方面的内容：（1）教育管理理论，包括教育管理的基本概念、原理、理论框架等内容，这是帮助教研员理解教育管理的基本原理和规律的前提；（2）教育政策与法规，需要了解国家和地方教育政策、法规、文件等，掌握教育管理的法律法规依据，从而助力教研员更好指导学校教育管理工作；（3）教育领导与决策，教研员还需要学习领导学、决策理论等知识，培养领导力和决策能力，借以在促进教师成长的过程中发挥更好的领导力与决策力；（4）学校组织与管理，包括学校组织结构、管理模式、人力资源管理、财务管理等内容，帮助教研员理解学校管理的基本框架和原则；（5）教育评估与质量

---

① 范良火：《教师教学知识发展研究》（第二版），华东师范大学出版社2013年版。
② 闫志明、李美凤：《整合技术的学科教学知识网络——信息时代教师知识新框架》，《中国电化教育》2012年第4期。

监控，学习教育评估理论、质量监控方法等知识，帮助教研员进行学校教育质量的评估和监控。

三 教研知识体系中的复合知识元素

（一）整合技术的学科知识

TCK 是一种由 TK 和 CK 相互联系、互动而形成的复合型知识，包括各种技术应用到学科内容教学中的知识，即如何利用技术促进学科知识的表征、传递及建构的知识。

关于具体分析技术与学科知识的相互作用关系，闫志明和李美凤指出，技术知识对学科知识的作用主要包括转变和拓展：转变指借助技术简化重组学科知识使学习者更容易理解和接受；拓展指技术工具和软件对学科知识的补充和延伸。而学科知识对技术知识的作用主要包括选择、改进和创造。选择指对适合于学科教学的技术工具的选择；改进指以学科内容为依据改进已有的信息技术以适应学科教学；创造就是根据需要设计创造新的教与学技术。[1]

掌握充足的整合技术的学科知识，不仅是教研员更好理解信息技术与学科课程整合的前提，也是有效开展信息化教学研究工作的基础。换言之，教研员只有掌握了整合技术的学科知识，才能真正理解信息技术与课程整合的内涵与意义，进而能够更好地引导广大一线教师积极参与信息技术与课程整合的实践。同时，掌握了整合技术的学科知识，教研员才能在教研工作中发挥信息化引领力的作用，高效开展信息化教学研究工作。

从教研员的角度来看，掌握整合技术的学科知识是一项至关重要的任务。教研员不仅要具备深厚的学科专业知识，还要了解信息技术在教育领域的应用及其与学科知识的整合方式。

首先，教研员需要了解如何合理应用信息技术，创设有利于学科内容表达、传递和建构的技术环境。这意味着教研员需要熟悉各种信息技术工具和平台，包括多媒体教学软件、在线教育平台等，并根据不同学科的特点和需求，选择适合的技术进行应用。例如，在某些需要展示复杂图表或

---

[1] 闫志明、李美凤：《整合技术的学科教学知识网络——信息时代教师知识新框架》，《中国电化教育》2012 年第 4 期。

动态过程的学科中，教研员可以利用动画、模拟等技术来帮助学生更好地理解和掌握知识。

其次，教研员需要掌握利用信息技术拓展学科内容的知识。技术作用于学科知识后，会产生新的表现形式和承载载体，如微课、视频、Flash等。教研员需要了解这些新的表现形式如何更好地呈现学科知识、如何更有效地激发学生的学习兴趣和积极性。同时，教研员需要学会利用技术检索和获取数字化教学资源，以丰富和拓展学科知识的体量和深度。

最后，教研员应积极构建学科教研共同体，组建信息化学科知识教研团队。通过定期的专题交流与研讨，教研员们可以共同探讨如何促进技术与学科知识的融合，分享成功的教学经验和做法，相互学习和借鉴。这样的团队合作不仅有助于提升教研员的专业素养和能力水平，还能够推动整个学科教学的创新和发展。

(二) 整合技术的教研知识

TRK 是由 TK 和 RK 彼此联系、相互转化而成的一种复合性知识。技术与研究具有天生相融的特质与趋势：技术支撑研究，为研究提供更为精致、翔实的数据资源，更科学的分析方法手段；研究又反哺技术，助力技术的发展。

随着技术深度融入教育各领域，TRK 成为教研员研究教育教学的基本知识。一般而言，TRK 包含利用技术促进教学的知识、利用技术促进研究的知识、利用技术促进管理的知识等。

技术促进教学的知识指教研员必须深入了解和掌握的，关于如何利用技术手段来优化教学过程、改善教学结果以及增强教学效果的相关理论、观念、方法、策略等知识。这些知识是教研员在优化教学的全过程中熟练使用各种信息技术的前提和基础，只有掌握了技术促进教学的知识，教研员才能真正理解如何借助信息技术组织教学内容、开展教学活动和创新教学评价，进而才能有效指导教师信息化教学，促进信息化教学的发展。

技术促进研究的知识指如何使用技术创新研究思路、变革研究形式（网络研修、基于社会性软件的研究等）、改进研究的方法、提高研究的效果、效率等方面的知识。首先，技术可以帮助教研员创新研究思路。通过利用大数据、人工智能等技术手段，研究者可以对学生和教师进行更全面、准确的分析和解读，进而创新更有针对性、专业性的教研活动。其次，技术可以变革教研员教研形式。传统的教学研究通常是以面对面的形式进行的，而现在基于网络开展教研活动、通过社会性软件进行教研等已经成为一种趋势。再次，技术可以改进教研方法。例如，通过利用数据挖掘和分析技术，教研员可以对大量的数据进行深入的分析和挖掘，从而发现隐藏在数据背后的规律和趋势。最后，技术可以提高研究的效果和效率。通过利用各种技术手段，教研员可以更快速、准确地收集和处理数据，进行教学实验和结果分析。

技术促进教育管理的知识指如何利用技术手段打破传统教育管理方法、形态，辅助师资、物资等资源管理，提高管理效率，有效利用技术促进教研服务、教学指导、政策传达、组织协调、决策及非实时非实地的沟通交流等方面的知识。首先，掌握技术促进教育管理方面的知识，教研员可以更好地借助信息化手段实现对师资队伍和物资的全面管理，提高资源利用效率和效益。其次，可以通过自动化、智能化的管理手段，大大减少传统的手动操作和管理流程，提高管理效率和质量。最后，教研员可以通过在线会议、视频通话等手段，实现远程的沟通和交流，打破时间和空间的限制，进而实现借助技术手段推动教育的进步和发展。

(三) 学科教研知识

RCK 是由 CK 与 RK 相互交融而成的复合性知识，是具体学科内容在教学研究维度上的转化。教研员必然是在特定学科内容知识的基础上，联系一般教学知识，以形成初步的学科教学知识（PCK），即对学科教学产生一定的初步认识、看法和观点（一般教研员由教师转化而来，应具备一定 PCK 基础）。在此基础上，通过调用管理的知识及研究法知识，聚合教师、学生等成员的智慧，针对具体的教学事项开展研究活动，抑或是对区域教育教学发展的研判，集共同体智慧，建构学科教研知识。

与此同时，更为科学合理的高级 PCK 也得以生成。其具体表现为：教研员具有针对具体学科内容知识的教学法知识与经验；具有针对具体学科内容知识的研究法知识与经验；具有针对具体学科、具体教师、学生特点的教育管理知识与经验以及分享知识的知识与经验。

首先，针对具体学科内容知识的教学法知识与经验。教研员在履行其职责时，必须深入理解和掌握具体学科内容知识的教学法知识与经验。这是教研员作为教师角色的基本要求，也是其进行教研工作的基石。这些教学理论知识和实践经验，涵盖了如何针对不同学科特点设计教学策略、如何有效激发学生的学习兴趣、如何提升学生的学科素养等多个方面。只有深入了解和掌握这些知识，教研员才能更好地理解一线教师的教学实践，发现其中的问题和不足，提出有针对性的改进建议。同时，教研员需要结合自身的实践经验，不断探索和创新教学方法，为一线教师提供有益的参考和借鉴。这样，教研员才能真正发挥其在引领教师成长方面的作用，推动整个教师队伍的专业素养和能力水平不断提升。

其次，针对具体学科内容知识的研究法知识与经验。教研员在扮演研究者身份时，必须掌握与具体学科内容紧密相关的研究法知识与经验。这不仅是其作为研究者的基本素养，也是开展深入教育教学研究的必要前提。教研员需要了解并掌握不同学科的研究理论和方法，能够针对具体学科的特点和需求，设计并实施有效的研究方案。通过理论与实践结合，教研员不仅能够指导一线教师的教学实践，还能够从实践中提炼和升华理论，丰富和发展学科知识体系。只有具备充实的研究法知识，教研员才能在教育教学研究领域中发挥引领和示范作用，推动学科教学的不断进步和创新。因此，教研员需要不断学习和更新研究法知识，保持与时俱进的研究视角和方法论素养。

最后，针对具体学科、具体教师、学生特点的教育管理知识与经验以及分享知识的知识与经验。教研员作为教育教学管理者，必须掌握针对具体学科、教师和学生的教育管理知识与经验。这要求教研员全面分析各学科的独特性质，深入了解每位教师的教学风格，以及细心洞察学生的个性特点。在此基础上，教研员需制定并实施具有针对性的教学管理方案，确保教学工作的有序进行。同时，教研员应具备丰富的知识共享经验，能够组织有效的教研交流与分享活动，促进教师之间的知识传递与经验借鉴。这样的教研管理与交流，应体现全面性、多元性和层次性，以推动教育教学工作的持续进步与发展。

（四）整合技术的学科教研知识

教研员工作的综合性特质决定了其所需知识的广泛性与深入性。在信息化时代的背景下，教研员的工作不再局限于传统的教学研究范畴，而是需要融入更多的现代科技元素。因此，教研员知识不仅单纯涉及教学研究的知识，还应该包括信息技术环境下的技术知识和具体学科背景下的学科知识。只有综合具体到这三个维度下的教研活动，经由多方面、全方位知识的拟合及调用，才能"对症下药"，有效地开展教研工作。

TRACK，作为教研员复合知识元素，是 TK、RK、CK 以及它们之间相互作用产生的 TCK、TRK、RCK 等要素的有机融合。这种融合不是简单地叠加，而是在具体教育环境中，针对特定学科内容，教研员利用技术工具进行深度教育教学研究的过程中，各种知识元素相互关联、相互作用、相互渗透，最终形成的综合性知识。

TRACK 的内涵极为丰富，在囊括上述三种基本知识元素表现的基础上，它又包含了因多种复合知识元素混合互动而再生成的新的因子。TRACK 元素是教研员知识体系中最为核心、高级的知识类型和知识形态。作为知识类型，TRACK 是融合三种基本知识元素（CK、TK、RK）及三种复合知识元素（TCK、TRK、RCK）的新的综合性知识类型。作为知识形态，TRACK 具有较强的动态性、主体性及发展性。多种知识元素相互交织、链接，解构又重构，而混合、交叉地带则具有更强的活跃性及创新性。

在 TRACK 的指导下，教研员不仅具备扎实的技术知识，能够熟练运用各种信息技术工具和平台，还具备深厚的研究知识，能够基于实践开展教育教学研究和创新。同时，教研员需要对特定学科内容有深入的理解和掌握，能够结合学科特点进行有针对性的教学研究。通过 TRACK 的复合知识元素，教研员能够更有效地促进教师信息化专业发展，提升教师的信息技术应用能力和教育教学水平。同时，教研员能帮助学生提升核心素养，培养具有创新精神和实践能力的新一代青少年。此外，TRACK 能推动区域教育教学的发展，提升整个教育系统的质量和效益。

诚然，TRACK 是教研员知识的高境界，是教研员专业发展的追求，TRACK 的知识宽度、深度及拟合度在一定程度上也能够反映教研员专业素养的发展水平。因此，TRACK 作为教研员复合知识元素，是教研员在信息化时代进行教育教学研究的重要支撑，也是推动教育现代化、提升教育质量的关键力量。教研员应不断学习和更新 TRACK 知识，以适应教育发展的需求，为培养更多优秀人才贡献力量。

四 教研知识体系的个体差异性

TRACK 框架体系作为教研员专业发展的知识结构框架，确实提供了一个清晰且实用的参考。这一框架不仅明确了教研员所需掌握的核心知识领域，还为他们的专业成长指明了方向。但是，我们也必须意识到，由于不同地区的经济发展、教育资源分配以及教育信息化进程存在差异，各地的教研员在知识储备和应用上也会存在一定的差距。此外，知识的主体建构性使得教研员的实际知识结构、内容也因人而异，具有一定的特殊性。这些差距和特殊性主要表现在以下几个方面。

首先，TRACK 框架下不同维度知识的种类及内容不同。导致 TRACK 框架各维度内容差异性的因素有很多，诸如教研员的工作地区的信息化发展程度的不同、教研学科的差异、自身知识与能力的储备等都会导致教研员各自的 TRACK 框架知识内容存在差异。例如，由于不同地区的教研员在教育信息化发展程度方面存在差异，导致他们在 TRACK 框架下对不同维度知识的理解和掌握程度存在差异。这种差异可能表现在知识种类、内容、深度和广度等方面。经济发达地区的教研员可能拥有更多接触前沿的教育理念和技术的机会，从而在知识更新上更加迅速。与之相对应，经济欠发达地区的教研员可能由于资源和信息的限制，其知识结构相对滞后。这种地域性的知识水平差异，使得 TRACK 框架在实际应用中需要根据具体情况进行调整。

其次，不同个体知识的转化及运动的方式稍有差异。人在求知的过程中，必然将自己的欲望、理想、意志投射到对象世界，人所创造的知识涵盖着人类的价值取向、目标理想、审美尺度，表征着人的本质特征，知识总是烙有人类主体精神创造的印记。[1] 也就是说，知识的主体建构性是一个不可忽视的因素，由于知识的主体建构性，教研员在 TRACK 框架下对知识的转化和应用方式也存在差异。这种差异可能表现为知识获取、加工、理解、运用和转化等方面方式方法的不同，不同的教研员在教学与研究的知识积累过程中，自然会形成一套适合自己的最佳知识转化和知识创

---

[1] 潘洪建：《当代知识观及其对基础教育课程改革的启示》，《课程·教材·教法》2003 年第 8 期。

造的方法论，从而构建出不同于其他教研员的 TRACK 框架。

最后，在不同境遇下，各种知识的应用程度及作用各不相同。这种差异可能表现为在特定情境下对特定知识的侧重、组合和应用方式的不同，以及由此产生的不同效果。因为工作内容的差异和个人兴趣的不同，每个教研员教学与研究的侧重点是不同的，有的教研员更关注教育技术的应用，有的教研员则关心教育理论的发展。因此，教研员教研内容的差异性也就导致了教研员知识体系的差异性，关注技术应用的教研员会侧重技术知识方面的学习，关注理论发展的教研员则会更侧重掌握教育理论方面的知识。

当然，只有在把握教研员 TRACK 框架的前提下，才能更加充分、全面地认识教研员知识的具体性和特殊性成分。此外，教研员知识的个体差异性对教研员培训工作提出了要求，既要把握教研员知识的普遍性框架，也要注重其特殊性，做到因材施教、因材教研。在利用 TRACK 框架体系促进教研员专业发展时，需要充分考虑个体差异和具体情况，因地制宜、灵活应用该框架体系，以最大限度地发挥其在教研员专业发展中的价值。

以上这些特殊性不仅反映了教研员各自的学术兴趣和专业方向，也体现了他们在应对教育问题时的策略和视角。因此，在推广和应用 TRACK 框架时，我们需要充分考虑到不同地区、不同背景的教研员的知识差异性和主体建构性。这要求我们采取更加灵活和定制化的方式，以满足不同教研员的专业发展需求。只有这样，我们才能确保 TRACK 框架真正发挥其应有的价值，成为促进教研员专业成长的有力工具。

小　结

逐本溯源，教研员知识不仅是教研员专业发展的研究基石，更是对教研员专业成长深层次认知的关键所在。在教研员的职业生涯中，知识的积累与更新是其专业成长不可或缺的部分，它决定了教研员能否在教育实践中发挥引领作用，从而推动教育教学改革与创新。教研员 TRACK 体系的提出，为教研员专业发展注入了新的活力，提供了全新的理论视角。这一体系强调教研员应具备的综合知识，包括技术知识、研究知识、学科内容知识以及它们之间的交叉融合，为教研员的专业发展提供了明确的方向和路径。同时，TRACK 体系为教研员的教研实践及培养提供了框架参照，使得教研员在实践中能够有的放矢，不断提升自己的专业素养和能力。

综上所述，教研员知识及 TRACK 体系的提出，是对国家教育方针、政策的积极响应。我们应以此为契机，重视教研员知识的主动建构，促进教研员专业成长，破解教育发展不均衡难题，推动区域教育信息化发展和未来教育战略改革及协同创新。

第 四 章

教研员信息化教研素养

2017年教育部根据《教育信息化"十三五"规划》的总体部署,研究制定了《2017年教育信息化工作要点》,将"以区域为单位整体推进教育信息化"和"持续做好教师和管理干部教育信息化培训"作为今后的重点任务[1],此文件深刻阐述了以"区域"为单位推进信息化教育教学改革的迫切性与重要性,同时明确指出了教研员在区域信息化教学改革中的核心地位与关键作用。在当前教育信息化蓬勃发展的时代背景下,区域作为教学改革的基本单位,承载着推动教育教学创新与实践的重要使命。通过以区域为单位进行信息化教育教学改革,可以更有效地整合教育资源、优化教育环境、提升教学质量、实现教育现代化,从而为培养新时代人才奠定坚实基础。"区域"作为教学改革的基本单位,具备独特的优势。区域范围适中,既能够充分发挥地方特色,又能有效整合资源,形成合力。在信息化教育教学改革过程中,区域可以充分利用其地理位置、文化底蕴、师资力量等优势,打造具有区域特色的教学模式。此外,区域间的交流合作为教育教学改革提供了广阔的平台,有助于形成互学互鉴、共同发展的良好氛围。信息化教育教学改革的核心在于提升教学质量与效率。通过运用现代信息技术手段,可以打破传统教育的时空限制,为师生提供更为便捷、丰富的学习资源和互动方式。同时,信息化教学能有效激发学生的学习兴趣和积极性,培养他们的自主学习和创新能力。在这个过程中,教研员发挥着举足轻重的作用,他们既是改革的推动者,又是实

---

[1] 《教育部办公厅关于印发〈2017年教育信息化工作要点〉的通知》,http://www.moe.gov.cn/srcsite/A16/s3342/201702/t20170221_296857.html。

践者，需要不断更新教育理念，掌握现代信息技术，引领师生共同探索信息化教学的新路径。教研员在区域信息化教学改革中的核心地位体现在其专业引领和示范带动作用上。教研员具备丰富的教育教学经验和深厚的专业知识，能够针对区域特点和教育教学的实际需求，提出切实可行的改革方案和建议。同时，教研员可以通过组织教研活动、开展教学观摩、分享经验成果等方式，推动区域内教师之间的交流与合作，共同提升教育教学水平。

教育信息化时代，教育改革和课程改革不断深入发展，传统的教育制度已不能满足信息化时代的发展需求。因此，国家为适应信息化时代的发展，对教育系统内部人员提出了更为严格的要求。教研员是教育系统内重要人员，同时是区域信息化教学中的重要引领者。由于信息技术与教育教学深度融合，其教研服务对象与教研工作任务都发生改变，教研范围不断扩大，教研员职能也随之发生改变。虽然还称其为"教研员"，但从实际业务范围来看，其职能不再仅限于单纯的"教学研究、指导与服务"范畴[1]，而是进行了延伸。在前期的研究中，着眼区域信息化建设实际，将教研员角色定位于"引领区域信息化教学发展"，他们不仅是教育教学的专业引领者，更是区域信息化教学改革的推动者和实践者，并归纳了区域教研员的五大职能。[2]

教研员素养与职能的相互适应，是确保教育教学工作高效推进的关键所在。随着职能的不断拓展，对教研员的素养也提出了更为严格和高层次的要求，使得教研员素养面临着新的挑战，并促使素养系统实现整体跃迁。本章将重点聚焦教研员在引领区域信息化教学发展方面的职责定位，深入剖析信息化教育教学背景下，教研员信息化教研素养的丰富内涵、完整结构、核心要素及其内部发展规律和路径。本章旨在通过系统的理论研究和实证分析，为教研员的专业成长和发展提供坚实的理论支撑和实践路径参照，意在打造一支具备优秀信息化教研素养的教研员队伍，使他们能

---

[1] 《教育部关于印发〈基础教育课程改革纲要（试行）〉的通知》，http://www.moe.gov.cn/srcsite/A26/jcj_kcjcgh/200106/t20010608_167343.html.

[2] 赵可云、杨鑫：《教研员区域信息化教学引领力模型研究》，《电化教育研究》2017年第3期。

够有效引领区域信息化教学发展，推动教育信息化进程。同时，通过不断优化教研员队伍结构，提升整体素养水平，为制定科学合理的区域教育信息化发展战略布局提供有力保障，进而促进未来教育信息化的全面发展。

第一节　核心概念与体系构建的基本思想

一　教研员的教研素养与特质

在中国，"素养"一词最早出现在《汉书·李寻传》中的"马不伏历，不可以趋道；士不素养，不可以重国"。马匹如果没有得到充足的营养和妥善的饲养是没有办法征战沙场的，战士如果没有足够的能力是没有办法为国家的发展和强盛作出贡献的。素养，通常被视为一种卓越的能力，它体现在个体运用所掌握的知识去应对复杂多变的环境需求，并成功解决各种难题的过程中。[1] 这种能力并非单一的知识或技能所能涵盖的，而是知识、技能与态度的综合体现，尤其在面临复杂、陌生的情境时，其重要性更为凸显。素养更加强调个体的态度和价值观在知识和技能应用中所起到的关键作用，一个具备高度素养的个体，不仅拥有扎实的知识基础和精湛的技能，更能够以积极、正确的态度去应对各种挑战，充分发挥所学知识和技能的价值，实现个人和社会的双赢。素养要求能够在特定的情景中，调动和运用心理场域下的各种资源，运用所掌握的知识与技能形成复杂的能力，去解决实际问题，帮助完成任务。[2] 从专业发展的视角审视，素养无疑是衡量专业或职业领域从业者能否圆满完成职业任务所必备的综合性特质与品质的核心标准。这些特质与品质涵盖了专业知识、技能、态度及价值观等多个层面，共同构成从业者的专业素养，直接影响其业务能力和专业表现。首先，素养展现出鲜明的整合性特征。在职业领域中，从业者往往需要综合运用多元化的知识和技能以解决问题和完成任务。因此，具备高素养的从业者不仅能够熟练掌握本专业的基础知识和技能，更能将这些知识和技能有机整合，形成独特的专业优势。这种整合性不仅体现在对知识的综合运用上，还体现在对技能的灵活操作上，使从业

---

[1] 崔允漷：《追问"核心素养"》，《全球教育展望》2016年第5期。
[2] 张华：《论核心素养的内涵》，《全球教育展望》2016年第4期。

者在面对复杂多变的工作环境时,能够迅速找到解决问题的途径。其次,素养体现了从业者专业能力的系统性和协调性。优秀的从业者往往展现出高度的专业素养的系统性和协调性。教研员不仅能在专业领域内部构建完整的知识体系,还能实现不同领域知识的交叉融合,形成更为全面和深入的专业见解。教研员能够协调不同技能之间的关系,使各项技能相互支持、相互促进,共同服务于职业任务的完成。最后,素养还具有模糊性的特质。这主要是因为素养并不是完全明确和固定的标准,而是随着专业领域的发展和从业者的成长而不断演变和深化的。在不同的历史阶段和不同的专业领域,对从业者素养的要求也会有所差异。因此,从业者需要持续学习和更新自己的知识和技能,以适应专业领域的发展变化,同时要根据自己的成长经历和职业发展需求,不断调整和优化自己的专业素养结构。在专业素养中,既体现了对基础知识和技能的"全面"掌握,又体现了对专业领域深层次理解和应用的"深化"追求。这种全面性和深化性的追求促使从业者不断提升专业水平,以更好地满足社会、企业和个人发展的需求。

关于教研员的教研素养含义,学术界至今并未形成一致的界定。由于不同的专家学者在各自的研究领域中,对教研员的教研素养有着不同的理解和认识,因此学界从多种角度对教研员的教研素养进行了深入探究,并对教研素养的构成要素提出了多种定义。一些学者立足于教研员的日常教研工作实践,他们认为教研员的教研素养是一种内在的、深层次的综合素质。这种素质既根植于丰富的实践经验,又超越日常的教研实践,展现出独特的智慧与能力。教研素养作为教研员的核心能力,是他们开展各类实践工作的有力支撑,同时是满足日常教研工作中多元化需求的关键所在。教研素养具有丰富的内涵和广泛的外延,它涵盖了教研员在教研工作中的专业知识、教育理论、实践经验、创新能力等多个方面。教研员不仅需要具备扎实的学科知识,还需要了解教育教学的新理念、新方法,以及掌握先进的教研手段和技能。教研员也需要具备丰富的实践经验,能够在实践中发现问题、分析问题、解决问题,提出切实可行的教研方案。教研员需要准确把握教研规律,有效指导教师进行教学工作,还需要在教学实践中发挥示范引领作用,带动教师群体不断提升教学水平和专业素养,从而赢得广大教师的信赖与尊重。

教研素养，作为教研员专业能力的核心体现，充分彰显了教研员在教学研究领域的深厚专业素养，并为他们树立权威、扩大影响力奠定了坚实基础。教研员的教研素养并非一蹴而就，而是他们在长期的教学实践中，经过不懈的积累、深入的反思与持续的创新逐步形成的。教研员的教研素养首先体现在对教育理念的深刻理解和准确把握上。教研员不仅要对各种教育理念了如指掌，更要结合具体教学实际，将这些理念转化为切实可行的教学方法和策略。通过深入研究教育学、心理学等相关学科，教研员能够敏锐洞察教育发展的动态趋势，为教学实践提供有力的理论支撑和指导。教研员的教研素养还表现在对教学实践的敏锐洞察上，他们具备敏锐的观察力和分析能力，能够及时发现教学实践中存在的问题与不足。通过深入课堂一线、与学生和教师开展互动交流，教研员能够了解教学现状，提出有针对性的改进建议，推动教学实践的持续优化。此外，教研员通过深入研究区域内教学状况，不断提升自身的教研能力。通过密切关注区域内教育发展的整体趋势，了解不同学校、不同学科的教学特点和优势，从而制定出符合区域实际的教学研究方案。通过组织多样化的教研活动、开展深入的课题研究等方式，教研员能够推动区域内教学质量的稳步提升，促进教育事业的健康发展。

赵黎明认为教研员所应具备的基本素质包括终身学习的习惯、专业发展的意识以及符合先进理念的管理和组织能力。[1] 李波认为教研员是国家教育方针的忠实捍卫者和执行者，又是基层教育单位信息的获取者和教师教学的服务者，需要具备高度的先进性。教研员需要对课程改革进行调控，必须具备较高的人文科学素养，使课程定位体现新时代的特征与价值。[2]

有些学者从教研员的内涵角度出发，对教研员素养进行宏观分析，如时曦认为，教研员也是教师，需要具备丰富的理论基础、教育教学能力和职业道德修养，即理论素养、教学专业素养和道德素养。[3] 国家对教研机

---

[1] 赵黎明：《新课改背景下教研员应具备的基本素质》，《科学咨询（教育科研）》2008年第1期。

[2] 李波主编：《教研员专业发展基本素养与实践指导》，甘肃教育出版社2014年版，第47页。

[3] 时曦编著：《教研员专业成长之路》，广西师范大学出版社2008年版，第14页。

构的工作职责明确定位为研究、指导和服务三大核心领域。教研员作为教研机构中的中坚力量，工作不仅要深入教学实践，更要有高瞻远瞩的教育视野。这种大视野下的教育观、课程观和教师观，是教研员必备的素养，也是他们进行理论研究和实践指导的基石。同时，教研员作为区域教育教学的引领者，肩负着对教师教学进行指导和服务的职责。为有效地为相关专业的教师提供教学上的建议，教研员必须具备扎实的学科知识素养，即深入掌握所指导专业的学科背景、核心知识、理论框架和前沿动态，以及教学专业素养，即熟悉教育教学的基本规律、掌握有效的教学方法和策略、了解学生的学习特点和需求。通过运用先进的教学理念和技术手段，指导教师优化教学过程，提高教学效果，实现教育质量的整体提升。

二 教研员信息化教研素养

教研员除了具备一般教师的基本素质外，还须满足职业本身所设定的特殊要求。当前学术界的研究多集中于教师的专业素养和教育技术素养上，尤其关注教师在利用信息技术进行教学时应具备的专业知识和操作技能。然而，随着教育信息化时代的来临，仅从教师个体素养层面进行探讨已显不足，研究人员开始从宏观层面审视教育信息化的整体发展态势。区域信息化教学发展作为当前的重要方向，旨在通过政策引导、资源整合和协同发展等手段，在特定区域内推动信息化教学的广泛普及与水平提升。这一模式有助于实现教育资源的均衡配置，进而提升整个区域的教育教学质量。以往研究多聚焦于教师如何开展和发展信息化教学，但对于在区域信息化教学发展中发挥关键作用的教研员，其如何利用信息技术引领区域教学共同体实现信息化发展的研究尚显不足。因此，本书提出"教研员信息化教研素养"这一全新概念，旨在更加明确且深入地揭示教研员在区域信息化教学中的角色定位与素质要求，从而为提升区域教育教学水平、推动教育信息化进程提供坚实的理论支撑和实践指导。

教研员信息化教研素养与传统教研素养之间，既存在显著的差异，又有着紧密的联系。随着信息技术的迅猛发展和区域信息化教学的持续推进，教研员在区域内的引领作用日益凸显，其角色定位亦随之发生深刻变革。这种变革不仅反映在教研员的工作方式与手段上，更体现在其教研素养的内涵与要求之中。因此，深入剖析教育信息化对教研工作的影响，精确把握信息化教研工作的内涵与范畴，对于理解并提升教研员的信息化教研素养具有重要意义。在核心理念层面，教研员信息化教研素养与传统教研素养明显不同。传统教研素养侧重教师的个人经验与教学实践，强调通过反复试错与经验总结来提升教学质量；信息化教研素养则更加注重利用信息技术手段优化教研过程，提升教研效率。教研员须掌握并灵活运用现代信息技术，如大数据分析、在线协作平台等，以实现教学资源的有效整合与共享，促进教师间的交流与合作，从而推动教研工作质量的提升与水平的跃升。在能力要求方面，教研员信息化教研素养亦展现出新的特点。传统教研素养主要聚焦教师的教育教学能力、学科素养以及教育研究能力等方面。相比之下，信息化教研素养则更加注重教研员的信息素养、创新能力以及跨学科融合能力等方面的要求。教研员须具备一定的信息技术应用能力，能够熟练运用各类教学软件与工具；同时，教研员需具备创新意识与跨界思维，勇于探索并尝试将新技术、新方法应用于教研实践中，以推动教育教学的创新与发展。此外，提升教研员信息化教研素养须注重实践经验的积累。教研员应积极参与信息化教学实践，不断探索并总结信息化教研的方法与策略。通过实践经验的积累，教研员能够更深入地理解信息化教研的本质与要求，从而更好地发挥其在区域教育信息化进程中的引领作用。

  从教研员专业角度出发，在传统教研工作中，教研员主要聚焦教学研究与教学指导，致力于提升教学质量和效果。然而，在区域信息化教学生态中，教研员的职责和角色有了显著的拓展，他们不仅要继续深入进行教学研究工作，还需要积极运用信息化技术，开展一系列引领区域信息化教学发展的工作。这些工作包括但不限于推广信息化教学理念、提供技术支持和指导、协助学校和教师实施信息化教学改革，以及监督和评估信息化教学的效果。通过这些举措，教研员能够确保区域教学紧跟国家信息化发展的潮流，推动教育现代化进程，为培养具备信息素养和创新能力的未来人才贡献力量。从区域信息化角度出发，教研工作更多指向教研员面对教研共同体（教师、学生、校长），推送先进性的教育理论与教育方法，利用信息技术进行一系列教研工作，能在区域教学中落实先进的信息化理念，引领区域进行信息化教学创新发展。因此，在教育信息化背景下，信息化教研素养要能支持教研员所进行教研工作的方方面面，内涵更为丰富。借鉴教师素养、教师教育技术素养等，可以对教研员信息化教研素养定义为：在职业生涯过程中，教研员承担信息化教学推广、建设、管理、培训、评价等引领性职责所必需的业务能力及品质，一般由教研员知识、能力、智慧、情意等方面相互联系、贯通、发展而形成。

信息化教研素养并不是对传统教研素养的颠覆，而是对教研素养提出新的要求。[①] 随着信息技术的迅猛发展和广泛应用，教育领域正经历着前所未有的巨大变革。在这一时代背景下，教研员必须不断提升自身的信息化教研素养，以适应新时代教育的发展需求，引领区域教学向创新性发展迈进。从专业职能角度来看，信息化教研素养是教研员教研业务水平的重要体现。具备信息化教研素养的教研员能够更好地理解和把握新时代教育的发展方向和趋势，更精准地把握学生的学习需求和特点，从而制订出更加科学、合理的教学计划和教学策略。同时，教研员能借助信息技术手段对教学过程进行实时监控和数据分析，及时发现并解决教学中存在的问题，进一步提升教学效果和质量。在技术应用层面，信息化教研素养强调教研员运用信息技术进行教学研究和创新研究的能力。教研员应熟练掌握在线教育平台、数据分析软件等信息技术工具，实现课程资源的有效整合、教学过程的优化以及教学效果的科学评估。此外，他们应具备创新思维和实践能力，结合教学实际，运用信息技术手段创新教学方法和手段，探索更符合学生需求的教学模式和路径。

三 教研员信息化教研素养体系构建的基本思想

教研员信息化教研素养体系的构建，须充分契合教研员在认知和实践两方面的实际需求。这一体系应以教研员的职能定位和专业成长需求为出发点，深入探究并精准揭示教研员素养的核心特质。教研员信息化教研素养体系作为一个有机整体，由多个相互关联、相互作用的组成部分共同构

---

① 王宁：《小学教师信息化教研素养的体系构建及现状调查》，硕士学位论文，曲阜师范大学，2020年。

成,呈现清晰的层次结构。在这一结构中,不同层次间职责明确、分工合理,形成了自上而下、高效有序的管理与决策机制。各部分之间紧密配合、协同运作,呈现层层递进、持续发展的良好态势,共同支撑和推动体系整体目标的实现。教研员信息化教研素养体系作为一个立体式结构,包含了众多关键要素,各要素之间相互联系与发展。通过运用逻辑可视化方法,我们可以将这一体系呈现为一个以"层级维度(框架)"为经、"内容要素(内涵)"为纬的二维结构体系。其中,层级维度体现了教研员素养发展的历史性、时序性和发展性特点,旨在展示教研员内部认知结构的有序性和层级发展的规律性;各层级所包含的具体内容要素,则深入揭示了教研员素养的实质与内涵。总体而言,教研员信息化教研素养体系的构建是一项系统工程,需要全面考虑教研员的认知与实践需求,以及体系内部的层次结构和要素关系。通过科学、系统地构建这一体系,我们可以有效提升教研员的信息化教研素养水平,推动教研工作的创新发展。

　　研究方法的选择需要与具体的研究内容相适应。构建教研员信息化教研素养体系,需要根据体系内部各个具体部分的特点选择与此相适应的研究方法,进而设计具体的研究方案并实施。层级维度的划分和确立应综合考察教师素养、教师专业素养、教育技术素养等研究框架,借鉴不同学者进行的教研员理论研究经验,旨在通过一套规范的方法和恰当的视角,对教研员信息化教研素养的发展规律与路径进行细致审视。深入探讨教研员应具备的总体素养,并精准表征其素养本质。而各层级内容要素的确定,并非随意而为,它必须紧密围绕教研员专业实践的需求以及素养层级的跃迁规律进行。这意味着,需要深入剖析教研员在日常教研工作中所面临的实际问题,以及他们在提升教研素养过程中所需的关键能力和知识。同时,需要根据教研员的素养发展路径,逐级提炼、生成相应的内容要素,确保这些要素能够引领教研员逐步迈向更高的素养水平。在提炼和生成各层级内容要素的过程中,还须注重其实践性需要。确定的要素不仅具有理论价值,更能够在实际教学研究中得到应用。因此,需要结合教研员的实践经验,将理论与实践相结合,确保各层级内容要素既具有科学性,又具有实用性。以此为方法论指导,形成教研员信息化教研素养体系的构建思想和方法。

首先，进行教研员信息化素养体系的层级维度划分。层级维度的划分应该体现其有序性和规律性，每个层次都是前一个层次的升华和后一个层次的基础。同时，维度的划分需要考虑实际需求，如满足教育信息化发展的要求以及教研员进行信息化教研工作的实际需求。然后根据划分的层级维度，逐级提炼教研员信息化素养内涵的具体要素，生成教研员信息化素养体系。其次，借助专家法对生成的教研员信息化素养体系进行验证，收集专家们的意见和建议，对验证结果进行分析。如果发现存在问题或不足，需要对素养体系进行整体修改，完善维度以及调整要素。最后，通过精细修改，确立最终的素养体系并对其所涉及的内容进行阐述。

第二节 教研员信息化教研素养体系的构建过程与内容

一 教研员信息化教研素养体系层次划分与维度

从教研员专业发展的角度出发，教研员信息化教研素养与教师专业素养和教师信息化教研素养在层级或维度划分上的区别不大，因此，教研员信息化教研素养层级划分注重对其他专业（职业），特别是教师教研素养和专业素养领域的借鉴。此外，层次和维度的划分应遵循两条研究原则，一是尊重教研员信息化教研素养内在发展的本质规律，保证科学性。以历史现实为依据，掌握教研员素养发展的历史规律性，深入理解信息化教研素养的本质和内涵。二是尊重"教研素养""专业素养"相关研究的普遍性认识，保证体系层级和维度划分的规范性。教研员信息化教研素养体系要在尊重教研员个性化差异的基础上，寻求普遍应用性的平衡点，使得教研体系能够广泛反映教研员应具备的教研素养。在此基础上，梳理相关研究成果，并对其维度划分进行梳理，如表4-1所示。

表 4-1 教研员与教师素养维度的相关表述

项目	提出者	时间	素养维度
教师专业素养	卢乃桂、钟亚妮	2006 年	知识、技能、道德与政治因素①
教研员素质	赵黎明	2008 年	终身学习的习惯、专业可持续发展的意识、管理与组织能力②
教师专业素养	任其平	2010 年	知识、技能和情意等方面③
教师专业素养	王坤庆	2011 年	专业知识、教育技能、教师人文素养④
教研员专业素养	冯文娇、李盛石	2011 年	专业知识、专业技能、专业心态、专业智慧⑤
教研员素养	李玲、赵千秋	2011 年	教育思想、教研理论、教研方式与行为、教研成果⑥
师德教育专业化	檀传宝	2012 年	至少包括专业伦理和专业技能（知识与技能）两方面⑦
教师素养	秦丹	2012 年	学科知识、教学技能、职业态度等方面⑧
教师素养	朱旭东	2014 年	教师精神、教师知识、教师能力⑨
教研员职业素质	毕景刚、韩颖	2014 年	专业态度、专业知识、专业能力和专业自主性⑩

参照诸多学者对教师专业素养的研究内容，详细分析以往学者研究有关教研员素养的具体内容，阐述如下。

赵黎明认为，在新课改背景下，教研员服务的对象、进行教学研究的任务等都发生了变化，需要教研员不断提升自身的素质来满足新背景下对

---

① 卢乃桂、钟亚妮：《国际视野中的教师专业发展》，《比较教育研究》2006 年第 2 期。
② 赵黎明：《新课改背景下教研员应具备的基本素质》，《科学咨询（教育科研）》2008 年第 1 期。
③ 任其平：《论教师专业发展的生态化培养模式》，《教育研究》2010 年第 8 期。
④ 王坤庆：《教师专业发展的境界：形成教师个人的教育哲学》，《高等教育研究》2011 年第 5 期。
⑤ 冯文娇、李盛石：《谈教研员的专业自主发展》，《延边教育学院学报》2011 年第 5 期。
⑥ 李玲、赵千秋：《教研员专业发展的困境与对策》，《教学管理》2011 年第 22 期。
⑦ 檀传宝：《再论"教师德育专业化"》，《教育研究》2012 年第 10 期。
⑧ 秦丹：《网络环境中教师专业发展动机的研究》，《中国电化教育》2012 年第 5 期。
⑨ 朱旭东：《论教师专业发展的理论模型建构》，《教育研究》2014 年第 6 期。
⑩ 毕景刚、韩颖：《教师专业发展背景下教研员的角色与职业素养研究》，《教学与管理》2014 年第 18 期。

教研员提出的新的、多层次、多样化的要求，他将教研员的素养大致分为三点：形成终身学习的习惯，不断学习新的教育教学知识和管理知识；具备专业可持续发展的意识，教研员的发展空间是无限的，成熟是相对的，而发展是绝对的，需要不断进行提升专业技能，促进自身专业能力发展；发展先进理念的管理与组织能力，在组织和交流中，能够以教师为本，营造平等、和谐、融洽、共同发展的交流氛围。

冯文娇、李盛石从新课改的要求与教研工作的经验出发，认为在新课改背景下，教研员需要具备的专业素质主要分为专业知识、专业技能、专业心态以及专业智慧四个方面。同时，他们认为优秀教研员需要具备的自身素质分为良好的职业道德素质、广博的知识素质、终身学习的素质、执着的研究素质、较强的组织与交流交往素质以及较强的审美素质。

李玲、赵千秋通过分析教研员专业发展中遇到的困境，从解决问题的角度出发，总结教研员所应具备的素养，认为教研员需要学习先进的教育思想与教研理论，逐步形成自己对于教研工作的认识和思想，改善自己进行教研工作的方式方法。教研员需要通过严谨的教研工作，在教研实践中逐步提升教研素养并形成教研成果。

毕景刚、韩颖对教研员的角色职能进行分析和阐述，参照郑百伟教授对教育者专业标准的划分维度，对教研员的职业素养进行建构，表征教研员的职业认知倾向，所具备的系统化知识包括支持尽心教研工作的能力以及自主从事或更新专业实践的意识与能力，主要包括专业态度、专业知识、专业能力和专业自主性四个维度。

综上所述，知识与能力作为教研员素养体系的基本维度，已得到众多专家学者的广泛认同。在他们看来，教研员必须具备扎实的专业知识和出色的专业能力，才能有效地指导教育教学实践。此外，精神、思想、观念、习惯、自主性、情感、智力、心理道德责任伦理等亦成为教研员或教师素养体系的重要组成部分，并受到一定程度的关注。尽管上述关键词各有侧重，表述方式略有差异，但从本质内涵上分析，它们之间呈现一定的规律性和共通性。这些关键词大致可归纳为两个维度：智慧维度（包括智慧、思想、理念、习惯、意识、自主性等）和道德维度（包括道德责任、伦理、精神、情意、情感、心态、职业态度等）。基于这两个维度，本书初步构建了教研员教研素养体系的基本框架。在教研员素养体系中，

"层级"与"维度"之间存在明显的区别,层级不仅涵盖了维度的基本内涵,还进一步揭示了各维度之间的层次性、递进性和顺序性。因此,从维度到层级的深化过程,应建立各维度之间的发展逻辑关系,即"建构知识—生成能力—升华智慧、涵育道德"。在这一层级结构中,前一阶段往往是后一阶段的基础,后一阶段则是前一阶段的延伸。

二 教研员信息化教研素养层级要素与体系生成

根据教研员信息化教研素养发展的内在逻辑及其素养的本质特征,确定素养各层级维度的具体内涵要素,必须遵循一个循序渐进的历史顺序:首先,建构扎实的知识基础,这是素养发展的基石;其次,基于知识应用的实际教学与研究场景,不断生成和发展能力,这是素养向实践转化的关键步骤;最后,通过不断的实践与反思,升华智慧,涵育高尚的职业道德,实现教研员素养的全面提升。即遵循"建构知识—生成能力—升华智慧、涵育道德"的顺序逐级构建,此顺序构建的过程,既符合教研员专业成长的自然规律,也体现了教研员信息化教研素养发展的内在要求。

1. 教研员知识是教研员素养发展的基础和起点

笔者在前期研究的基础上,借鉴教师知识框架"TPACK",从知识领域的划分角度,构建了教研员知识体系。教研员应具备的知识主要分为教研知识、技术知识以及学科知识三部分。教研员的基本工作是进行教育研究,因此,掌握教研知识是教研员进行本职工作的基本要求。教研员借助教育教学的知识,能够及时发现教师在进行教育活动时存在的问题,不仅包括教学内容的处理、教学方法的选择等"显性"问题,还包括教学习惯以及教学态度等"隐性"问题[①],以便及时对症下药,帮助教师解决教学过程中的问题。随着信息化的发展,教研工作中会融入越来越多的信息技术,要想引领教师进行信息化教学,先要掌握有关信息技术的基本知识,才能更好地利用信息技术辅助进行信息化教学工作。教研员作为教师队伍中的特殊群体,在进行教育研究工作的同时,需要具备教师的基本职能,即学科教学。只有真正掌握学科的基本知识,将学科知识内化于教学

---

① 卢立涛、沈茜、梁威:《试论区县级教研员实践性知识的构成及特征——以北京市区县级教研员为例》,《教师教育研究》2018年第6期。

过程，才能有效地指导教师进行信息化教学工作。在交叉运用不同知识的过程中，在这三类知识的基础上会生成知识交叉的复合知识，基础知识与复合知识共同构成了教研员知识体系。

2. 多个领域知识交叉和运用是能力产生的本源

教研员在教研实践中，会面临许多问题，单一领域的知识往往难以提供全面的解决方案。多个领域知识的交叉运用，能够为教研员提供更为广阔的视角和更为丰富的解决策略。通过结合不同领域的知识，教研员可以从多个角度审视问题，发现问题的本质和关键点，进而提出更具针对性的解决方案。这种交叉运用的方式，不仅能够拓宽教研员的认知范围，还能够增强其对事物的理解和判断力。教研员将理论知识应用于实际教研活动时，不仅会加深对知识的理解，逐步将其内化于自身知识体系，在而且运用不同领域的知识解决问题时，由于不同领域的知识具有不同的思维方式和观点，当这些知识和观点相互交叉和碰撞，容易产生新的创意，发展出不同的能力。因此，教研员知识交叉运用的活跃地带是教研员能力的发源地，可以演绎教研员能力类型，依此构建了三组教研员的能力。

3. 教研员的智慧与道德具有一定的宏观性、抽象性和缄默性

教研员的智慧是一个广泛而抽象的概念，是一种系统的智慧。智慧并非显而易见，而是在实践中潜移默化。教研员的智慧是通过长期的研究、探索和积累，体现在教学质量、学生素质和教育教学中的特质。教研员应当深刻关注并持续培养自身的教研智慧，以这种智慧为引领，推动区域信息化教学的不断发展和教师的专业成长。[①] 与智慧相比，道德则是一个相对稳定的概念。它作为个体的行为规范，为教研员的行为提供了明确的指引和约束，确保他们在教研实践的道路上保持正确的方向。教研员在追求智慧的同时，应坚守道德底线，用高尚的道德情操引领教育教学工作，为区域教学共同体树立良好的榜样。教研员的智慧与道德较难观测和描述，但是，从教研员职责定位的需求出发，依然可以看见其端倪（具体依据见后文详解）。基于文献研究及对教研员的访谈、调查，笔者对教研员智慧及道德进行了划分。以此为基础，确立了教研员素养各层级的具体要素，如图 4-1 所示。

---

① 朱唤民：《教研反思催生教研智慧》，《中国教育学刊》2012 年第 1 期。

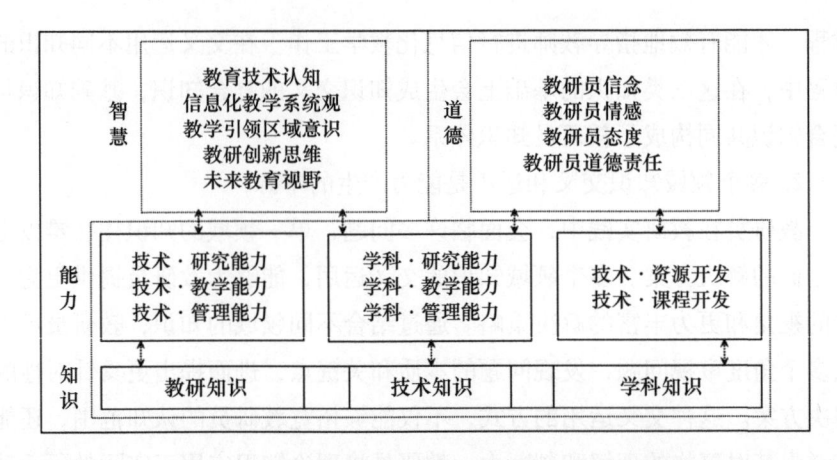

```
┌─────────────────────────────────────────────────────────────┐
│     ┌──────────────────────┐      ┌──────────────────────┐  │
│     │   教育技术认知        │      │   教研员信念          │  │
│ 智  │   信息化教学系统观    │  道  │   教研员情感          │  │
│ 慧  │   教学引领区域意识    │  德  │   教研员态度          │  │
│     │   教研创新思维        │      │   教研员道德责任      │  │
│     │   未来教育视野        │      │                      │  │
│     └──────────┬───────────┘      └──────────┬───────────┘  │
│   ┌─────────────┼──────────────┬─────────────┼──────────┐   │
│ 能 │ 技术·研究能力│ 学科·研究能力│ 技术·资源开发        │   │
│ 力 │ 技术·教学能力│ 学科·教学能力│ 技术·课程开发        │   │
│   │ 技术·管理能力│ 学科·管理能力│                      │   │
│   └──────┬──────┴──────┬───────┴──────┬───────────────┘   │
│ 知 ┌─────┴──────┬──────┴───────┬──────┴──────┐             │
│ 识 │  教研知识   │   技术知识    │   学科知识   │            │
│    └────────────┴──────────────┴─────────────┘             │
└─────────────────────────────────────────────────────────────┘
```

图 4-1　教研员信息化教研素养要素的初步构建

各个层级中的具体要素的确立，使得教研员信息化教研素养体系得到初步确立，知识、能力、智慧、道德四个层级及要素从不同维度透析教研员素养的实质。

三　教研员信息化教研素养体系的验证及校正

就理论模型、体系等"产品"的构建而言，验证是不可或缺的一个关键环节。对于理论模型（产品），验证的目的在于，以特定的视角形象表征、刻画一个事物（或侧面）的本质属性，或是在此基础上制造方案以指导实践过程。验证具有思维性、描述性和抽象性的特点，并且教育理论模型的验证需要更为灵活的方法，同时更加注重逻辑、理论和经验的介入。因此，教育模型验证方法的本质在于收集来自教育领域中各种角色的建议，包括教育学领域的专家、信息化教学的一线教师以及优秀的教研员模范等，结合各个角色在信息化教学中的理论知识和丰富经验，以此为依据，判断教育理论模型的合理性、规范性、科学性，以及此模型对未来教育实践工作开展的指导性和价值性。因此，专家法是教育理论模型验证的常用方法。

基于验证的特点以及教育理论模型对理论、逻辑、经验的实际需求，本书选择专家法，收集从事信息化研究的教育学领域专家学者、一线教师、校长以及教研员的意见，对构建的教研员信息化教研素养体系进行验证及校正。综合专家组的修改意见，主要进行以下两个方面的校正。

第一，以"教研员情意"替代"教研员道德"。在教研员素养构成要素中，道德是重要组成部分，但从其词义上分析，"道德"并不能涵盖"教研员情意"的内涵。因为从"情意"的角度，它是指个体对特定事物、活动、现象等所持有的稳定的心理及情感倾向，其隐含着道德、责任、情感、态度等内涵，本质上是个体对所关注的对象或所从事的活动、现象等产生的积极或消极、肯定或否定的情绪和情感反应。"情意"这个词更强调情感、道德责任和意愿，而"道德"则更侧重于伦理和规范方面。教研员的工作涉及许多情感和道德责任，比如对教育事业的热爱、对学生的关心和关注、对教师专业成长的积极态度等。这些是驱动教研员工作的内在动力，也是他们履行职责的重要支撑。相比之下，"道德"通常指一系列普遍适用的行为准则和规范，用于指导个人和社会行为。道德更多的是一种外部约束，用于规范和评价行为是否符合伦理标准，它不能包含"情意"的内涵。"教研员情意"可以更全面地涵盖教研员工作的各个方面，包括情感、意愿、价值观和伦理等，能够更准确地反映教研员工作的特点和要求。同时，通过强调情意，可以更好地激发教研员的内在动力和创造力，提高他们工作质量和效果。因此，"情意"包含"道德"内涵，遂将教研员道德更改为教研员情意。

第二，从总体上看，教研员知识、能力、智慧的发展是教研员认知结构的层级跃迁，表征教研员"智力"系统的发展。教研员情意，则主要表征"非智力"方面。教研员情意一方面可以为教研员素养中智力系统的发展提供情感保障，使教研员在面对挑战和困难时能够保持积极的心态，从而更好地发挥其专业素养，推动教研工作的深入开展。只有对教育研究充满热情和责任心，教研员才会积极主动地学习和掌握相关的专业知识和技能，不断提升自己的教研智慧。相反，缺乏情意可能会使教研员对工作产生消极态度，缺乏主动性和创新性。另一方面，它与智力系统相辅相成，二者相互促进、相互联系，共同发展。"智力系统"是教研员情意的具体表现和实现方式。教研员所掌握的专业知识和技能，是实现其教育教学研究目标的重要手段。同时，"智力"系统的提升会增强教研员的自信心和成就感，进一步激发其工作热情和责任心。情意驱动着知识、能力和智慧的运用和提升，而知识、能力和智慧的提升也会进一步强化情意。它们协调发展，有助于提升教研员的专业素养和工作效果，因此，教研员信息化教研素养体系应对具体关系予以呈现和描述。

第三节　教研员信息化教研素养体系的阐释

教研员信息化教研素养系统是一个内涵丰富、内部自洽的完整体系。它涵盖了知识、能力、智慧、情意四个层级，以及众多内部具体要素。这些层级和要素之间相互联系、相互依存，形成了紧密的内部逻辑结构，从而深刻反映了教研员素养发展的历史性和顺序性。该系统详细描绘了信息化背景下教研员信息化素养的生成规律，展现了其发展的历史顺序以及内部的逻辑架构。通过深入研究这一体系，能够更好地理解教研员信息化教研素养的内涵和特质，为提升教研员的信息化教研能力提供有力的理论支撑和实践指导，如图4-2所示。

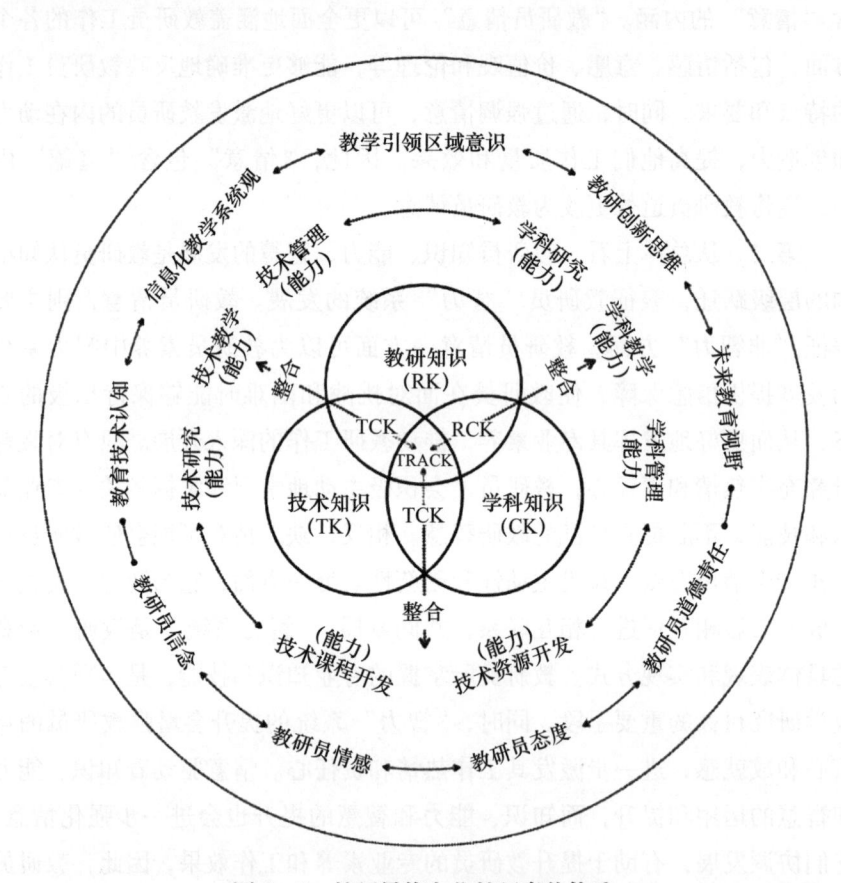

图4-2　教研员信息化教研素养体系

教研员信息化教研素养体系是一个由"知识层—能力层—智慧、情意层"相互联系而构成的"三级统合"素养模型。从不同角度审视这个模型，能够深入剖析知识层的基础性作用、能力层的实践应用性以及智慧与情意层的核心支撑性，有助于更加深入地认识教研员信息化教研素养体系内涵。

一 从不同角度审视教研员信息化教研素养体系

（一）静止的视角

第一，知识层表征教研员发展所需不同领域的基础知识要点，对教研员课程开发、培训材料的选择提供参考。作为区域信息化教学的引领者，教研员应紧密结合实际情况，积极探索并创新信息化教学的内容与形式，研发符合教师和学生接受度的课程，以助力教师高效传授知识。同时，教研员需要承担对区域教学共同体的培训工作，将前沿教学理论深入浅出地传授给广大教师，并引导教师将理论应用于教学实践，推动教学模式的创新，进而提升一线教师的信息化教学能力。教研员所具备的跨领域基础知识，不仅能为课程研发提供富有洞见的思路与参考，还能在培训教材的选择上提供切实可行的建议。因此，无论是培训活动的组织还是信息化课程的研发，均应以坚实的基础知识为根基，确保各项活动扎实有效。

第二，能力层指向教研员职能，为教研员业务（实践）能力的培养提供借鉴。能力与任务之间的关联是密不可分的，教研员在应对各式各样的任务时，必须具备多样化的能力，以便能够更全面、高效地履行职责。同时，这些能力与教研员的职能紧密相连，共同构成了教研员专业素养。在国家颁布的教育政策和指南的引导下，教研员在区域教学改革中扮演着至关重要的角色。在这一过程中，教研员首先需要具备出色的政策解读能力。他们需要深入理解教育政策的核心精神，准确把握政策导向，以便为区域教学改革提供有力的理论支撑。此外，教研员须具备扎实的学科研究能力，能够深入剖析学科特点和发展趋势，为教学改革提供科学依据。同时，课程开发能力是教研员不可或缺的一项能力。他们需要根据区域实际情况，结合学科特点，设计并开发出符合政策要求的课程体系，以推动教学改革的深入开展。除了教学改革外，教研员需要对各种教学信息和教学资源进行整合。在这一过程中，技术管理能力显得尤为重要。教研员需要熟练掌握各种教学管理软件和信息平台，以便能够高效地收集、整理和分析教学信息。同时，教研员需要具备良好的学科管理能力，能够根据学科特点，合理调配教学资源，优化教学布局。通过这些措施，教研员可以确保教学信息的准确性和时效性，为教学改革的顺利实施提供有力保障。在对一线教师进行教育培训时，教研员的能力同样发挥着关键作用，他们依托自身的技术研究能力，深入了解教育技术的前沿动态，掌握先进的教学方法和手段。同时，教研员需要利用学科研究能力，为一线教师提供丰富的学科知识和实践经验。技术教学能力也是教研员必备的一项能力，他们需要将先进的教育技术与学科知识结合，为一线教师提供生动、形象的教学案例，帮助他们提高教学效果和水平。

第三，智慧（上半）层表征区域信息化生态下教研员应具备的认知、意识、观念、思维及视野等宏观"智能特质"，是信息化背景下教研员专业发展所追求的高级目标。教研员作为教育领域中的关键角色，在深入参与教研实践的过程中，始终致力于提升自我认知，深化对教研工作的理解，进而深刻认识到，教研职业所承载的重要价值教研员不仅应该精细关注教育教学过程中的各个环节与细节，更应该以宽广的视野和全面的教育意识，审视并推动区域信息化的发展，展现卓越的智能与智慧。教研员的智慧并非一蹴而就，而是在持续的学习、实践与反思中逐步积累与升华的。在信息化时代背景下，教研员必须具备扎实的专业知识和全面的信息素养，以应对教育教学中层出不穷的问题与挑战。教研员通过不断地学习新知识、掌握新技术，提升自身的专业素养与信息技术应用能力。

在此过程中，教研员能够领悟到信息化对于教育教学的深远影响，并聚焦于区域信息化的发展趋势，积极探索信息技术在提升教育教学质量中的有效应用。教研员不仅需要关注技术的运用，更需要重视技术背后所蕴含的教育理念和价值追求。通过不断地实践与探索，教研员逐渐形成了独具特色的教育智慧，为区域教育信息化的推进提供了有力的支撑。在教研员信息化教研素养体系中，智慧占据上半层位置，这是因为智慧是教研员专业素养的集中体现，是他们能够深刻洞察教育教学问题、灵活应对各种挑战的关键所在。教研员的智慧不仅体现在对教育教学理论的深入理解和熟练运用上，更体现在对教育教学实践的精准把握和创造性发挥上——根据教育教学的实际情况，灵活运用各种教学方法和手段，不断提升教育教学质量，促进学生的全面发展。

第四，情意（下半）层表征教研员发展的情感要素，满足教研员的情感及社会性需要。在教研工作中，教研员作为核心力量，其情感体验在激发内在动力与创造力、确保工作质量与效果方面起着至关重要的作用。为深化教研员在情感认同、归属感、社会交往、个人成长以及工作满意度等方面的情感体验，应该为其打造更为积极、健康的工作环境，从而奠定教研工作顺利推进和优质发展的坚实基础。情感认同作为教研员工作的心理基石，对于提升教研员的职业认同感和工作投入度具有重要意义。为此，可通过定期组织教研成果展示活动、分享教研心得与经验、加强团队建设等途径，增强教研员对自身工作价值和意义的认知，进而激发其工作热情和动力。归属感是教研员情感体验的重要组成部分，对于促进教研员与团队成员之间的紧密合作具有关键作用。因此，应致力于加强团队文化建设，营造积极、和谐的工作氛围，鼓励教研员相互支持与协作。同时，应该建立有效的沟通机制，让教研员的意见和建议得到充分表达，进一步增强其在团队中的归属感。社会交往是教研员情感体验的重要维度。教研员需要与同事、学生、家长等广泛进行交流与合作，以获取更多的教育资源和信息，推动教研工作的创新发展。为此，应积极组织各类交流活动，如研讨会、座谈会、教学观摩等，为教研员提供与同行交流学习的平台，拓宽其视野和思路。个人成长作为教研员情感体验的一重要方面，对于提升教研员的专业素养和综合能力至关重要。因此，应为教研员提供多元化的培训和发展机会，如参加学术研讨会、进修课程、参与课题研究等，助力其不断提升自身的教育教学水平和研究能力。工作满意度作为教研员情感体验的综合体现，对于增强教研员的工作积极性和提高工作质量具有重要意义。应建立科学的评价机制，对教研员的工作成果进行客观公正的评价，并给予相应的荣誉和奖励。同时，应关注教研员的心理健康，为他们提供必要的心理支持和帮助，确保其能够以积极的心态投入教研工作。通过深化教研员在情感认同、归属感、社会交往、个人成长以及工作满意度等方面的情感体验，能够有效激发其内在动力与创造力，推动教研工作的不断发展。同时，应严格遵守社会道德准则及职业规范，确保教研素养得以持续健康发展。这将为提升教研工作的质量与效果奠定坚实基础，为教育事业的发展贡献更多力量。

(二) 发展的眼光

第一，知识层是教研员能力、智慧、情意发展的前提及基础，不同领域知识交叉与融合的活跃地带是教研员能力生成的源泉。知识作为教研员开展教研工作的基础，对于其深入理解教育教学规律、掌握前沿教育理念与方法具有不可替代的作用。随着知识体系的不断丰富与完善，教研员在分析问题、设计课程体系以及研究教学方法时，将展现更为敏锐的洞察力和卓越的创造力。此外，教研员在获取知识的过程中，通过持续地思考与反思，能够有效提升问题解决能力，不断激发教研智慧。在深入钻研学科知识与教育理论的过程中，教研员将进一步增强对教育事业的认同感和使命感，从而更加坚定地投身于教育研究事业。在多元化的知识背景下，教研员能够发现新的研究视角和方法，促进自身能力的多元化发展。这种跨学科的知识整合能力，使教研员在工作中能够游刃有余地解决复杂问题，实施高效的教学策略，进而引领区域信息化教学的创新发展。

第二，教研员能力于运用知识解决实际问题的实践过程中生成，直接指向教研员职能。当教研员面临实际的教学问题时，需要运用已有的专业知识储备，通过深入分析、反思和实践，不断探寻解决问题的最佳路径。在当前信息化时代背景下，教研员角色的重要性日益凸显，他们不仅是教育教学的专业指导者，更是区域信息化教学发展的核心引领者。教研员在履行职责的过程中，须深入融合信息技术、教育教学原理、教育心理学等多元学科知识，针对实际教学问题展开多维度的剖析与探讨，确保提出的解决方案兼具科学性与实效性。在解决问题时，教研员需要运用信息技术手段，对教学数据进行细致的分析与挖掘，从而揭示教学过程中的潜在问题与不足。同时，教研员需要结合教育教学原理，对教育现象进行深刻剖析，探究问题产生的根源。此外，教研员还要充分利用教育心理学知识，深入了解学生的学习特点及心理需求，为教师提供更具针对性与实用性的专业指导，通过这一过程，教研员不仅加深了对知识的理解与运用，更锻炼了多项能力。一方面，教研员在综合运用多元学科知识的过程中，提升了跨学科思考的能力，有助于更全面、更深入地认识问题；另一方面，教研员在分析和解决问题的过程中，培养了批判性思维和创新能力，能够更准确地把握问题的关键，提出切实可行的解决方案。此外，教研员在与教师、学生、家长等各方主体的沟通协作中，提升了沟通能力与组织协调能力。随着教研员能力的提升,其履行职能的效能也得以显著提高。教研员不仅能够为教师提供更具针对性和实用性的指导,帮助教师解决教学中的实际问题,提升教学质量,还能够结合区域教学的实际情况,提出切实可行的改进方案,推动区域信息化教学的持续改进与发展。在区域信息化教学发展的过程中,教研员发挥着举足轻重的作用。他们不仅关注教学技术的创新与应用,更致力于推动教学理念的更新与提升。教研员的专业素养和影响力不断提升,为区域教育系统的进步与发展注入了新的活力,创造了更大的价值。教研员在运用知识解决实际教学问题的过程中,不断深化对知识的理解与运用,同时锤炼了多项能力,这些能力的提升使教研员能够更好地履行教研职能,推动区域信息化教学的持续改进与发展。同时,教研员需要保持持续学习的态度,不断更新自己的知识体系,以适应信息化时代背景下教育教学的变革与发展。只有这样,教研员才能在推动区域教育发展的道路上发挥更大的作用,为培养更多优秀人才贡献更多力量。

第三,教研员智慧是在实践的过程中,基于知识、能力的获得,升华而成的高阶思维,是实践方式、方法在思维层面的精练与映射,因此其处于素养第三层的上半层(高级发展阶段)。教研员的智慧并非局限于理论知识的简单运用,而是一种深层次的洞察与深思,它要求教研员能够透过纷繁复杂的教育现象,洞察其本质,从而对复杂的教育问题作出精准且深刻的判断。这种智慧不仅体现了教研员对教育教学理论的深刻理解和把握,更展现了其对于教育实践的敏锐洞察和精准分析。教研员的智慧是在长期的教育实践中,通过不断地反思、总结与提炼逐步形成的,它需要教研员具备扎实的理论基础和丰富的实践经验,并在实际工作中不断地学习和探索。这种智慧的形成,并非一蹴而就,而是需要经历时间的磨砺和实践的考验。教研员的智慧不仅是对知识和能力的简单升华,更是一种思维方式和认知模式的深刻转变。它能够帮助教研员在复杂多变的教育环境中,灵活应对各种挑战和困难,创造性地解决教育教学中遇到的问题。这种智慧的存在,对于提升教育教学质量、推动教育创新与发展具有重要意义。

第四,情意是在知识、能力、智慧发展过程中,逐渐沉淀下的情感与意志,因此其处于最外层的下半层,支撑、影响、激励着整个系统的发展。教研员情意是他们投身于教育教学事业的内在驱动力,始终推动着他们对教育教学的热切关注与不懈追求。正是这种情意，使教研员能够积极投身于教研事业的改革与创新，为提升教育质量而孜孜不倦地努力。情意的作用在于激发教研员持续学习与发展的内在动机，促使他们不断追求专业成长，主动探寻并掌握新知识、新技能，勇于突破自我，以追求更高的专业境界。在这一过程中，教研员不仅提升了自身的专业知识水平，也有效推动了整个教研素养系统的进步与发展。情意还赋予了教研员在实践中克服困难的勇气与毅力，使他们能够保持坚定的信念和决心。在积极的情感和意志力的支撑下，教研员积极探索区域发展的目标与策略，致力于将先进的教育理念和教学方法付诸实践，推动教育教学的创新与发展。此外，情意作为教研员智慧发展的催化剂，促使他们在实践中不断积累知识与能力，进而实现智慧的升华。教研员通过不断突破自我，取得新的成就，这不仅激励了自身的成长，也为整个系统的发展进步提供了源源不断的动力。综上所述，教研员的情意是他们投身于教育教学事业的强大动力，激励着他们不断追求专业成长、提升教育质量，并推动着他们在实践中取得新的突破与成就，成为整个系统发展的重要驱动力。

（三）"同心圆式"整体格局

第一，由内层（知识）到外层（智慧—情意）的逻辑向度，表征素养内在演变、生成的发展序列，体现由基础到高阶、由微观到宏观的跃迁路径。教研员素养体系中内层的专业知识，作为教研员素养的稳固基石，这一层面的素养是教研员在教育教学工作中发挥作用的基础，也是其专业素养的起点。在教研员知识的基础上，教研员的素养体系逐步向外拓展，到达能力层，经过发展和沉淀形成智慧—情意层。智慧层面体现了教研员在教研实践中的深刻洞察力和创新思维力，能够敏锐地捕捉教育教学的最新动态，善于运用科学的研究方法解决实际问题，提出富有创意的教学策略。从知识到能力再到智慧和情意的逻辑向度，是教研员自身发展的内在过程。教研员通过不断学习，了解和丰富前沿的专业知识，为实际教研过程提供理论指导，在运用知识的过程中逐步提升自身能力，进而在不断发展教研素养的过程中形成教研智慧，又在思考和反思中不断沉淀形成教研员情意。这一过程不仅有助于教研员个人的成长与发展，也为提升教育教学质量、推动教育事业的进步贡献了重要力量。

第二，由外层（智慧—情意）到内层（知识）的逻辑向度，则表征着外层（智慧—情意）保障内层（知识、能力）发展，下层（情意）支撑内层（知识、能力）和上层（智慧）发展的结构关系。智慧和情意是教研员知识及能力之精华所在，二者相辅相成，共同构成了教研员在解决实际问题中的策略与方法。在教研员的成长历程中，情意发挥着举足轻重的作用，它为教研员学习新知、提升专业能力提供了源源不断的动力，也为智慧的孕育提供了丰饶的土壤，使得教研员能够在复杂多变的教学情境中灵活运用智慧，创造出更多富有创新性和实效性的教研成果，从而推动教育事业的持续进步与发展。

第三，由外向内逐级闭环包裹，表征智慧与情意以心理场域的形式对知识、能力发展的涵育功能，以及能力生成（实践）过程对知识建构的促进作用。智慧与情意并非孤立存在，而是相互交织、相互促进的。智慧为知识的获取与理解提供深邃的洞察力，情意则为知识的内化与应用注入丰富的情感色彩。这种融合不仅使知识的获取变得更加生动和有意义，也使能力的发展更加全面和深入。同时，心理场域并不是静止不变的，而是一个动态发展的过程，随着知识与能力的不断提升，心理场域也在不断地扩展和深化。能力生成的过程，即实践的过程，也是对知识的建构和应用过程。因此，由外向内逐级闭环包裹的过程，揭示了智慧与情意对知识与能力发展的深刻影响，也揭示了能力生成对知识建构的积极推动作用。教研员智慧和情意对知识和能力的形成起着激励和支持的作用，教研员在实践工作中陷入困境时，积极的情意是强有力的支撑，执着的意念推动教研员保持工作热情、克服困难，寻求解决问题的方案，从而完成工作任务。教研员通过实践，不仅能够将所具备的知识应用于实际情境、解决具体问题，还能够从中获取新的经验和认识，进一步丰富和完善自己的知识体系。

二 教研员信息化教研素养体系的层级要素阐释

（一）教研员知识：教研员素养发展的起点和基础

教研员知识是素养发展的起点和基础，任何有目的的实践都需要以知识作为支撑。教研员有效引领区域信息化教学发展，必然需要以系统的专业知识作为支撑。专业知识一般是指一整套系统的、具有普遍性的、可传播的、拥有一定学术地位的理论体系。[①] 基于前期研究，借鉴教师知识"TPACK"框架，本书从教研员职能所需知识的领域角度，构建了教研员知识体系，其包括：学科知识（CK）、技术知识（TK）、教研知识（RK），以及其相互交叉融合而成的复合知识体系，即技术教研知识（TRK）、技术学科知识（TCK）、学科教研知识（RCK）及整合技术的学科教研知识（TRACK）。具体内容请参照本书第三章。

（二）教研员能力：区域信息化教学发展的引领力

解月光等认为，能力存在于个体内部并动态发展，能力的发展以知识储备为基础，能力体现于实践问题的有效解决。[②] 以此视角审视教研员能力可知，教研员能力源自教研知识、学科知识以及技术知识的深度交融与互动，由此形成了一个活跃的知识地带。这种能力指向实际教研问题的有效解决，它是在专业实践的锤炼与知识的巧妙运用中，逐步孕育并生成的。教研员通过不断地探索和实践，将这些知识融合，形成独特而强大的教研能力，从而推动教研工作的深入发展。换言之，教研员的能力并不是只体现在对教研知识的认知、处理及运用层面，更重要的是，它体现在教研员对区域教学发展的引领能力上。教研员不仅需要具备深厚的教研知识，还需要将这些知识转化为实际行动，引导并推动区域教学不断进步。他们应当成为教学改革的引领者，通过自身的专业实践，为区域教学发展指明方向，提供动力。同时，教研员的能力应满足其有效参与实践的功能性需要，指明教研员不仅需要运用知识解决实际问题，还需要在实践中不断反思、总结和提升，能够不断拓宽自己的视野和思路，使自己的教研能力得到持续发展和提升。从能力衍生于知识融合与运用的逻辑视角出发，教研员信息化教研素养的能力系统由 PK、RK、CK 两两交叉处生成，由其结构特征来看，表现为三组能力：（1）技术研究、技术教学、技术管理能力；（2）学科研究、学科教学、学科管理能力；（3）技术课程开发、技术资源开发能力。这三组能力又相互融合，为教研员信息化教学引领力（合力），支撑教研员职能与实践。

[①] 王晓莉：《教师专业发展的内涵与历史发展》，《教育发展研究》2011 年第 18 期。

[②] 解月光、褚丹、曲茜茜等：《职业院校教师信息化专业能力结构模型及发展阶段研究》，《中国电化教育》2016 年第 9 期。

第一，技术研究能力：充分利用信息技术开展教学研究工作，探索和创新"技术"在信息化教学中的应用方式和方法，推动信息化与现代教育技术结合，促进技术发展的能力。多样的信息技术不断产生并逐渐融入教育教学的各个环节，技术是当前信息化教育教学中不可或缺的一部分。教研员作为区域信息化教学的引导者，教育研究工作是其基本的工作任务，因此需要紧跟技术发展的步伐，在信息化教学中积极利用信息技术进行教研工作，重点关注如何引领教学共同体进行信息化教学，以有效的手段培养学生自主学习能力，让学生具备利用信息化工具解决实际问题的能力。同时，需要探索技术本身的应用和发展，在信息化社会逐步发展的过程中，信息技术也在不断地更新和发展，信息技术在教育教学中的应用也随着信息社会发展和教学能力的提升有所改变。使信息技术更好地服务于教学，需要教研员充分掌握现代信息技术，积极探索和创新技术在信息化教学中的方法，更好地将技术与教学融合，从而挖掘更多的信息技术使用方式，使得技术在教育教学中的使用从有形变为无形，更好地融入课堂，促进教育教学工作的开展。

第二，技术教学能力：利用技术促进教学的能力，一般称为信息化教学能力。教师信息化教学能力针对课堂教学的真实情境和问题，重点关注信息技术支持下的教学设计、实施与评价等，促进师生"教与学"。同时聚焦于课堂与教学，强调信息技术的教育融合向教学创新转变，教研员具有研究者和教师的身份。因此，教研员的职能除了进行教育研究，还需要具备教师的基本职能，即进行教学。在信息化社会中，教研员若要利用信息技术进行教学，首要任务是掌握信息技术的基本知识，不仅需要了解信息技术的原理和应用范围，还需要熟练掌握各类教学软件、平台及工具的使用方法。在此基础上，教研员应逐步探索如何运用信息技术优化教学方式和方法，推动教学模式的改革与创新。通过引入数字化资源、构建在线学习环境、实施混合式教学等举措，教研员可以有效提升教学效率，促进学生学习的个性化与高效化。例如，在信息化环境下，可以借助现有的信息化设备和工具，收集开放的教学资源，帮助教师进行教学设计。在课堂教学中，可以利用信息化技术为学生创设符合教学内容的情景，学生通过体验式教学或者案例式教学等方式进行学习，加深学生对实际应用场景的真实感受，帮助学生对抽象的事物进行具体化理解，增强学生的知识迁移能力，从而提高课堂的整体教学效果。

第三，技术管理能力：利用信息技术（如大数据、云计算等）促进教学管理、评价的能力，具体表现为通过使用信息技术，提升管理的效率和效果。在教学和研究过程中会产生大量的数据，包括教学时收集的学生和教师的数据，例如教师上课时学生的反应、上课状态等原始数据，还包括对这些原始数据进行分析时产生的数据。同时，教研员需要对信息化教学情况进行研究，从而制定促进信息化发展的方案。那么在制定方案的过程中，需要对教师的教学行为和学生的学习行为进行分析，并评价教师在教学过程中的表现以及学生在学习过程中的行为，进而找到可以进行提升和改善的部分。利用信息技术进行教学管理，可以有效提升教学管理的效率。例如，利用信息技术收集和分析处理学情数据，能够快速而全面地了解学生对知识的掌握情况，从过程性评价和总结性评价两方面评价学生的学习行为，以此为依据，为学生制定符合个性化发展的学习计划，提升学生的学习效果。同样，可以利用信息化技术收集教师上课时的教学行为数据，分析教师的教学能力和水平是否达到信息化教学要求、可以在哪些方面进行改善，从而推动信息化教育教学的发展。

第四，学科研究能力：对具体学科课程内容（概念、原理等知识点）的认知和研究能力，是学科教研员所应具备的基本能力。教研员要强化自己的区域主人翁意识，深刻认识到研究与教学是作为知识操作的核心技术，是相互交融、密不可分的、是相互依存，相辅相成的关系。[①] 教研员应该以研究者的姿态探索区域教学中具体学科课程的内容，坚持完成教研任务并开展对学科课程内容的教学研究，以不断更新教研理念，培养科学的学科研究能力。研究课程标准也是教研员的重要工作之一，课程标准明确规定课程的基本理念、课程目标，特别提出了对全体学生的学习要求。教研员需要准确理解和把握课程标准，并针对区域内具体情况，仔细研究课程标准中对学生提出的具体要求，以便能够为区域教学发展提出建设性意见。具体来说，教研员可以与专家学者进行合作，在合作中摆脱"学生""听讲者"的传统弱势角色定位，建立平等的合作关系，在获取理论

[①] 颜建勇、黄珊、郭剑鸣：《大学教师教学学术能力发展机制构建研究》，《现代大学教育》2022 年第 3 期。

给养的同时，奉献自己的实践才智，在互相探讨的过程中发展自身对学科内容的理解和研究能力。

第五，学科教学能力：针对具体学科内容与特征进行教学的能力，是支撑教研员评价、指导教师教学的必要条件。教研员虽然不直接承担一线教学任务，但他们肩负着指导教师进行教学的重要职责。作为区域信息化教学的引领者，教研员需要具备上好示范课的能力，通过自身的教学实践展示先进的教学理念和教学方法，以及示范如何运用信息化技术或工具改进教学过程，为一线教师的信息化教学提供具体的参考和可行性建议。教研员引领教师创新教学模式，改进教学方法，提高教学效率，因此需要教研员自身能够针对具体学科进行有效教学。只有教研员自身先能进行妥善的教学，才能对教师教学进行引领。实践是积累经验、运用知识的基石，对于一线教师而言，他们通过日复一日的教学实践，对具体学科形成了深刻的理解。在教学过程中，一线教师不仅积累了丰富的教学经验，还不断将理论知识与实际操作结合，形成了一套适合自己的教学方法。教研员可以向一线教师请教具体学科的专业知识，通过与一线教师讨论具体的学科教学方式和方法，做到以学生为中心，根据教学实际创新教学策略，不断提升学科教学能力。在与一线教师交流的过程中，要充分尊重与信任教师，将自身角色定位为平易近人的"伙伴"，汲取来自教师的实践智慧，从而相互成就。

第六，学科管理能力：有效设计、组织、管理学科课程知识、内容、材料，以及研制学科质量管理、评价、考核标准体系的能力。教研员不仅需要对学科内容进行系统化管理，还需要对学科教学质量进行全面而细致的监督。在推进学科发展的进程中，教研员可以建立一套行之有效的制度化体系，以确保学科质量的稳步提升以及学科信息化教学的稳步发展，在制度化的基础上，保证学科质量以及学科信息化教学的顺利发展，根据学科特点和教学目标，系统地规划课程结构、内容和学习进度，制定科学合理的教学计划和课程大纲，帮助一线教师合理安排教学任务，科学组织学生进行学习。教研员需要根据学生的实际情况和学习需求，灵活调整教学内容和方法，以适应不同学生的需求；需要选择合适的教学材料和资源，组织和管理学科内容，确保教学内容的科学性和准确性；需要关注学科发展的动态和趋势，及时更新和调整教学内容，保持教学内容的时效性和前瞻性；需要制定科学的学科质量标准和管理制度，建立健全学科质量保障体系，制定合理的学科评价和考核标准体系，客观、公正地对教师信息化教学质量以及学生的学业表现进行评价和考核，为信息化教学改进提供依据。

第七，技术课程开发能力：利用信息技术开发学科课程，拓展课程内容、丰富教材形式、优化知识表征、传播及建构的能力，或者是教研员具备这种"潜力"以指导课程开发。教育信息化不断发展，教学内容和教学形式也在进行转变。教材由单一的纸质书本逐步转变为网络课本、数字教材等形式，以更好地满足学生的学习需求。教师讲授的课程以及教授内容的表现形式也需要根据时代需求进行更新，它涉及对课程内容的深入挖掘和拓展。教研员需要优化知识的表征和传播方式，通过多媒体、网络资源等现代信息技术手段，使教学内容更加生动、丰富和具有吸引力，使知识更加易于理解、掌握和运用。教研员应根据区域课程的具体实施情况，带领团队制定区域课程实施方案，指导学校开发校本课程。

第八，技术资源开发能力：区域信息化教学需要基本的资源支持，教研员需要针对区域信息化教学需求，具备利用信息技术开发各种数字化资源（包括但不限于多媒体课件、网络课程、教学平台）的能力，抑或是具备这种"潜力"以引领数字化资源的开发。教研员需要掌握相关的信息技术，如图像处理、音视频剪辑、动画制作、多媒体制作、在线教育平台搭建等，运用相关的信息技术工具，深入分析当前的信息化教学模式，精准把握区域内学生学习特点和实际教学需要，创造出形式多样，内容丰富的数字化教学资源。利用这些技术手段开发有利于区域实际教育教学情况的数字化资源，切实解决实际的教学问题，满足学生对掌握和理解知识的需求，有针对性地开发数字资源，提供支持信息化教学发展的各种资源。同时，教研员应具备引领区域数字化教学资源开发的"潜力"。教研员应与区域信息化教学共同体进行有效的沟通和协作，带领团队进行资源的开发。综上所述，区域信息化教学需要教研员具备利用信息技术开发数字化资源的能力和潜力，以为区域信息化教学提供丰富、优质的教学资源，推动教育信息化的深入发展。

（三）教研员智慧：教研员知识、能力于思维层面的升华及渐臻于道

教研员智慧是教研员专业性在个体思维层面的升华，具有深刻性特

征,体现在其能够透过现象看本质,对教研问题进行深入剖析和精准判断,满足教研员成长的发展性需要。一般而言,教研员智慧是基于对区域信息化教学发展内在本质、规律的认知,知识、经验的积累,以致渐臻于道,升华而成的高阶思维能力和问题解决思维,使得教研员能够从多个角度、多个层次进行思考和分析,创造性地解决教研实践中的复杂问题,具有至臻化境的意蕴。智慧的抽象性、模糊性,使得其不具有直接可分解性。但从教研员引领区域信息化教学发展的定位出发,教研员智慧应重点聚焦"区域系统""信息技术""未来教育"三个关键点,以此为基础,以教研员实践需要为起点,演绎的教研员智慧应包含:教育技术认知、信息化教学系统观、教学引领区域意识、教研创新思维、未来教育视野等。

第一,教育技术认知:教研员对信息技术在教育中的影响和应用的认识与内化,是理解信息技术如何与区域教育系统深度融合的智慧。教研员对教育技术的认知,不应局限于对其表面功能的了解和使用,对于教育技术的认知也不能只停留在技术层面,认为教育技术是一种工具,而应该将信息技术与教育深度融合,利用信息技术的优势,改善整体信息化教学状况。教育技术认知是对信息技术在教育领域中的精准定位、坚定立场和深厚信念,这种认知是教研员对教育技术全面而深入的理解,它源于教研员对教育教学的深刻理解和对技术发展的敏锐洞察。教研员在信息化环境中利用信息技术进行教研工作,引领信息化教学改革发展,需要深刻认识和掌握信息技术,了解信息技术的优势和局限,把握信息技术的发展趋势,熟知信息技术的特点,明确如何将信息技术与教育教学融合。只有深刻认识到信息技术在教学中的多重价值,包括其显著提升教学效率、极大丰富教学资源的能力,以及实现个性化教学的潜力,教研员才能真正发挥信息技术的引领作用,推动信息化教学的深入发展。这种全面而深入的认识,不仅是教研员有效运用信息技术的关键,也是他们增强信息化教学意识的重要基础。教研员同时需要理解信息技术的局限性和挑战,如网络安全、隐私保护、技术更新等问题。在利用信息技术在教育教学中开展工作时,教研员应保持科学谨慎的态度,正确使用和及时更新信息技术,努力跟上时代的步伐,争取走在时代的前列。为了取得对教育技术的深刻认识,教研员应关注信息技术的发展趋势,如人工智能、大数据、云计算等新兴技术在教育中的应用,了解这些技术对教育的影响和变革,为教育创新提供支持和指导。具体而言，教研员需要探索人工智能如何优化教学过程、提升学生学习体验；研究大数据如何助力精准教学、实现个性化学习；思考云计算如何提升教育资源的共享与利用效率。通过深入了解这些新兴技术，教研员一方面可以把握教育技术的未来发展方向，为教育教学的改进和创新提供源源不断的动力；另一方面可以深入理解信息技术与学科教学的融合方式，根据不同学科的特点和需求，选择合适的信息技术工具和资源，推动信息技术与学科教学的深度融合，为推动区域信息化教学的发展不断注入新的生机与活力。①

第二，信息化教学系统观：教研员以系统的观点看待信息化教学内部各要素的发展，体现在教研员认识信息化教学自身的系统性、开放性、关联性、层次性和动态性等方面。陈丽等人认为，复杂系统观是一种将教育教学过程视为复杂系统的思维方式。教研员应从整体的角度出发，运用系统思维方法，深入探究教育系统内部各要素之间的相互作用关系，同时关注教育与外部社会之间的相互影响。通过这种方式，教研员能够更全面地认识教育系统的本质，揭示其演化的规律。② 而整体性是系统观念的核心与首要特征，主要体现在独特的分析视角和方法论上。它强调从全局出发，深入剖析事物的内部结构及其相互关联，探究其发生的原因和过程，进而揭示事物发展的内在规律。通过整体性的分析，能够更加全面、准确地把握事物的本质和特征，从而找到解决问题的有效途径。因此，信息化教学系统观要求教研员以联结的眼光看待系统中的诸多要素，明确各要素的相互联系、相互作用，形成一个复杂的系统结构。以系统科学的观念看待信息化教学中各个要素，可以减少信息化教学中的盲目性和无序性，节省人力、物力和财力的投入。教研员要站在高位，厘清区域信息化教学发展的目标和方式，根据区域一线教师的发展需求和实际教学需要，制定清晰完善的区域信息化教学发展方案，更好地推动区域信息化教育教学发展。

---

① 袁娜斐、王照玲：《信息技术与学科教学深度融合助推区域教育发展》，《中国信息化》2019年第1期。

② 陈丽、郭玉娟、张文梅：《"互联网+教育"的世界观：复杂系统观》，《中国远程育》2023年第8期。

第三，教学引领区域意识：教研员是引领区域发展的重要力量，教研员应从区域整体发展的角度出发，从全局的高度观察信息化教学发展实际情况，预测和指导区域信息化教学发展趋势，分析实际教育教学中存在的问题，自觉在顾全大局的前提下，引领区域信息化教学发展。经济发展水平高的地区通常具有更多的教育资源投入，这有助于提升教学质量和水平；文化氛围浓厚的地区可能更注重培养学生的综合素质和创新能力，这为教学发展提供了更多可能性。不应以割裂、教条的观点认为教学发展独立于区域社会生态之外，而应该将其视为一个整体，强调二者的互动和协同发展。信息化教学发生在整个区域内，受到来自区域内各种因素的影响，如经济状况、环境条件、人际活动等，因此，教研员在制定教学发展策略时，需要全面而深入地考虑区域内的实际情况，包括区域内的信息化教育基础、学生特点、社会环境等，在此基础上，充分挖掘和利用区域自身的资源优势，例如独特的地域文化、丰富的教育资源库、先进的教育技术设施等，与区域的社区、企业等形成良性的社会生态互动，做到资源共享、优势互补。通过充分考虑区域整体的实际情况、挖掘和利用区域资源优势以及与区域社会生态形成良性互动，教研员能够制定出更加符合区域特点和发展需求的教学发展策略，这些策略将有效促进区域内教育资源的整合和优化配置，提升教育教学水平，为区域的整体发展提供有力支持。

第四，教研创新思维：教研员在进行教研工作时表现出来的不断创新的特质，具体表现为教研员学习和理解先进的教育观念和理念，针对区域教学的实际情况和本地特色，以引领区域教学发展为目标，以解决区域教学实践中存在的问题为基本任务，以创新性思维为支撑，进行教学研究。教研工作的重点是指导教学，引领区域教育教学发展。教学是门艺术，引领教学发展更是一门艺术，需要运用创造思维，不断进行创新。教学模式和方法不是一成不变的，而是需要根据社会发展和具体政策要求进行转变，不同的教学理念会产生不同的教学内容和教学组织形式。随着国家教育政策的发布，社会对人才培养要求发生变化，教学理念、教学模式和教学方法也需要不断地进行改进和创新。教研员在教研工作中，可通过实际情况，利用创新思维，进行课堂模式创新、教学方法创新、试题命制创新以及项目驱动创新。① 教研员需要具备敏锐发现信息化教学问题的能力，针对问题提出创新性的发展思路，熟练掌握并灵活运用新的教育理念和教学方法，为区域信息化教学的突破性发展提供强有力的引领，同时带领区域信息化教学取得显著成果，实现创新性发展。持续发展创新性思维的特质，可以使教研员不断适应信息化教学的变化，推动教育教学工作的持续进步。

第五，未来教育视野：教研员具有引领区域教学发展所需要的开阔视野和独特的且具有前瞻性的眼光。教研员引领一线教师在教学实践中进行信息化教学改革，同时承担规划未来信息化教学发展战略布局、制定发展策略、客观预测未来信息化教学发展趋势的职责，教研员既要埋头赶路，也要抬头看路，及时汲取教育教学理论研究新成果，把握教育教学改革和发展趋势，将目光放长远，关注未来信息化教育的发展。教研员能够未雨绸缪，在灵活多变的信息化教育环境中纵观全局，准确客观地研判区域教育与教研改革发展中所面临的机遇和挑战，以创新、系统的眼光和未来大视野，根据现在区域信息化发展的实际情况，组织区域教学共同体规划信息化教学，制定长期教研工作方案。教研员应站在教师实践需求角度，挖掘并梳理问题，把问题转化为课程主题，并以符合教师学习规律的结构呈现课程内容。教研员不仅需要加深对于教材教法的理解，同时要引领学校、教师共同开发研修课程，提升课程领导力和专业发展水平。教学理论、教学方法和信息技术都是动态发展的，教研员需要具备未来教育的大视野，推动区域信息化教学发展紧跟世界信息化发展步伐。②

（四）教研员情意：教研员知识、能力、智慧发展的根本保障

教研员情意是与教研员知识、能力、智慧相并列的"非智力系统"发展主线，为教研员智力系统的发展提供情感动力及必要的规范，满足教研员发展的情感性及社会性需要。有学者认为，专业情意指在专业实践过程中形成的一种情感倾向。③ 教研员情意是在引领区域信息化教学发展过

---

① 郭强：《新时代教研员的角色定位、能力素养及成长路径》，《教师教育论坛》2020 年第 10 期。

② 宋乃庆、吴乐乐：《区县教研员领导力的内涵、构成要素与提升策略》，《教育科学》2023 年第 3 期。

③ 李建辉、王志广：《简论师范生的教师专业情意、态度与价值观》，《福建师范大学学报》（哲学社会科学版）2013 年第 5 期。

程中形成和沉淀的，指向自身职业发展、信息化教学共同体（学生、教师、校长等）及区域教育信息化事业的一种稳定的心理倾向，借鉴教师专业情意的划分，教研员情意应包含教研员信念、情感、态度、道德责任等。

第一，教研员信念：教研员对自身专业（职业）实践价值的认定，即自身对于教研工作的追求。信念是一个饱含主观色彩的词汇，它代表着一个人对于某一事物的基本认知和深层次理解，是人们在日常的工作与生活中，逐渐积累、沉淀而形成的对事物的独特态度。这种态度，既是个体经验的体现，也是个人价值观与世界观的反映。信念是人们做事所遵循的原则，是实现理想的坚强保障。教研员对于教研工作的信念深刻影响着自身的职业发展和教研工作的质量，其职业认同感和工作满足感有较强的关联。一方面，个人只有对自己的专业（职业）有清晰的认知，才能更好地内化自己的专业准则，从而积极地投身于工作；另一方面，如果个人对自己的职业产生了强烈的认同，那么就会更积极地完成工作任务，并从中得到更高的成就感与满足感。对于教研员而言，在建立信念的过程中应该思考，自己所进行工作的初衷和信仰是什么，未来应该走什么样的道路，从而合理规划职业发展道路，不断提升教研能力以适应教育改革发展的需要。教研员应清晰地认识到教研员的职业内涵，以提升区域教学质量为己任。教研员应对自己本职工作进行独立思考，对自己的职责产生强烈的责任感，深刻认识到职业的价值后所产生的信念，具有坚定的执着性、能够维持行为的稳定性。教研员信念是一种为完成专业任务的使命感，是在面对工作上的问题时，破解难题的意向动机和坚定不移的决心。

第二，教研员情感：对教研员职业的情感投入，表征对教研员事业的热爱程度。教研员对事业的热爱程度，一定范围内影响教研员是否能够坚持不懈地进行本职工作，是否能够积极发挥区域引领的作用。积极的情感会让教研员更加满意自己的工作，更有动力去完成工作任务。相反，消极的情感体验可能会导致工作满意度下降，影响工作效率和质量。教研员首先要热爱教育事业，只有真正热爱教育事业，把握住这一基本前提，才能全身心地投入到教育事业中。教研员要热爱自己的本职工作，乐于从事教研事业。倘若教研员对教研事业缺乏深沉的热爱，那么他在很大程度上会失去原本推动他不断前行、积极投身于教研工作的动力与热情，也会失去对教育事业的责任心，还有可能将自己的工作任务看作事业上的一种负担，从而失去了进行创造性劳动的动力。教研员对教研事业的热爱程度越高，越有动机和驱动力进行教研工作，越能够发挥教育行政部门与一线教师之间的桥梁与纽带的作用，积极把先进的教育理论与教育实践结合。爱岗是敬业的前提，只有热爱教研员这份职业，才能认真且高效地完成工作。积极的情感是教研员发挥职能的重要保障和推动力，对事业的投入程度也影响着区域教育教学的发展。

第三，教研员态度：教研员在工作中所表现出来的心理倾向。可以把教研员看作教师的教师，他们引领区域教育教学发展，在区域教学改革中具有重要的地位。以不同的态度对待事物和工作会具有不同结果，同样，教研员的不同心理对区域教学发展会产生不同影响。教研员的态度是他们工作中不可或缺的一部分，影响着工作成效和职业发展，更影响着整个区域教育团队的工作氛围和教学质量。严谨负责的专业态度是顺利进行专业实践、进行教研工作的重要保障，是执行教研员基本职责的重要前提。教研员以服务者的身份面对区域中的学校管理层、一线教师以及学生，需要具备强烈的责任感和使命感，明确自己的工作对于学生、家长和社会的重要性，树立良好的服务意识。因此，教研员在工作中应该以认真负责的工作态度参与专业实践，积极发掘自身的内在工作动机，以饱满的热情带动区域教学发展。同时，教育是一个不断发展和变化的过程，只有不断学习和进步，才能跟上时代的步伐，为教学共同体提供更好的教育服务。所以，教研员在面对新的教育理念和教学方法时，需要始终保持开放和接纳的心态，用批判的眼光看待，勇于尝试和创新，不断探索适合区域信息化教学发展的最佳路径。

第四，教研员道德责任：教研员要遵循社会道德和职业道德规范。道德责任是指道德主体将外在的道德规范与理性认知，转化为内在的主观道德自觉意识或内在道德理性。这一过程体现了道德主体对道德要求的深刻理解和内化，使其能够在行为决策时，自觉遵循道德原则，展现出高度的道德自觉性和责任感。[1] 教研员是教师队伍中的特殊群体，是教学研究和教育管理的专业人员，需要具备教师高尚师德和品德，同时应具备该职业

---

[1] 丁延庆、李卓：《大学教师的社会责任》，《当代教育与文化》2020年第5期。

从业人员的道德。教研员应当遵循高尚的职业道德和专业素养,发挥模范带头作用,为推进教育教学工作作出积极贡献,具体表现为:每个教研员热爱教育事业、真诚服务、敬业奉献、尊重学生、关心学生身心健康发展、注重培养学生的创新能力和实践能力、促进学生全面发展;诚信务实,潜心教研,不浮躁,以严谨的态度进行学术研究;积极认真地思考信息化教育教学改革中应该做什么、怎么做、怎样才能做得更好;能够合理地利用信息化工具和技术,负责任地履行职能,承担起区域引领的责任;律己宽人,善于处理人际关系、保持良好的工作氛围;群策群力开展教育研究,与一线教师、其他教研员、学校领导等密切合作,带领教学共同体积极参与实践,应用理论知识并根据实际情况及时地进行调整,作出正确且具有前瞻性的决策,共同推进教育教学工作。

小 结

信息技术在教育教学中广泛应用,对教研员素养提出了新的要求,教研员的职能定位发生变革,成为区域信息化教学引领者。本章基于对素养发展规律及研究范式的分析,借鉴教研员、教师素养的研究成果及经验,从职责定位出发,形成了教研员信息化教研素养概念。该素养体系由知识层、能力层和智慧、情意层构成,各层级之间相互影响、相辅相成,旨在帮助教研员更好地认识和适应信息化教学的需求,发挥区域引领和示范作用。借鉴教师知识"TPACK"框架形成整合技术的学科教研知识体系,即"TRACK"知识体系,系统阐释了教研员在知识层面中所应具备的素养。在能力层面,本章节详细介绍教研员在知识交叉运用地带产生的八种能力的内涵、原因以及主要形成路径。教研员不仅需要理解信息化教育的本质和目标,将理念转化为实际教学实践,还需要认识信息技术在教育中的重要性和作用,了解信息化工具的特点和使用方法,根据实际需求为教师提供指导和支持,同时需要具备良好的合作和沟通能力,作为中介桥梁的教研员,联系着多方教学共同体成员,在推动区域教育信息化的过程中,需要与各方利益相关者进行有效的沟通和合作,共同解决问题、实现目标。在智慧、情意层面,在运用知识和能力过程中上升形成的智慧以及在引领区域信息化教学发展过程中形成和沉淀的情意,不仅是知识与能力层面的升华，也是其他层面中要素发展的重要激励和支撑，本章界定该层次中所包含要素的定义并提出促进其发展的重要举措。

教研员在推动区域信息化教学发展的进程中，扮演着至关重要的引领者角色。信息化教研素养作为信息化背景下教研员专业性的核心体现，不仅彰显了他们的专业素养，更凸显了他们在引领教学改革、提升教学质量方面的关键作用。具备信息化教研素养的教研员，能够深入理解和把握信息化教学的核心理念和最新动态，有效指导区域内的教学实践，推动信息化教学的深入发展。本章节所构建的教研员信息化教研素养体系，不仅深入剖析了素养的内部层级结构及其各层级的要素构成，而且全面系统地揭示了层级与要素之间的内在联系与逐级演进途径。这一素养体系为研究者提供了一个崭新的视角，有助于他们更加深入地理解和把握教研员信息化教研素养的本质与规律。通过这一素养体系，可以清晰地看到教研员在信息化教研过程中所需具备的各项素养及其相互关系，从而为指导教研员的实践提供有力的理论支持。同时，这一素养体系也为教研员的专业发展提供了明确的路径和方向，有助于推动区域信息化教学水平的不断提升。以此为支撑，重视发展教研员信息化教研素养，保障区域信息化教学健康发展，不仅是对国家教育方针、政策的积极响应，更是适应时代发展、满足社会需求、提升教育竞争力的必然选择，是推动区域教育现代化和信息化发展的关键举措。因此，为了不断提升教研工作的质量与水平、确保教研员的积极引领性，必须持续加强教研员队伍的建设，包括对教研员信息化教研素养的深入培训与发展，确保他们具备与时俱进的教学研究能力。同时，应为教研员提供更多的学习和发展机会，如组织专业研讨会、开展教学观摩与交流活动，以及提供丰富的在线学习资源等，以便他们能够不断更新知识、拓宽视野，从而更好地服务于教研事业。通过这些举措，期望能够打造出一支专业化、高素质、充满活力的教研员队伍，为教研工作的持续发展注入强大的动力。提升教研员的专业素养和能力水平，有利于区域教育的健康发展和现代化建设，为区域教育的持续发展作出更大贡献。通过提升教研员的信息化教研素养，可以帮助其更好地适应新的教育环境、掌握新的教学策略和方法，提高教学质量和效益。

第 五 章

教研员区域信息化教学引领力模型研究

在当今信息化时代，教育领域的变革与创新日益凸显。教研员作为教育教学的引领者和推动者，其区域信息化教学引领力的高低直接关系区域教育质量的提升和教育教学改革的深化。因此，构建教研员区域信息化教学引领力模型，对于提升教研员的信息化素养、推动区域教育信息化发展具有重要意义。

本章旨在探索教研员在区域信息化教学中的角色定位、能力要求及提升路径。通过深入分析信息化教学的发展趋势和教研员的工作实际，我们提炼出教研员在区域信息化教学中应具备的核心能力，包括信息化教学设计能力、信息化教学资源整合能力、信息化教学评价与反馈能力等。同时，我们结合实践案例，提出了一系列切实可行的提升教研员信息化教学引领力的措施和方法。

本模型的构建不仅有助于教研员更好地理解和把握信息化教学的内涵和要求，还能为区域教育管理部门提供有针对性的培训和指导，推动区域教育信息化水平的整体提升。我们期待通过本模型的推广和应用，能够激发更多教研员投身信息化教学的热情，共同开创区域教育信息化的新局面。

第一节　问题的提出

一　政策引导

《教育信息化十年发展规划（2011—2020 年）》指出，教育信息化对于提高教育质量、推动教育公平具有重要作用①；区域教育信息化作为当前中国教育信息化的战略重点和关键环节，更被视作推动区域教育均衡发展的重要途径。信息化教学是教育信息化发展的重要内容与承载体，决定着教育信息化能够达到的深度。《教育信息化"十三五"规划》明确指出，增强教师在信息化环境下创新教育教学的能力，使信息化教学真正成为教师教学活动的常态，信息化教学能力培养纳入中小学办学水平评估、校长考评的指标体系。② 党的二十大报告提出了推进教育数字化、建设教育强国的任务使命。③ 学校是中国中小学教育管理和发展的基本单位，基于此，教育教学信息化研究与实践的主要立足点也是学校。关注校域教师信息化教学能力、校长信息化教学领导力、校域教育教学信息化的整体推进也成为教育教学信息化理论与实践研究领域的重要议题，这些理论与实践研究极大地推动了教育教学信息化的发展。党的二十大报告中明确要求"优化区域教育资源配置"③，但随着教育信息化进程的不断推进，在实践领域由于区域各学校之间的竞争产生的负面影响也日益凸显④，进一步加剧了各学校之间发展不均衡的教育问题。目前信息化区域发展水平存在较大差异，中国整体教育数字化转型发展处于数字技术变革教育三阶段（数码化、数字化和数字化转型）理论中的数字化阶段，但是"不同地区教育数字化转型程度差异明显，东部水平最高，西部和东北地区水平较低。计算结果显示，东部地区的教育数字化转型程度显著高于其他地区，前者的核心要素数字化转型程度已进入数字化阶段，而中部、西部、东北地区的核心要素数字化转型程度仍处于数字化阶段"⑤，基本与中国各地

---

① 《教育部关于印发〈教育信息化十年发展规划（2011—2020 年）〉的通知》，http://www.moe.gov.cn/ewebeditor/uploadfile/2012/03/29/20120329140800968.doc。

② 《教育部关于印发〈教育信息化"十三五"规划〉的通知》，http://www.moe.edu.cn/srcsite/A16/s3342/201606/t20160622_269367.html。

③ 习近平：《高举中国特色社会主义伟大旗帜 为全面建设社会主义现代化国家而团结奋斗——在中国共产党第二十次全国代表大会上的报告》（2022 年 10 月 16 日），人民出版社 2022 年版。

④ 桑新民、郑文勉、钟浩梁：《区域教育信息化的战略思考》，《电化教育研究》2005 年第 3 期。

⑤ 王素、袁野、苏红等：《中国中小学数字化转型调研报告》，中国教育科学研究院比较教育研究所，2023 年。

区社会经济发展情况一致。区域整体推进成为信息化实践发展的指向，在理论层面，区域"信息化共同体"的价值也日益引起重视与肯定，探索基于共同体的区域教育教学信息化路径正成为教育教学信息化理论与实践研究的重要趋势。

二 县域的特殊性

"县"作为中国历史悠久的行政划分单位，始终在国家治理体系中占据重要地位。作为地方行政的基本单位，其在地理、政治以及教育教学等多个维度均展现不可替代的价值与功能。从地理视角审视，"县"通常涵盖较为辽阔的地域范围，囊括多个乡镇、村庄等基层行政单元。其地域内的自然条件、人口构成、经济发展等多重因素，深刻影响着教育资源的分配及教育教学活动的组织实施。因此，以"县"为单元实施教育教学管理，有助于实现教育资源的有效整合与优化配置，进而促进教育公平与均衡发展。在政治层面，"县"作为地方政府的基层组织，肩负着贯彻执行国家教育方针、政策的重要使命。县域政府通过制定实施各项教育政策，加强对学校及教育机构的监管与指导，确保教育教学质量及效益。同时，"县"亦扮演着连接上级政府与基层学校的重要桥梁角色，通过沟通协调，将国家教育政策传达至基层，推动教育教学改革与创新。在教育教学领域，"县"作为兼具地理、文化及教育特征的综合性单元，呈现鲜明的区域特色。县域内学校及教育机构在办学理念、课程设置、教学方法等方面往往保持较高的一致性，有助于形成具有地方特色的教育教学模式。同时，县域内学校间的交流合作有助于提升整体教育教学水平，推动区域教育事业的蓬勃发展。

相较于单个学校在空间上的分散性，"县域"作为一个整体性的地理、文化和教育单元，更具区域性的特征。县域内教育资源和需求在总体上呈现相对均衡的状态，为教育教学管理体制的设计与实施提供了坚实基础。随着时代的进步与社会的发展，县域教育在中国教育体系中的地位日益凸显。未来，应进一步加大对县域教育的投入与支持力度，深化教育教学管理体制的改革与创新，以满足人民群众对优质教育的需求，促进教育公平与可持续发展。"县"作为中国基本行政划分单位，在地理、政治及教育教学等多个领域均发挥着举足轻重的作用。教育教学管理体制以

"县"为基本单位，有利于优化教育资源配置、推动区域教育事业的全面进步。同时，应持续关注与支持县域教育的发展，以推动中国教育的整体提升与繁荣。

在中国，各县具有特色鲜明的自然风貌、地理环境、人文传统及教育传统，这些要素共同铸就了县域教育的鲜明个性与丰富多样性。相较于校域教育系统，县域教育传统及历史发展脉络对县域内教育系统的各个子系统及其组成人员产生着深远且广泛的影响。校长及一线教师固然是校域信息化教学研究与实践的核心力量，然而，在县域层面，教育行政人员、学校校长及一线教师亦占据着举足轻重的地位，共同推动着县域教育的持续发展与进步。值得一提的是，教研员群体在县域教育体系中具有举足轻重的地位。作为土生土长的区域教育教学研究者，教研员在历次国家教育教学改革中都发挥了关键作用。他们不仅引领区域教师的日常教学行为，还对推动教师教学专业能力发展产生深远影响。然而，从当前的研究来看，教研员在区域信息化教学中面临着"角色缺失"与"价值困惑"的现实困境。"角色缺失"的现象主要表现在教研员在区域信息化教学进程中的社会角色未能得到全面且有效的发挥。这一现象的产生，一方面缘于信息化技术的迅猛进步，使得教研员在应对日新月异的新技术以及新型教学模式时感到捉襟见肘；另一方面，随着教育改革的持续推进和深化，教研员的角色定位及其所承担的功能要求亦在不断演变与更新，这无疑给教研员的工作带来了新的挑战和考验。"价值困惑"现象主要源于教研员在推进信息技术与教学深度融合的过程中，所面临的价值认同挑战。具体而言，信息技术的迅猛发展为教育教学领域带来了前所未有的机遇与可能性，极大地丰富了教学手段和方式。然而，与此同时，教研员在推动教学改革的过程中，不可避免地会遇到传统教育观念与现代化教学手段之间的冲突和矛盾。这种冲突和矛盾使得教研员在价值取向上产生了一定的困惑，难以清晰地界定自身在区域信息化教学中的角色定位和价值所在。

因此，构建教研员区域信息化教学引领力模型并对其进行详细阐释，具有极为重要的意义。此举不仅有助于明确教研员在区域信息化教学中的角色定位与功能要求，更能为教研员提供一套切实可行的行动指南和操作策略。通过构建这一引领力模型，可以系统地剖析教研员在区域信息化教学中的影响因素、作用机制以及效果评价，从而为推动区域信息化教学的持续健康发展提供坚实的理论支撑和实践指导。

综上所述，县域教育在中国整个教育体系中占据着举足轻重的地位，对于国家教育事业的发展具有不可忽视的作用。作为县域教育体系中的关键力量，教研员在推动区域信息化教学发展的进程中扮演着不可或缺的角色。然而，当前教研员在参与区域信息化教学的过程中，普遍面临着"角色缺失"与"价值困惑"的突出问题，这些问题亟待解决。因此，构建并深入阐释教研员区域信息化教学引领力模型，是一项具有深远意义的重要工作。通过此项工作，将能够为推动县域教育教学的现代化和信息化进程提供坚实的理论支撑和实践指导。

第二节 相关概念及模型构建基础

一 引领力

领导力概念起源于企业管理领域，引领力概念由领导力概念延伸而来。两概念相互联系又存在差异，引领力更多地表现为一种非权力性的广泛影响力。与引领力研究相比，学术界较为关注的是领导力、教学领导力、信息化领导力及信息化教学领导力的研究。引领力与领导力虽然都是组织成功的重要因素，但它们之间存在着明显的差异。领导力更多地体现在管理者的权力和行政控制上，而引领力则更多地体现在非权力性的影响力上。我们也应该认识到，培养和发展引领力对于现代组织的成功至关重要，因为它能够激发团队成员的潜能，推动组织朝着更高远的目标前进。

需要明确的是，领导力通常与组织的管理层紧密相连。这些管理者在组织架构中占据核心位置，拥有显著的权力，其决策与行动对组织的运作与发展具有直接且深远的影响。领导力的实施往往具备一定的强制性与行政控制力，旨在确保组织目标的顺利达成。以企业为例，高层管理者如CEO或总经理，通过制定战略、分配资源及监督执行来展现其领导力，确保公司沿着既定目标稳步前进。领导力不仅源自职位赋予的权力，更是一种个人素质与能力的综合体现。优秀的领导者通常具备优秀的沟通能力、协调能力、决策能力及创新能力等。他们能够有效激发团队的积极性与创造力，引领团队成员共同追求既定目标。同时，他们需要具备敏锐的市场洞察力和竞争对手分析能力，以便及时调整战略与行动，确保组织在激烈的市场竞争中保持领先地位。

引领力更多地展现为一种非权力性的影响力，它并非依赖于职位的高低，而是源于引领者深厚的知识底蕴、丰富的实践经验、卓越的智慧及独特的人格魅力。这种力量能够有效激发团队成员的内在潜能，并引导他们紧密围绕共同目标而团结协作。在实施引领力的过程中，行政控制和权力压制并非主要手段，相反，它更依赖于有效的沟通、紧密的协作以及恰当的激励，以此推动团队不断向前迈进。以项目经理为例，尽管他们可能并非公司的高层管理者，但凭借卓越的沟通技巧和协调能力，他们能够带领团队克服各种困难，最终实现项目目标。

引领力与领导力的另外一个重要区别在于其影响范围。领导力的影响主要局限于组织内部，其效能和作用范围相对有限。而引领力则具备更广泛的影响力，其影响可能超越组织边界，对社会产生深远而广泛的影响。以杰出的企业家为例，他们不仅能够在企业内部展现卓越的领导力，能够通过有效的管理和决策，推动组织的稳健发展，更重要的是，他们还能通过创新的产品或服务，引领整个行业的发展方向，甚至改变人们的生活方式和价值观念。这种引领力不仅作用于企业内部，更能够触及社会各个层面，推动社会的进步和发展。因此，引领力与领导力在影响范围上存在明显的差异。领导力主要关注组织内部的运营和管理，而引领力则具备更广泛的社会影响力，能够引领行业的发展和社会的进步。

引领力一般出现于组织范围庞大且组织内部人员行政关系弱化、结构较为松散的团体之中，其核心在于，引领者为实现既定的组织目标，通过精心策划的直接或间接方式，引导并带领组织人员共同迈向该发展目标及愿景。在此过程中，引领者的参与性、实践性与服务性得以充分体现。在"县域"层面，教研员对于教育系统内的其他成员而言，更多地扮演着业务指导者的角色，而非传统的行政管理者。他们倾向于通过提供建设性的建议与意见来实施指导，而非依赖强制性的行政命令。鉴于中国"县域"的广阔，依据2020年全国人口普查数据，县域常住人口高达7.48亿，平均每个县域人口规模约为39.92万人。面对如此庞大的人口基数，教研员对于县域教育系统内的各级教育行政部门、学校、教研机构及科学技术部门而言，虽难以形成强大而紧密的领导力，却能够发挥重要的引导与影响作用，即形成有效的引领力。

二 教研员区域信息化教学引领力

梳理教育领导力研究领域文献成果可见，学术界较为关注信息化领导力的研究，而研究领导力的主体为校长及其他教学主管等。[①] 校长等学校教学主管具有较强的行政控制力，其推动学校（行政组织）信息化教学发展的作用力被称为领导力，如谢忠新、张际平认为校长的信息化领导力是有效推进信息技术在教学管理、师生发展等各方面有效应用的能力。[②] 雷励华等认为教育信息化2.0时代的信息化建设以智能信息技术为支撑，以建设智慧校园与发展智慧教育为重点，以应用推进与人才培养为核心，校长信息化领导力具体表现在顶层设计、环境建设、应用推进、人才发展与绩效评估等方面。[③] 王永军则以教育4.0时代学生关键素养的发展为价值诉求，以教育4.0时代信息技术与教学创新整合为核心主线，突出校长赋权意识和功能，将变革能力作为校长信息化领导力的关键成分。[④] 而教研员则兼具专业与行政的双重职能，且面向区域范围内的教育教研实践[⑤]，其工作职能作用的组织队伍一般为一定区域范围内的诸多平行学校及其校长、教师等人员，其组织队伍庞大且结构较为松散，对其很难形成严密的管理和控制。因此，教研员推动区域信息化教学发展在一定意义上体现为引领，而非管理及领导。基于此，将教研员信息化教学引领力界定为：在推动区域信息化教学发展的过程

---

① 孙祯祥、翁家隆：《境外校长信息化领导力内涵的发展历程及启示》，《中国电化教育》2014年第2期。

② 谢忠新、张际平：《基于系统视角的校长信息化领导力评价指标研究》，《现代教育技术》2009年第4期。

③ 雷励华、张子石、金义富：《教育信息化2.0时代校长信息化领导力内涵演变与提升模式》，《电化教育研究》2021年第2期。

④ 王永军：《面向教育4.0的创新发展：中小学校长信息化领导力框架之构建》，《远程教育杂志》2020年第6期。

⑤ 卢乃桂、沈伟：《中国教研员职能的历史演变》，《全球教育展望》2010年第7期。

中，教研员引导、带领、影响区域信息化教学组织及组织内部人员，对信息化教学进行实践与研究，以提高区域信息化教学水平为使命的一种综合力。

三 模型构建理论及模型构建流程

模型是一种问题解决方式或对现实问题的表征，模型也可以是对系统中不同要素之间关系的标准化描述。[①] 本书将模型界定为对客观存在事物的某些特征与内在联系所作出的模拟或抽象。建立模型的目的在于方便人们以人类特有的思维方式或特定的切入角度去认识事物的某个侧面及其系统内部联系，进而把握该事物的内部逻辑结构及其本质。而构建模型的方法，则需要根据研究对象的特性及研究目的进行选择及具体设计。本书基于教研员实际工作生态特征和教研员信息化教学引领力领域理论研究现状，梳理胜任特征模型领域常用的建模方法。[②] 对比研究行为事件访谈法、情境判断测验法、问卷调查法、职位分析法以及专家小组意见法等，可以看出，诸多模型构建方法均为提出假设进而以多种途径实施验证的过程。以模型构建理论为基础，依据工程学、系统论的思想，借鉴德尔菲法专家函调、多次循环校正的特点，形成构建教研员信息化教学引领力模型的方法及基本流程：（1）收集项目要素，梳理教研员研究领域文献资料，参照对教研员工作职责的要求，结合专家、教研员、校长及教师的结构化或半结构化访谈以及开放式问卷的方式收集教研员关键专业要素；（2）循环评定要素，基于上一步所收集的项目要素，采用德尔菲法形成专家函调文档邀请专家进行多人、多层次、多轮循环评定，以求剔除不合格要素，确保理论上的科学性；（3）验证项目要素，将经专家评定后的项目要素编制成评价量表，对研究对象（教研员）进行测试，在此基础上对测试结果进行统计分析，以求使其获得教研实践者的验证；（4）模型最终建立，在项目要素得到专家意见统一及教研实践者的验证的基础上，通过与专家、教研员、校长及教师的交流，征询意见，综合多

---

① Robert Maribe Branch、孙洪涛：《教学开发模型分析》，《中国电化教育》2007年第1期。
② 贾建锋、赵希男、温馨：《胜任特征模型构建方法的研究与设想》，《管理评论》2009年第11期。

方面因素，结合教研员专业发展实际环境，增添引领力辅助发展机制，最终确立教研员信息化教学引领力模型。

第三节 教研员区域信息化教学引领力模型的构建

一 教研员区域信息化教学引领力要素的收集

在数字化、信息化浪潮的推动下，教研员的角色定位与工作方式正经历着深刻而全面的变革。随着科技的迅猛发展与教育的广泛普及，教研员的工作范畴已不再局限于传统的教室和教材范畴，而是积极拓展至更为广阔的网络空间与丰富的数字化资源领域。

教研员作为教育领域内的资深专家和领军人物，其角色定位已经历了显著且深刻的转变。他们不再局限于知识的传授者这一单一身份，而是进一步拓展为教育创新的积极倡导者和教育改革的坚定实践者。作为新时代的教育工作者，教研员必须深入掌握并不断更新先进的教育理念和教学方法，以便更好地引领教育行业的进步与发展。同时，他们需要具备灵活运用各类数字化工具和平台的能力，以应对不同学生的学习需求，推动学生的个性化发展。教研员的角色定位已经从单一的知识传授者转变为教育创新的推动者和教育改革的实践者，其职责与使命也更加多元化和复杂化，以适应新时代教育发展的需求。

数字化时代，教研员的工作模式已然发生了深刻的变革。以往，教研工作多依赖于纸质教学资料及面对面的沟通形式；在当今时代，教研员得以借助网络平台、在线课程以及虚拟教室等数字化工具，实现远程教研与协同合作。这种现代化的工作模式不仅显著提升了教研活动的效率与灵活性，更促进了跨地区、跨学校间的资源共享与经验互通，从而推动了教研工作的全面发展。

数字时代，教研员们得以享受更加丰富的教学资源和手段所带来的便利。借助先进的数字化工具和平台，教研员们可以高效地获取并整理海量的教育资源，这些资源包括但不限于电子教材、在线视频教程以及互动式课件等。这些多元化的教学资源不仅极大地丰富了教学内容、有效拓宽了知识传递的维度，更在激发学生们的学习兴趣与积极性方面发挥了重要作用。同时，数字化工具为教研员们提供了更加全面、深入的学生学习反馈机制。通过这些工具，教研员们可以更加精准地掌握学生的学习状况，及时了解他们的需求与困惑，从而针对性地进行教学策略的调整和优化，确保教学质量的稳步提升。

教研员的角色定位和工作模式也正经历着持续的演进与升级。他们肩负着不断研习和开拓新型教育理念与教学方法的重任，致力于掌握并熟练运用前沿的数字化工具与平台，以适应时代的进步和满足学生多元化的学习需求。与此同时，数字化时代为教研员提供了更为辽阔的工作疆域和丰富多样的教学资源，使其得以充分发挥自身的专业优势与引领效应，推动教育领域的创新与变革，为培养更多具备数字化素养的新时代人才贡献力量。

随着技术的不断进步和教育的不断变革，教研员的角色定位和工作方式还将继续发生变化。例如，随着人工智能、大数据等技术的应用，教研员可以利用这些技术更加深入地了解学生的学习行为和需求，从而提供更加个性化的教学服务和支持。此外，随着在线教育和远程教育的不断发展，教研员可以利用这些新型的教育模式来更加灵活地开展教学和研究工作。

随着科技的迅猛发展和教育的深刻变革，教研员的角色定位和工作方式正在经历前所未有的转变。在日新月异的背景下，教研员不仅沿袭了传统的教学研究与指导职责，更成为引领教育创新、提升教学质量的关键力量。在科技的推动下，教研员的角色越发呈现多元化的特点。以人工智能和大数据为例，这些前沿技术的运用为教研员提供了更为深入、全面的视角，以洞察学生的学习行为与需求。通过收集和分析学生的学习数据，教研员能够精准地把握学生的知识掌握状况、学习难点及兴趣偏好等信息，进而为他们提供更具针对性的教学服务和支持。这种个性化的教学方式不仅能够有效激发学生的学习兴趣和积极性，更能显著提升其学习效果和综合素养。此外，教研员须积极适应在线教育和远程教育等新型教育模式的发展态势，这些新型教育模式打破了传统课堂的时空限制，使教学与研究工作更加灵活高效。教研员可借助在线平台开展远程授课、在线辅导及互动交流等活动，与学生进行实时互动与反馈，及时解决其在学习过程中遇到的难题。教研员还可借助网络平台收集和分析学生的学习数据，为教学改进与优化提供有力支撑。值得一提的是，教研员在适应新技术与新模式的同时，须不断提升自身的专业素养和能力水平。

总之，数字化、信息化的时代为教研员的工作带来了新的机遇和挑战。教研员需要不断适应时代的变化和技术的发展，不断学习和探索新的教育理念和教学方法，以更好地服务于学生的成长和教育的发展。同时，我们需要充分认识到数字化时代对教育领域的深远影响，积极推动教育的创新和发展，为培养更多优秀的人才作出更大的贡献。

为了更好地适应这一趋势，构建一个教研员区域信息化教学引领力模型显得尤为重要。而要构建这样一个模型，首要的任务就是明确信息化教学引领力的构成要素。为了获取这些要素，我们进行了系统的梳理和研究。我们回顾了众多关于教研员工作职能及能力维度的研究成果，并结合当前信息化教学的特点，进行了深入的分析和归纳。如表5-1所示，这些研究成果为我们提供了宝贵的理论依据。

在此基础上，我们进行了广泛的实践调研。通过对专家、教研员、校长及一线教师的结构化、半结构化的事件访谈，我们深入了解了他们在信息化教学中的实践经验和感受。这些访谈不仅为我们提供了丰富的实证材料，还帮助我们进一步提炼和完善了信息化教学引领力的要素。经过多轮次的讨论和修订，我们最终确定了信息化教学引领力的构成要素。这些要素包括但不限于：教学设计与创新能力、技术应用与整合能力、团队协作与沟通能力、数据分析与评价能力以及持续学习与自我提升能力等。这些要素不仅体现了教研员在信息化教学中的核心职责，也反映了其应具备的专业素养和综合能力。

综上所述，构建教研员区域信息化教学引领力模型是一项系统性的工程，要求我们从多个维度和视角进行深入的剖析与研讨。通过明晰信息化教学引领力的核心要素，我们可以为教研员的专业成长和能力进阶提供坚实的理论支撑与切实可行的实践指导。此举亦将有效促进区域信息化教学的深入发展和广泛实践。

表5-1　　　　　　教研员工作职能及能力维度相关要素

提出者	时间	项目要素（职能或能力维度）
赵才欣	2008年	身边看得见的研究员、传播教改动态的信息员、教师发展的服务员、教师校际交流的联络员、教师校本书的辅导员、倾听大家声音的录音员、学校教科研规划的设计员、教师专业展示的编导员、教师专业成长的见证员①
崔允漷	2009年	课程政策执行者、地方课程设计者、教师的发展服务者、教学专业指导者、教学质量促进者、专业的课程领导者②
刘宝剑	2009年	教学经验、行政视野、学术实力、组织才能和服务意识，阶段工作整体筹划的智慧③
初龙嘉	2011年	创新性、规划性、前瞻性、把握研究方向、分析发展现状、规划意识、策略意识、先进的学科教育理念、把握学科教学的发展方向、了解和明确学科教学存在的具体问题、问题的解决作出有条理的整体构想等④
王洁	2011年	课堂教学研究、引领教师成长、学科发展规划、学科队伍建设、行政事务等⑤
刘春芝、刘强	2011年	听课与评课的能力、命题与分析的能力、讲座与培训的能力、表达与交流的能力、研讨与引领的能力⑥
刘海燕	2012年	定位于研究、指导、服务；定位于研究、合作、引领；定位于研究、开发、指导⑦
毕景刚、韩颖	2014年	教育教学研究、教学方法实践、教学引领示范、协调与沟通⑧
任勇	2014年	教育科研、教学指导、教学管理、评价教师、服务意识、研训有机结合⑨
吴娱、苏君阳	2016年	认知力、规划力、执行力、协同力、控制力⑩

① 赵才欣：《教师的期待与教研员的责任》，《人民教育》2008年第10期。
② 崔允漷：《论教研室的定位与教研员的专业发展》，《上海教育科研》2009年第8期。
③ 刘宝剑：《教研员的职业角色与工作智慧》，《上海教育科研》2009年第8期。
④ 初龙嘉：《教研员：基于问题解决的专业引领者》，《当代教育科学》2011年第2期。
⑤ 王洁：《从"专业指导"到"专业支持"——上海市教研员现状调查的分析与思考》，《人民教育》2011年第9期。
⑥ 刘春芝、刘强：《教研员要做到的"一二三四五"》，《教育科学研究》2011年第4期。
⑦ 刘海燕：《教研员的角色定位与发展期待》，《教育理论与实践》2012年第14期。
⑧ 毕景刚、韩颖：《教师专业发展背景下教研员的角色与职业素养研究》，《教学与管理》2014年第18期。
⑨ 任勇：《教研员，做更好的自己》，《人民教育》2014年第13期。
⑩ 吴娱、苏君阳：《区域教育资源共享中的教育信息化领导力探析》，《电化教育研究》2016年第1期。

由表 5-1 可以发现，虽然教研员研究领域的绝大多数学者在一定程度上都涉及对引领力要素的研究，但他们对教研员的研究角度和构成要素的认识存在较大分歧。究其原因，一是不同研究者的研究视角不尽相同，研究年代也有差异，一个时代有一个时代需要解决的问题，这些研究在当时都具有很高的研究意义，放到今日，也有一定的时代局限性；二是对教研员的研究主要采用简单的经验总结归纳方法，以至于呈现一定的差别。但具有共性的是，研究者对教研员要素的构成主要从其能力和引领过程两个角度来阐述。其实无论引领力包含的引领能力有多少要素，其都源自教研员引领区域教育信息化发展的过程并最终在该引领过程中实践执行。因此，从引领过程入手进行引领力的构成研究，以实现引领过程、专业职能与引领力要素研究的统一。以此为方法论指导，对上述相关研究的因素研究进行分类归纳，并结合与教研员的交流访谈，最终归纳得到前瞻力、研究力、认知力、协同力和控制力五个要素，其存在于教研员引领区域教育发展过程的始终，亦为教研员专业能力的体现。

二 教研员区域信息化教学引领力要素的循环评定

本书选取的专家组由教育技术专家 3 人、教研员 6 人（甘肃与山东各 3 人）、校长 6 人（甘肃与山东各 3 人）、教师 10 人（甘肃与山东各 5 人），共 25 人组成，为便于交流，研究人员建立了专门的 QQ 群来进行沟通。基于德尔菲法编制评定文档，以征询专家组意见，根据意见修改引领力构成要素，进而再次形成评定文档，该过程循环多次，直至专家组意见得到统一，以保证要素在理论上的科学性。流程如表 5-2 所示。

表 5-2　　　　　　　　专家循环评定步骤

	第一轮	第二轮	第三轮	第四轮
评定意见	"控制力"要素替换为"影响力"	"认知力"和"协同力"合并为"规划力"	增加"评估力"要素 增加"实践力"要素	专家意见统一
反馈	采纳并修改	采纳并修改	采纳并修改	采纳

考虑到教研员工作职能和专业属性，专家组认为信息化教学引领力更侧重实施引领过程的非行政化和非强制性。例如，校长可以以学校领导者和管理者的工作职能，依据学校管理规章制度控制教职工的工作行为，以保证教学管理行为顺利实施和教学事务的和谐有序，该过程即是控制力所发挥的影响，具有一定程度的强制性和行政化。而相比校长，教研员与引领对象（学校教育管理人员和教师）无论是在时间还是空间上，都无法保证切实的直接控制，教研员无法像校长或教育局局长一样向被引领者发布行政命令。控制力适合强制性和权威性兼具的领导力，与引领力的内涵不符。因此，相比控制力这种"硬实力"，影响力作为教研员的一种"软实力"，更能体现信息化教学引领力作用过程中的弹性和引领性，更能体现对教师心灵和精神上的深刻影响，也更加体现教研员所具有的"专业研究"角色，因此影响力更为准确。在第二轮中，认知力指教研员对教育政策、课程标准及教育问题等的认知，其与研究力的部分概念和内在能力因素有很大重合，鉴于其与研究力在概念上的交叉，将其与协同力合并为规划力。此外，基于教研员对区域教育发展及学校教学评估的职责，增添评估力要素；同时专家组认为，无论是教研员自身的"教学实践"行为，还是其通过研究、实践促进区域信息化教学发展的过程，都是"实践力"的体现，因此需要增加实践力要素。经过三轮专家评定及对要素的修改，在第四轮专家意见得到统一，循环结束。最终得到教研员信息化教学引领力要素为：前瞻力、研究力、规划力、影响力、评估力和实践力。

三 教研员区域信息化教学引领力要素的验证

继而，基于专家循环评定的教研员信息化教学引领力要素，编制面向教研员的要素评价量表，研究对象根据自身工作职能、工作过程、所具备能力或能力期望对引领力要素进行打分，以求获得研究对象对引领力要素最贴近真实的看法和态度，验证引领力模型要素。教研员信息化教学引领力要素的验证量表包括要素指标和要素介绍，为保证教研员准确把握要素内涵，并辅以详细的语言讲解。实施此次验证中，共向甘肃省、山东省等地教研员发放30份量表，回收30份。分析情况如表5-3所示。

表 5-3　　　　教研员区域信息化教学引领力要素的验证　　（单位:%）

项目要素	完全认同	基本认同	不一定	基本不认同	完全不认同
前瞻力	66.7	33.3	0	0	0
研究力	83.3	16.7	0	0	0
规划力	33.3	50	10	6.7	0
影响力	100	0	0	0	0
评估力	53.3	33.3	6.7	6.7	0
实践力	90	10	0	0	0

可见，对于前瞻力，完全认同与基本认同合计100%；对于研究力，完全认同与基本认同合计100%；对于规划力，完全认同与基本认同合计83.3%；对于影响力，完全认同达到了100%；对于评估力，完全认同与基本认同合计86.6%；对于实践力，完全认同与基本认同合计100%。可认定前瞻力、研究力、规划力、影响力、评估力和实践力这六个要素均具备一定的科学性及实践意义。

第四节　教研员区域信息化教学引领力模型的阐释

基于已收集的教研员信息化教学引领力的要素材料，借鉴孙祯祥、董艳等关于校长信息化领导力[1]、校长信息化教学领导力模型[2]，根植区域信息化教育教研现实环境及教研员引领区域信息化教学发展实际过程，从信息化教学本体研究、区域信息化教学整体推进、信息化教学资源支持、人力资源建设及行政管理等方面提出五个引领力职权构成单元，提炼出区域信息化教学变革与创新、区域信息化教学规划与预警、区域信息化资源建设与整合、区域教师信息化教学能力培养、区域信息化教学管理与评价五个职权行为构成。一方面，其为前瞻力、研究力、规划力、影响力、评估力及实践力六个要素的作用机制；另一方面，五个职权构成是引领力要素的培养及促进机制。两者一外一内，相互促进，彼此贯通，统一于教研

---

[1] 孙祯祥：《校长信息化领导力的构成与模型》，《现代远距离教育》2010年第2期。
[2] 董艳、黄月、孙月亚、桑国元：《校长信息化教学领导力的内涵与结构》，《现代远程教育研究》2015年第5期。

员引领区域教育改革，贯穿于区域信息化教学发展过程的始终。

一 教研员区域信息化教学引领力要素

如图5-1所示，教研员信息化教学引领力能够支撑教研员在引领区域教育发展过程中的各种领导行为，其着力点是引领过程，即教研员所具备的引领力能够保证教研员引领过程的顺利进行，或者是为区域信息化教学发展服务。基于对教研员工作职能、专业发展及实际工作环境的分析，阐述教研员作为引领者所需要的引领力要素。

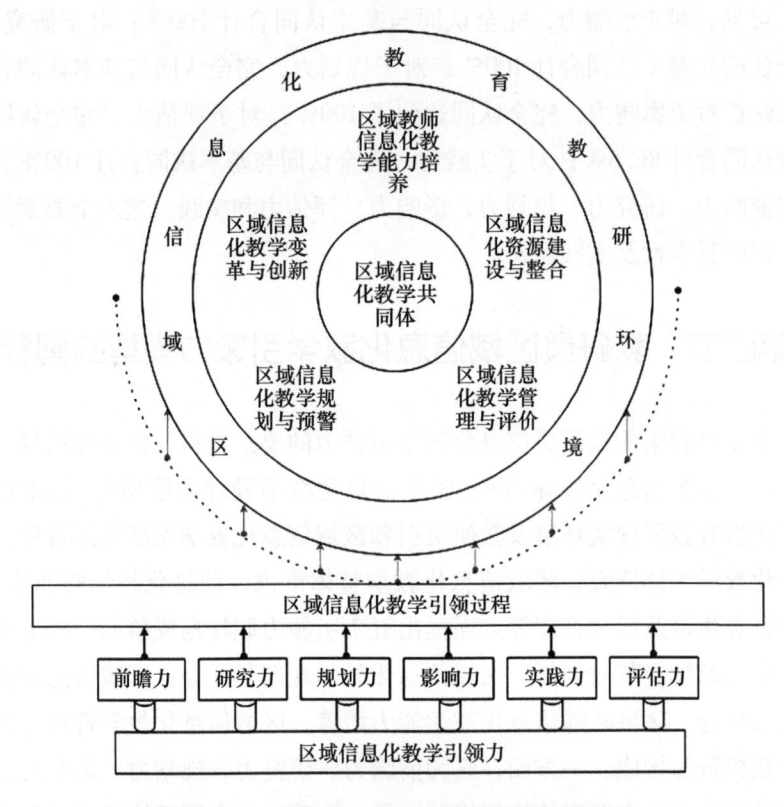

图5-1 教研员区域信息化教学引领力模型

（一）前瞻力

教研员基于对国家教育政策、教育发展前沿动态、区域教育发展态势及新技术教育应用的把握，预测信息化教学发展路径及教育教学发展潜在问题，及时作出预警。在中国教育体系中，教研员的角色十分独特，他们不同于行政领导，没有权力下达行政命令，对区域信息化教学发展进行强制性的"硬"干预，但这并不意味着教研员在推动信息化教学发展方面无能为力。相反，他们可以通过一种更为柔和、间接的方式，即"软"干涉或"柔"干预来发挥重要作用。

教研员可以通过深入学校、了解一线教师的教学实践，发现信息化教学中的问题，提出建设性的意见和建议。他们可以组织教师进行教学研讨，分享信息化教学的成功案例和经验，激发教师探索信息化教学的热情和动力。同时，教研员可以通过与教师合作，共同开发适合区域特点的信息化教学资源，为教师提供实用、有效的工具和平台。此外，教研员可以通过自身的专业素养和影响力，引导学校和教师关注信息化教学的重要性。他们可以参与制定信息化教学发展规划，提出具有前瞻性和可操作性的建议，推动区域信息化教学的持续发展。

事实上，许多地区已经开始尝试通过教研员的"软"干涉或"柔"干预来推动信息化教学发展。例如，一些地区的教研员积极组织教师参加信息化教学培训，提高教师的信息素养和教学能力，同时深入学校，与教师一起探索信息化教学的有效模式和方法，取得了显著成效。当然，要实现教研员对区域信息化教学发展的有效"软"干涉或"柔"干预，还需要进一步完善教研员队伍建设、提高教研员的专业素养和影响力、加强教研员与学校和教师的沟通与合作等方面的工作。只有这样，才能更好地发挥教研员在推动信息化教学发展方面的独特作用，为提升中国教育质量作出更大贡献。

虽然教研员无法下达行政命令进行"硬"干预，但他们通过"软"干涉或"柔"干预的方式，依然可以在区域信息化教学发展中发挥重要作用。这需要教研员不断提高自身专业素养和影响力，加强与学校和教师的沟通与合作，共同推动信息化教学的深入发展。同时，各级教育部门应给予教研员更多的支持和关注，为他们的专业发展创造良好的环境和条件。

在这个过程中，教研员们需要关注信息化教学的最新动态和趋势，不断学习新知识、新技能，以适应信息化教学发展的需求。同时，他们应关注教师的实际需求，提供有针对性的指导和帮助，使教师在信息化教学过程中能够得心应手、事半功倍。教研员在推动区域信息化教学发展方面具有独特的优势和作用。通过"软"干涉或"柔"干预的方式，他们可以与学校和教师共同合作，为提升中国教育质量和实现教育现代化作出积极贡献。实际上，在区域信息化教研发展中，教育行政部门十分重视以教研员群体为代表的"政府智库"的建议与意见：一方面，随着中国建设服务型政府，越发强调科学精神和证据意识；另一方面，在实际发展中，盲目信息化、肆意信息化、无序信息化的例子屡有发生，致使各地教育行政部门越发重视"智库"作用，而教研员群体则是关键力量。这要求教研员群体做到领悟上级政策含义、掌握学术前沿动态、了解技术突破思路、明晰基层实际情况。展望未来区域信息化教学发展动向，未雨绸缪，依托自身教育素养、信息素养及技术基础，作出对区域信息化教学发展、教研组织发展及教研员专业发展的前瞻性判断。"学而不思则罔，思而不学则殆。"教研员的"学"就是自身的教育素养、信息素养及技术基础，教研员的思就是教研员的前瞻性判断。如果没有深厚的教育信息技术基础，教研员作出的判断是盲目的、不科学的，只拥有丰厚的教育信息技术基础而不去思考区域信息化发展等一系列问题则是尸位素餐，不谋其政。教研员的前瞻力作为信息化教学引领力的一个要素，应兼顾理论前瞻与教学实践前瞻，而两者之间能否得到统一，则是前瞻力水平之所系。前瞻之关键，在于做到以下两点：一是前文提到的理论与实践之结合。理论发展速度往往远超实践应用速度，如果盲目追求理论前沿实践化，就会陷入"理想主义"陷阱，导致教育经费的浪费，劳民伤财。理论与实践结合，必须考虑区域经济发展水平和已有的信息化水平。二是促进未来发展与解决当下问题之结合。这是一个抬头看和低头看的问题，前文提到，理论发展速度往往远超实践应用速度，但是理论总归是要应用到实践当中的，教研员应当深刻理解区域信息化发展燃眉之急与未来方向，并在这之间找到联系路径，做到既解决当下问题，又确保未来可持续发展。

（二）研究力

"教研员"三个字，研是核心。研究力，即深入剖析教育理论，审视区域信息化教学发展的现状与实际问题，揭示其本质，提出改进策略，并形成推动区域信息化教学发展的战略能力。对于教研员而言，这种能力尤为关键。教研员的核心职责在于"教研"，其肩负引领教育教学发展的重要使命，因此，必须具备扎实的教育研究能力。教研员所处的专业层次独特，既区别于教育学者的理论研究，又不同于教师的实践探索，而是作为连接二者的桥梁，促进理论与实践的融合。教研员通过深入研究教育理论，为教师提供科学的理论指导。他们不仅关注教育前沿动态，更致力于将最新的教育理念和方法引入教学实践。通过与教育学者、专家的深入交流与合作，教研员将理论研究转化为实际应用的可能性和路径，从而有效指导一线教师的教学实践。此外，教研员扮演着教师的"引路人"角色。他们深入教学一线，了解教师的实际需求与困惑，针对实际问题提出切实可行的解决方案。通过组织教研活动、分享教学经验等方式，教研员帮助教师提升教学能力和专业素养，同时关注教师的实践成果，从实践中提炼和丰富教育理论。值得注意的是，教师在面对"工学矛盾"时，往往难以兼顾教学与研究工作。因此，教研员应充分发挥其"引路人"的作用，为教师群体提供必要的支持和帮助。他们可以通过组建研究团队、提供研究经费等方式，鼓励教师积极参与研究工作，提升其研究能力和水平。同时，教研员作为不同教育学者和教师之间的桥梁，能够将各类教育理论进行汇聚和整合，为教学研究提供丰富的理论支撑。他们还能够将教师的实践经验进行总结和提炼，为教育理论的发展提供实践依据，促进教育事业的繁荣发展。

(三) 规划力

根据国家教育政策、区域教育发展战略及当地教育信息化发展实际，整体调控区域教育政策，规划教育资源共享，协调教育管理运行系统，以求实现教育各部门、组织协调、和谐发展。习近平总书记在党的十八届五中全会上提出了新发展理念，即创新、协调、绿色、开放、共享的发展理念。其中共享发展注重的是解决社会公平正义问题，协调发展注重的是解决发展不平衡问题。中国已经建成世界上最大规模的教育，但教育领域发展存在不平衡不充分的问题。规划力是教育政策、区域发展战略由蓝图走向教育发展实践布局关键环节，也是政策调控信息化教学发展实践的基础。做好规划并不容易，一方面容易走进"平均主义"的误区，另一方面有可能扩大本就存在的不平衡现状。前文提到中国县域范围很大，在一个县内教育资源不公平不均衡、教师结构性短缺等教育问题成为普遍现象。而人才补充、经费补充等"输血"模式不仅受制于社会经济发展，而且无法解决根本问题。教研员群体在规划区域信息化教学发展时，利用信息技术跨域空间超越时间的特性，可以将"输血"模式转化为"造血"模式，实现教育扶贫、提高教育生产力、促进区域信息化教育均衡发展。将规划力作为教研员信息化教学引领力的要素，可以保证教研员具备严密规划教育发展布局，把握信息化教学系统及系统各部分的能力，利用中观政策的制定，整体调控，做到规划整体，把控局部。把控局部的要求之一就是做好试点（示范区）工作，在某项区域信息化发展政策正式确定之前要先做好试点（示范区）工作，试点（示范区）内某项政策或技术运营得好，才能推广应用。把控局部是规划整体的前提，规划整体是把控局部的目的。规划力是对教育态势整体的规划，而非针对某一具体问题的解决。

（四）影响力

影响力指教研员积极主动地以非行政或非强制的方法及手段潜移默化影响各教育部门、学校组织的能力。教研员作为教育领域中的权威人士，不仅需要具备深厚的教育知识底蕴与丰富的实践经验，更需要展现积极主动的态势，以多种方式对各教育部门与学校组织产生深远影响。此种影响力的形成并非源于行政指令或强制手段，而是得益于教研员所具备的卓越专业素养、独特的个人魅力、出色的交流技巧以及流畅的表达能力，从而在潜移默化中引领教育工作者，共同推动教育事业的稳步前行。教研员的专业素养是其影响力的基石，他们致力于深入研究教育领域的前沿理论与实践，积极掌握先进的教育理念与技术手段。通过参与学术研讨、广泛阅读专业文献、开展教学实验等多种形式，教研员不断更新知识储备，提升自身专业水平。正是这种专业素养，使教研员在教育工作中能够发挥关键性的引领作用，为教育工作者提供富有价值的指导与建议。个人魅力是教研员影响力的另一重要支柱。教研员通常具备独特的个性特质与人格魅力，能够吸引教育工作者的关注与信任。他们通过展现真诚的态度、运用幽默的语言、分享生动的案例等方式，与教育工作者建立起和谐融洽的人际关系，进而增强彼此间的信任与合作。这种个人魅力使得教研员在引领教育改革、推动信息化教学发展等方面更具说服力与影响力。此外，卓越的交流能力与流畅的表达能力，是教研员影响力的关键所在。教研员需要与教育工作者进行深入的沟通与交流，全面了解他们的需求与困惑，并提供针对性的指导与帮助。通过倾听、反馈、建议等多种方式，教研员与教育工作者建立起紧密的联系与互动，共同形成一致的教育价值观与行动目标。同时，教研员须具备良好的表达能力，能够清晰、准确地传达自己的思想与观点，使教育工作者能够轻松理解并接受。在影响教育工作者的过程中，教研员须具备敏锐的洞察能力，能够深入洞察教育工作者的需求与动机。他们通过观察、调查、访谈等多种方式，深入了解教育工作者在教学工作中的实际情况与面临的问题。基于这些深入的了解，教研员能够提出切实可行的解决方案与建议，引导教育工作者积极接受教育改革新思想、信息化教学发展新理念以及新技术等。教研员的信息化教学引领力，是一项复杂而综合的能力，涉及知识技能、情感交流、语言表达、处事经验等多个方面。其中，非结构化知识与能力尤为重要，这些知识与能力往往难以通过文字表达或书本学习获得。因此，教研员需要在日常工作和生活中不断反思与修正自己的行为与态度，积极积累经验并提升能力。通过持续的学习与实践，教研员能够不断完善自己的影响力要素，为教育事业的持续发展贡献自己的力量。综上所述，教研员以非行政或非强制的方式影响各教育部门、学校组织的能力，是其专业素养、个人魅力、交流能力与表达能力的综合体现。通过深入洞察教育工作者的需求与动机、积极引领信息化教学发展以及妥善平衡各方面利益关系等方式，教研员能够有效地影响并激发教育工作者的教学热情与动机，共同推动教育事业的持续健康发展。

（五）评估力

教研员监督各教育部门及学校教育信息化工作进展，基于一定的教育理论与当地教育发展现状，建立与信息化教学发展战略相对应的评价指标，进而对区域信息化教学发展状况作出评估。监督不是评估的根本目的，评估的根本目的是更好地促进区域信息化教学发展。在引领区域教育信息化发展的工作过程中，评估力能够为教研员提供诊断、激励、调控、监督及指导教学的能力支持。首先，教研员群体的评估力要以自身的教育理论、技术理论、信息素养以及深入实践了解后的区域教育发展现状为基础。其次，教研员要领悟区域信息化发展战略，根据区域信息化发展战略的精神与内涵，在科学理论指导下，会同有关学术专家、学科专家、先进教师、教育行政人员等建立切实可行的评价指标或评价体系，依靠评价指标对区域信息化教学发展的各种状况作出科学客观真实的评价。依靠评估力，教研员群体能够诊断各教育部门及学校教育信息化工作发展现状，依据发展现状实施激励措施和运用调控手段，并实现对区域信息化教学发展的监督。评估力是教研员确保区域信息化发展战略顺利实施落地的关键要素，也是教研员完成本职工作、促进自身专业发展、助力区域教师发展、提高区域教育生产力的保证与前提。在评估过程中，其能够了解各部门、学校信息化教学发展情况，发现教学发展中存在的问题，及时调控自身工作重心，监督信息化教学工作的正常运行，亦能在评价的过程中促成教研员自身及被评价者的教研水平。评估力要素贯穿教研员群体区域信息化教学发展活动始终，在评估过程中，教研员群体在一次次评估循环中直接提升自己的专业能力（首先提升的就是教研员的评估力水平），并通过评估活动帮助区域教师完成教学反思，协助学校领导实现学校信息化发展认知，实现以评促教、以评促研、以评促学，最终促进区域整体信息化教学发展。

（六）实践力

实践是人类改造客观世界的物质活动，而实践力是人类参与社会活动的最基本的能力。实践是检验真理的唯一标准。教研员区域信息化教研引领力组成要素的其他五大要素最终都要依靠实践力的外在化影响客观现实世界。实践力是教研员自身认识本体（自我）与外在客观世界（他者）之间的纽带，教研员之前瞻力、研究力、规划力、影响力与评估力都需要实践力作用于外在客观世界，并与外在客观世界发生互动，进而影响客观世界。实践，认识，再实践，再认识，不断循环。教研员的实践力指的是教研员完成自身职能所展现的改造区域教育发展这一客体的能力。即教研员为主体，区域教育发展为客体，通过主体的一系列内在认识、内在素质与内在能力作用于客体，影响客体，改造客体，使客体朝着主体理想的方向进行发展。广义上，实践力不仅包括教研员本身的教学实践能力，即有效组织课堂教学的"上课"的能力，也包括教研员组织教研活动及教研员实现自身工作范畴内一切职能的能力，例如作出区域信息化教学发展规划、开展区域教育信息化研究、组织区域内教师研修、联系区域外学术专家、建设并维护区域教研共同体等。狭义上讲，教研员的实践力特指在引领区域信息化教学发展过程中所展现出来的一切实际动手能力或者说理论应用于实际工作中的能力。教研员的工作就是与各种人产生联系，而人的本质不是单个人所固有的抽象物，在其现实性上，它是一切社会关系的总和。总结起来，实践力就是教研员依靠认识改造世界、并通过实践修正认识继续改造世界，引领区域信息化教学发展的能力。

构成教研员区域信息化教学引领力的六要素互相促进、互相成就，彼此交融、互为依靠。教研员六要素中每一要素的缺失都会造成教研员区域信息化教学引领力的不足。唯有六大要素共同发力，才能使教研员成为区域信息化教学发展的"六边形战士"，此为教研员区域信息化教学引领力的应然之义，亦为实然要求。

二 教研员区域信息化教学引领力职权行为构成

基于系统论理论，综合考虑教研员所处区域信息化教育教研现实生态环境，教研员信息化教学引领力职权应涵盖引领区域信息化教学发展的方方面面，兼顾教育发展的多种因素（区域经济发展、区域地理环境、区域文化传统等），形成五个引领力职权构成单元。

（一）区域信息化教学变革与创新

"穷则思变，变则能通，通则能久。"教研员工作职能的特殊性使其成为国家教育政策、相关信息化教学研究与地方信息化教学发展之间的纽带。贯彻相应改革与研究对地方教育的要求，教研员必须具备信息化教学创新与改革的意识与能力。教研员应当具有变革意识与创新精神，不能安于现状。任何制度、技术与理论都只能满足特定历史时期与特定地理区域的发展现状，没有放之四海皆准的区域信息化教学发展模式，随着社会经济的不断发展、应用技术的日益进步、学术理论的持续创新，教研员应当主动扛起区域信息化教学变革大旗，即去除当地信息化教学发展中不合理、旧的部分，促使其演变为完善的、合理的、符合发展规律的部分，继而形成新的信息化教学发展态势，这个过程亦为创新。教研员在具有变革意识与创新精神的同时须具备相应的能力支持变革与创新行为。这要求教研员加强学习国家教育方针、政策、纲领，掌握教研、科研的基本理论与方法，具备信息技术与课程深层次融合的能力。在国家出台某项政策前，一般会发布类似征询意见稿之类的文件，教研员应当积极参与意见与建议征询。教研员应立足区域、放眼全国乃至国际，作出适合所在区域的变革与创新行为，不能安于现状，同时要警惕为创新而创新，提出不适合区域实际情况的发展建议。教研员应密切关注国家教育发展趋势及当地信息化教学发展实际，推动当地信息化教学改革与创新，改善学校信息化教育生态。

(二) 区域信息化教学规划与预警

"不谋万世者，不足谋一时；不谋全局者，不足谋一域。"不能从全局的角度考虑问题，即使治理好一方地区也是微不足道的；不能制定长久的政策，一时的聪明也是微不足道的。教研员应当从横面与纵向两个维度进行区域信息化规划。在横面应当注意区域信息化教学发展的空间布局均衡，此处所讲的均衡绝不是指"绝对平均主义"，不是每个行政区域、学校都要齐头并进，每个行政区域、学校等都有自己独特的社情与学情，不应该也不可能平均发展，这里的均衡指在区域内信息化教学发展不发生特别巨大的落差，做到特色突出、以点带面、全面推进、健康发展。在时间纵向上，教研员应当注意区域信息化发展规划的可持续发展，确保区域信息化教学发展的可扩展性，防止点错"科技树分叉点"，杜绝"寅吃卯粮"、透支区域信息化发展生产力等。

信息化时代，教育教学的改革与发展已成为国家和社会关注的焦点。教研员作为教育教学改革的重要推动者和实践者，需要具备大局观，全面考虑区域信息化教学发展的整体需求，与政府、教育局、学校及学生家长等各方进行深入交流，共同制定出符合实际、具有可行性的发展规划。首先，教研员要充分了解信息化教学改革的要求和趋势。信息化教学不仅要求教学内容和方式的创新，更强调教育资源的优化配置和教育环境的优化升级。教研员要站在全局的高度，深入研究信息化教学的内涵和特点，明确改革的目标和方向。其次，教研员要深入了解区域信息化教学发展的具体情况。不同地区、不同学校之间的信息化教学发展水平存在差异，教研员要深入实际，了解各学校的信息化建设现状、师资力量、教学资源等情况，为制订发展规划提供科学依据。在与政府、教育局、学校及学生家长等人员的广泛交流的基础上，教研员要发挥桥梁和纽带作用，搭建各方共同参与的平台。通过座谈会、研讨会等形式，广泛征求各方意见和建议，凝聚共识，形成合力。同时，教研员要善于倾听基层的声音，了解一线教师的需求和困惑，确保发展规划贴近实际、符合需求。最后，教研员要综合各方意见和需求，制订出具有针对性的区域信息化教学发展整体发展规划。该规划应包括政府教育资金使用规划、信息化基础设施建设规划、区域教育人力资源规划、信息化应用规划等多个方面。政府教育资金使用规划要确保资金使用的合理性和有效性，支持信息化教学的持续发展；信息化基础设施建设规划要关注硬件设备的更新升级和网络环境的优化改善，为信息化教学提供有力支撑；区域教育人力资源规划要重视教师信息素养的提升和专业发展，培养一支适应信息化教学需求的高素质教师队伍；信息化应用规划要推动信息技术与教育教学的深度融合，创新教学模式和方法，提高教学效果和质量。

在制订规划的过程中，教研员还要注重规划的可操作性和可持续性。规划不仅要符合当前的发展需求，还要考虑未来的发展趋势和变化。同时，教研员要关注规划的实施过程，加强与各方的沟通协调，确保规划的有效实施和落地生根。总之，教研员的大局观对于区域信息化教学发展规划的制定和实施至关重要。只有站在全局的高度，深入了解各方需求和实际情况，才能制定出符合实际、具有可行性的发展规划，推动区域信息化教学的健康发展。

与区域信息化教学发展有关的人力、物力、财力等各个方面，教研员都需要做好科学合理的规划，在规划过程中，必须充分考虑教育系统内外各相关主体的意见与建议，防止"形式民主"的发生，做到"不唯上、不唯权、不唯票"，确保区域信息化教学发展决策服务大局，顺应全局，适应当地实际情况。教研员协调政府、教育局、学校及学生家庭等组织收集政府教育政策信息、区域信息化教学发展情报、学校信息化教学管理信息、教师及学生信息化教学适应情况等信息资料，形成有效的客观材料，通过数据分析的量化及质性的了解，对区域教学信息化教学发展作出预警，发现潜在危机，未雨绸缪，并积极调整发展规划。实现预警有的放矢，规划科学合理，统筹规划、引领区域信息化教学发展。

（三）区域信息化教学资源建设与整合

信息化教学资源的建设是教师信息化教学顺利应用的基础。将教育作为关系国家和全民利益的公益性事业，2019年，中共中央、国务院印发布《中国教育现代化2035》，强调"更加注重共建共享，坚持政府主导、全社会多元参与，坚持人人尽责、人人享有，多渠道扩大教育供给，构建全社会共同参与建设、共同参与治理、共同分享成果的教育发展新格局"①。

　　教研员引领区域信息化教学发展，要组织收集、开发、组合信息化教学资源，建立供一线教师应用信息化教学所需要的充足的教学资源，建设各学段、各学科的信息化教学资源开发队伍、建立信息化教学资源平台，还应注重与教育企业的合作，形成产学研共同体，不断拓宽信息化教学资源获取渠道。教研员不仅要利用所有可能的渠道收集已有的信息化教学资源，还要根据了解的区域内各信息化教学发展相关主体需求创造性开发新的信息化教学资源，这就需要教研员与教育科技企业保持合作，发挥企业、高校与地方多重优势，探索产学研合作新模式，注意知识产权保护。此外，教研员要具备信息化教学发展战略视角，以系统论的思维方式，将区域信息化教学发展看作一个统一的系统，区域内各学校、机构与人员都是区域信息化教学系统中的子系统，实现区域内系统统一于全国教育信息化发展系统，协调区域信息化教学资源配置，实现信息化教学各要素的优化重组。农村学校特别是小规模学校，存在师资结构性短缺、教学质量不高等问题，对此，教研员应当协调区域信息化教学发展规划及学校信息化教学发展实际之间的矛盾，应注重教师、信息化教学硬件设施、信息化教学设备、技术、管理、信息化资源等要素的合理配置和重组，凸显信息化教学发展规划在区域规模上的全局优势，寻找信息化教学资源与发展战略需求的最佳结合点。在乡村振兴与教育扶智事业中，如何构建一个高效、公平的教育资源公共服务体系，一直是我们关注的焦点。而教育资源的高效利用与合理配置，无疑是实现这一目标的关键所在。

　　"物尽其用"，意味着我们要充分挖掘和利用现有教育资源，不让资源闲置或浪费。这不仅包括硬件设施如教学楼、图书馆、实验室等，更包括软件资源如网络教学资源、电子图书、数据库等。通过科学规划和管理，我们可以使这些资源发挥出最大的效益，满足学生的学习需求。"人尽其才"，则强调了人力资源的重要性。教师是学生成长道路上的引路人，他们的专业素养和教学能力直接影响着学生的学习效果。因此，教研

---

① 《中共中央、国务院印发〈中国教育现代化 2035〉》，《人民日报》2019 年 2 月 24 日第 1 版。

员应该注重教师的选拔和培养，为他们提供充分的发展空间和激励机制，使他们能够充分发挥自己的才华和潜力，为教育事业贡献自己的力量。"地尽其利"，指要充分利用地区优势，发展具有地方特色的教育资源。不同地区有着不同的文化、历史、经济等背景，这些都可以成为教育资源的重要组成部分。通过挖掘和整合这些资源，教研员可以打造具有地方特色的教育品牌，提升教育的影响力和吸引力。"货尽其通"，则强调了信息化教学资源的重要性。在现代社会，信息技术已经渗透各个领域，教育领域也不例外。通过构建信息化教学平台，教研员可以实现教学资源的共享和流通，让偏远地区的学生也能够享受到优质的教育资源。这不仅有助于缩小地区间的教育差距、实现教育公平，还能够激发学生的学习兴趣和创造力，提升他们的综合素质。

综上所述，构建区域教育资源公共服务体系是一项系统工程，需要教研员从多个方面入手，实现物尽其用、人尽其才、地尽其利、货尽其通。只有这样，才能够为乡村振兴与教育扶智事业提供有力的支持，让学生享受公平而优质的教育。

（四）区域教师信息化教学能力培养

在当今信息化快速发展的时代，教师的信息化教学能力已成为其专业能力的重要组成部分。教研员作为教师的指导者和支持者，肩负着培养教师信息化教学能力的重要职责。从教师步入教师岗位的那一刻起，教研员就扮演着至关重要的角色，成为一线任课教师专业能力发展的主要监督者和推动者。

教研员需要明确信息化教学能力的重要性。随着科技的进步，信息技术在教育领域的应用越来越广泛。教师不仅需要掌握传统的教学方法，还需要熟悉并掌握各种信息化教学手段，如多媒体教学、网络教学、移动教学等。这些信息化教学手段不仅可以提高学生的学习兴趣和效果，还可以有效促进教育公平和资源共享。因此，教研员应该充分认识到信息化教学能力的重要性，并将其纳入教师专业培训的重要内容。此外，教研员应该制订具体的培养计划和措施。针对不同的教师和学科特点，教研员需要制定个性化的培养方案，包括培训课程、实践机会、评估标准等。同时，教研员需要积极组织各种信息化教学实践活动，如教学比赛、教学展示、教学研讨等，为教师提供展示和交流的平台，激发他们探索信息化教学的热情和创新精神。

　　教研员还需要持续跟踪和评估教师的信息化教学能力发展情况。通过定期的考核和反馈，教研员可以及时了解教师的信息化教学水平，发现存在的问题和不足，并提供相应的指导和帮助。同时，教研员可以将教师的信息化教学能力纳入其综合评价和晋升机制，进一步激发教师自我提升和成长的内在动力。培养教师的信息化教学能力是教研员的重要职责之一，教研员需充分认识到信息化教学能力的重要性，制订具体的培养计划和措施，持续跟踪和评估教师的信息化教学能力发展情况，以推动教师专业能力的全面发展。只有这样，教研员才能适应信息化时代的教育发展需求，培养出更多具有创新精神和实践能力的优秀教师。

　　这里教研员具有双重身份，"监督者"顾名思义就是在教研员日常工作中，通过各种量化与质性手段，定期或不定期地监管区域内教师信息化教学能力的水平高低。监督不是根本目的，而是教研员为了推动区域内教师信息化教学能力的一种方式。"推动者"才是教研员群体的本质角色，教研员所进行的一系列监督行为都是为了更好地推动区域教师信息化能力提升。教师信息化教学能力的培养对学校信息化教学发展乃至区域教育信息化的顺利推进具有至关重要的作用。教师是学校的主要组成人员，教师的信息化教学水平决定了一所学校的信息化教学水平，而区域内所有学校的教学水平在很大程度上影响了区域整体信息化教学水平，因此，培养教师的信息化教学能力成为教研员引领信息化教学发展的重要方面。培养教师的信息化教学能力，教研员应积极组织教师信息化教学技能培训，创新培训模式，充分发挥学科教学名师、企业一线技术专家、高校学术教育专家和其他社会积极力量的优势，做到强强联合与强弱互补结合，不拘泥于单一的培训场景，做到线上网络平台、线下工作场所全方位全场景培训，创造良好的信息化教学应用氛围，防止教学培训流于形式，建设教师信息化教学学习交流平台，营造民主生动活泼的教师信息化教学培训氛围，建立公平、公正、合理的面向信息化的教师专业发展激励机制，全面了解教师队伍建设情况，培养骨干教师，树立信息化教学应用教师典型，给予其更多锻炼、学习、晋升的机会，以点带面促进更广范围、更多人数的教师信息化教学能力的培养。

（五）区域信息化教学管理与评价

做好诊断性评价类似于针对区域信息化教学发展现状进行"摸底考试"，唯有清楚现状，方能对症下药，药到病除。督导学校和教师的信息化教学常规工作的落实，定期检查学校信息化教学业务，是教研员管理、督导区域信息化教学发展最常规的工作。其主要包括协调管理区域内各学校信息化教学发展事务、对学校信息化教学进行常规听、评课，检查教师信息化教学备课、上课及常规坚持情况，总结、推广信息化教学应用成功经验，组织联片教研活动等。此外，教研员应针对学校及教师，形成定期不定期的信息化教学全面评价制度，多样化、适应性的评估方式，以及深层次、全方位的评估对象及评估后的针对性反馈与改进。不定期评价杜绝了区域内各学校应付检查等消极问题，可以更好地促进区域内各学校信息化教学日常工作。做好区域信息化教学评价的最终目的是促进区域信息化教学发展，不仅要重视终结性评价结果，还要重视校长信息化教学管理和教师信息化教学应用的过程性评价与增值评价。部分学校或行政区域信息化起步晚、基础差，如果只重视终结性评价，不仅不能科学地反映区域信息化教学发展现状，也会打击部分后进学校和区域的信息化教学发展积极性，形成强者愈强、弱者愈弱的恶性循环，不利于促进区域信息化教学的可持续发展。在进行区域信息化教学评价过程中要注意方式方法，防止学校、校长与教师产生负面情绪，教研员要通过适当的方式方法，注重宣传，引导各评价客体主动拥抱评价、参与评价、积极反馈，实现以评价促监督、以评价促管理、以评价保质量、以评价促发展。

教研员以上的五个职权行为都围绕着区域信息化教学共同体的形成而展开。区域信息化教学共同体，指在一定教育行政区域范围内，因一个共同的愿景，即推动区域（当地）信息化教学发展，而由教师、校长、教研员、专家及技术人员等专业人员要素所凝结而成的有机整体。区域信息化教学共同体的存在是信息化教学变革和发展实现本土化的关键，是将信息化教学发展普遍教育理念与当地教育教研、教学发展实际相结合的策划者、推动者和实践者。在区域信息化教学共同体中，教师、校长、教研员、专家及技术人员等不同人员分别承担不同的角色，如教研员是"总指挥"，高校专家是"参谋"，企业技术人员是"后勤"，校长是"将军"，教师是"士兵"。

教研员负责统筹区域信息化教学发展的方方面面，负责协调、引领专家、技术人员、校长、教师等人力要素，进而实现教学一线每个教学细胞（学校）的信息化教学事务良好、有序地运行。教研员在构建和运营区信息化教学共同体时不仅要发挥统筹功能，还要发挥桥梁作用，实现理论与实践的双向奔赴。

教研员要根据当地信息化教学发展的实际情况向专家提出专业理论的需求，以获取区域信息化教学发展所必需的信息化教学理论要素；教研员还要根据区域信息化教学发展需求和发展现状向技术人员提出技术应用层面的需求，以获得为区域信息化教学发展提供技术支持的保障。在信息化教学日益普及的今天，教研员在推动区域信息化教学发展的过程中起着举足轻重的作用。为了更好地推动信息化教学的深入发展，教研员需要广泛听取各方面的建议与意见，特别是高校专家和企业技术人员的意见。这些专家和技术人员在理论层面和技术层面具有深厚的积累，他们的建议能够为教研员提供宝贵的参考。

高校专家走在学术研究的前沿，对于信息化教学的理论研究和应用模式有着深入的了解。他们能够从宏观的角度为教研员提供关于信息化教学发展的指导方向，帮助教研员把握教学改革的总体趋势。同时，高校专家的研究成果和实践经验能够为教研员提供丰富的案例参考，使教研员在推动信息化教学发展时能够借鉴成功的经验，避免走弯路。企业技术人员则是信息化教学实践的重要推动力量。他们在实际工作中积累了丰富的经验，对于如何将信息技术与教学相结合有着独到的见解。企业技术人员的建议能够帮助教研员更加深入地了解信息技术在教学中的实际应用情况，为教研员提供切实可行的技术方案。此外，企业技术人员能够为教研员提供关于市场需求和人才培养方向的信息，使教研员在推动信息化教学发展时更加贴近实际需求。

然而，在听取高校专家和企业技术人员的建议时，教研员也需要注意考虑这些建议是否切合区域信息化教学发展的实际情况。每个地区的经济、文化、教育水平等背景条件都有所不同，因此信息化教学的发展路径和策略也需要因地制宜。教研员需要结合本地区的实际情况，对高校专家和企业技术人员的建议进行筛选和整合，形成符合本地区特点的信息化教学发展方案。具体来说，教研员可以通过以下几个方面来确保建议切合实际：一是要深入了解本地区的教育现状和需求，把握学生和教师对于信息化教学的期望和需求；二是要加强对信息化教学实践的调研和评估，了解信息技术在教学中的实际应用效果和存在的问题；三是要与高校专家和企业技术人员保持密切的沟通和合作，共同探索适合本地区的信息化教学发展路径。总之，教研员在听取高校专家和企业技术人员建议与意见时，既要积极参考他们的意见，又要紧密结合区域信息化教学发展的实际情况进行筛选和整合。只有这样，才能制定出符合本地区特点的信息化教学发展方案，推动信息化教学在本地区取得更加显著的成效。

校长是教研员深入（分层）引领区域信息化教学发展的关键，是教研员引领学校信息化教学的对象和帮手，校长是教研员引领的对象，同时能依托校本具体特征，协助教研员实现对具体学校、教师信息化教学的差异化（特色）、具体化引领；教师是区域信息化教学共同体中最庞大的人力群体要素，是区域信息化教学的直接参与者、实施者和学习者，是引领的直接对象，是区域信息化教学共同体中最活跃的要素，教研员对这庞大群体的有效引领事关区域信息化教学发展的成败。教研员在听取校长和教师群体建议与意见时要注意归纳区域普遍性教育问题，校长和教师处于区域信息化教学的前线战场，是理论向实践转化，是政策落地的最后一公里。

区域信息化教学共同体构建过程中要重视设立真实可靠的共同体愿景，维护日常有效的共同体交互活动，营造民主积极的共同体互动氛围。首先，区域信息化教学共同体内各成员因为共同的信息化愿景凝聚在一起，为实现这一共同愿景而奋斗。这一愿景必须是真实可靠的，还要分为近期目标和远大目标，近期目标能够凝聚当前共同体成员，激发共同体成员的积极情绪和事业成就感，远大目标能够吸引可能加入共同体的成员，促进区域信息化教学共同体可持续发展。其次，构建区域信息化教学共同体需要教研员做好运营维护，定期或不定期举办多种多样的交流互动活动，例如主题研讨会、示范学校参观活动等，除了举办正式交流活动，还要重视非正式的交流活动，包括通过微信群、QQ 群等线上即时通信工具的交流、通过腾讯会议进行的短时会议、线下工作场合的日常交流等，正式交流活动是解决主要问题的保障，也是区域信息化教学共同体的标志，非正式交流活动能够解决碎片化的突发问题。最后，一个共同体的互动氛围是否民主决定了这个共同体能否进行日常有效的交互活动,进而影响区域信息化教学共同体愿景的实现。虽然在前文中使用了教研员是"总指挥",高校专家是"参谋",企业技术人员是"后勤",校长是"将军",教师是"士兵"的比喻,但这并不代表共同体成员之间的关系形同喻体之间的关系,教研员要在共同体中营造民主积极的氛围。例如,教师群体可能囿于校长的行政权威而不表达真实想法,校长与教师可能对高校专家产生学术理论崇拜而盲信盲从,企业技术人员可能会对校长教师群体存在技术偏见等,这都不利于区域信息化教学共同体的建立与进步。

在信息化教学快速发展的今天,教育领域的共同体概念逐渐受到人们的重视。这个共同体,是由教师、校长、教研员及专家等多个角色组成的有机整体。他们通过整合自身的信息化教学理论、能力及实践要素,相互分享经验,交流思想,互相学习,互相促进,共同推动教育信息化的深入发展。在这个共同体中,每个成员都扮演着不同的角色,但他们之间的界限并不是绝对的。教师可以借鉴校长的管理经验,校长也可以从教研员那里获取最新的教学研究成果,专家则可以将自己的理论研究成果应用到实际教学中,通过实践来验证和完善理论。这种多角色的融合,不仅有助于提升每个成员的专业素养,还有助于促进整个共同体的共同发展。

共同体的建立,离不开每个成员对信息化教学的深入理解和实践。信息化教学,是指利用现代信息技术手段,改进传统的教学方式、提高教学效果和质量。在这个过程中,教师需要掌握信息技术的基本操作,了解如何将信息技术与学科教学相结合;校长需要了解信息化教学的理念和方法,为学校的信息化教学提供支持和保障;教研员需要研究信息化教学的规律和特点,为教师们提供指导和帮助;而专家需要通过深入的理论研究和实践探索,为信息化教学提供科学的依据。通过共同体的建设,不仅可以实现各个角色的融合和专业成长,还可以推动整个教育行业的创新和发展。在共同体的作用下,教师可以不断更新自己的教学理念和方法,提高教学效果;学校可以形成更加科学、规范的教学管理体系,为学生提供更好的学习环境;进而整个教育行业可以形成更加开放、包容的创新氛围,推动教育信息化向更高水平发展。

总之,共同体是教师、校长、教研员及专家等多个角色在信息化教学背景下的有机整合。通过共同体的建设和发展,不仅可以实现各个角色的融合和专业成长，还可以推动整个教育行业的创新和发展。我们应该重视共同体的建设，加强各个角色之间的交流和合作，共同推动教育信息化向更高水平迈进。

小　结

本章在归纳分析教研员工作职能及能力要素的基础上，基于对教研员信息化教学引领力的解读，依据模型构建的基本流程，构建出了由六个要素（前瞻力、研究力、规划力、影响力、评估力及实践力）、五个职权行为（区域信息化教学变革与创新、区域信息化教学规划与预警、区域信息化教学资源建设与整合、区域教师信息化教学能力培养、区域信息化教学管理与评价）及一个核心导向（区域信息化教学共同体的形成）构成的教研员区域信息化教学引领力模型，并对其进行了解读，期望能为区域信息化教学发展提供新的研究视角。

教研员在中国的教育教学改革中扮演着关键角色，其在区域信息化教学推广中发挥了重要作用。本章尝试构建了教研员区域信息化教学引领力的模型，并对模型要素及关系进行了阐述。随着区域信息化教学的不断深入，教研员在这一进程中的重要价值也必将更加凸显，加强对这一群体的关注与研究非常有必要。

第 六 章

信息化视野下教研员知识发展路径

　　教研员作为中国教研制度的重要组成部分，对于一线教师的成长乃至基础教育质量的提升发挥着举足轻重的作用。教研员作为教师团队中的杰出典范，不仅是信息化教学研究和实践的引领者，更是指导技术与教育教学深度融合的关键力量。他们致力于推动教师队伍的信息化转型，并积极充当这一转型过程中的先锋部队。在教育教学改革的浪潮中，教研员以其专业素养和敏锐的洞察力，致力于促进教师专业成长、教学方法改进以及教育教学质量的提升，因此教研员的角色至关重要。他们不仅是教学实践的标杆，更是教师专业成长的引路人，为中国教育事业的转型和发展贡献着巨大的力量。教研员通常需要具备丰富的教学经验和专业知识，能够为一线教师提供专业的指导和支持。回顾中国教研制度60多年来的发展历程，教研员这一角色的职能随着时间的推移逐渐呈现多元化的趋势，由最初仅负责教学研究和教师学习的双重职能，发展到如今涵盖了指导地方和校本课程开发、考试评价，以及引领教育教学改革等多重职能。区域教育信息化概念的提出则要求教研部门进一步转变观念和职能，提高专业化服务水平，为广大学校和教师提供更加专业的支持。

　　新课程改革规定教师必须"先培训，后上岗；不培训，不上岗"。然而，对于教研员的培训要求并不明确。这与中国每次课程改革在制度设计上都将教研员视为当然的"专家"有关，导致教研员的专业发展完全依赖于系统内的自我觉醒和个人自主学习，形成了制度上的空白。教研员大多出身于优秀一线教师，担任教研员十余年却从未接受过一次系统的专业培训，这种情况并不罕见。教研员作为教师的导师，教师的专业发展在很大程度上取决于教研员的专业素质。因此，教研员的专业发展问题是目前迫切需要解决的重要课题。从某种程度上说，它对新课改的持续推进和素质教育的全面实施有着制约作用。因此，为顺利推进区域教育信息化改革，切实有效发挥教研员在区域教育信息化发展中的关键引领者角色，教研员必须积极更新自身知识体系，探索自身专业发展道路。

教研员知识是支撑教研实践的内部心理特征，是教研员专业发展的知识基础。[1] 然而，与教育信息化发展需求相悖，目前中国教研员队伍建设相对滞后，数量和质量均存在结构性问题[2]，且中国缺乏专门针对教研员而设立的培训机构，各级主管部门也没有对教研员培训作出明确要求，导致教研员专业知识水平参差不齐，自身专业素质提升"无门可入"。[3] 但是，在传统观念中，教研员作为区域教育系统中强势施力者的刻板印象，往往遮蔽了其"孤单角色"自身专业发展乏力、"无径"的现实之"殇"，使得教研员信息化专业发展成为研究中的真空地带，制约区域信息化教学发展与创新。

关注教研员知识发展，着眼信息化背景下教研员的现实职能，前期研究建立了教研员专业知识框架，即"整合技术的学科教研知识体系（TRACK）"[4]，基本明确了教研员履行专业职能所应涉猎的知识领域，其中包含了技术知识、学科知识、教研知识三个基础知识要素，以及整合技术的教研知识、整合技术的学科知识、学科教研知识和整合技术的学科教研知识四个复合知识要素。在此基础上，本章节旨在探究有助于教研员知识发展的实践路径，以求为教研员专业成长提供方法借鉴及路径参照。

---

[1] 杨鑫、解月光、赵可云：《教育信息化背景下教研员知识体系的构建研究》，《电化教育研究》2017 年第 10 期。

[2] 宋萑：《论中国教研员作为专业领导者的新角色理论建构》，《教师教育研究》2012 年第 1 期。

[3] 梁威、李小红、卢立涛：《新时期我国基础教育教学研究制度：作用、挑战及展望》，《课程·教材·教法》2016 年第 2 期。

[4] 杨鑫、解月光、赵可云：《教育信息化背景下教研员知识体系的构建研究》，《电化教育研究》2017 年第 10 期。

第一节　教研员知识属性与发展路径

已有众多学者从多角度对知识进行了深入的研究和探讨。李喜先先生从哲学的视角对知识的定义进行了全面的梳理和归纳，他认为知识是一种特定语境下的信息，是对经验深入理解后的产物，同时也是一种可以被人们交流和分享的经验或信息。① 而在《教育大辞典》中，顾明远先生从教育学的角度出发，将知识定义为对事物属性与联系的认识，这种认识体现在人们对事物的知觉表象、概念、法则等心理形式上。② 这些学者虽然从不同的视角对知识进行了定义，但我们仍可以发现他们观点中的一些共性：首先，知识的主体始终是人类；其次，知识与所处的环境密不可分；再次，知识来源于对客观世界的认识以及实践中所获得的经验；最后，知识可以通过书籍和语言进行交流和分享。这些共性揭示了知识的基本属性和本质特征，为我们理解和掌握知识提供了重要理论依据。

知识属性决定知识生成发展的方法及路径。有的知识可以通过书本学习或其他媒介途径获取，有的知识则需要从社会实践中亲身体悟，书本上抽象刻板的理论只有通过具体丰富的实践活动的运用和检验，才能不断发展和完善。由于教研员知识结构的研究对加速教研员的培养和提高教研员的素质在理论和实践两方面都有重要的作用和影响，因此，促进教研员的知识发展，应明晰教研员知识的属性及具体发展路径。

一　教研员知识：属性及特征

教研员大多出身于一线中小学，他们曾经亲身承担过教学任务，深知教育教学的现实挑战和需求。正是这些丰富的教学经验为他们构建起了自身的知识体系，并赋予了他们对教育教学改革的深刻洞察力。这种知识不仅来源于书本和理论，更重要的是来自于实际教学的体验和总结。教研员通过自身的实践经验，能够更好地理解一线教师所面临的问

---

① 李喜先：《知识：起源、定义及特性》，《科学》2014年第3期。
② 教育大辞典编纂委员会编：《教育大辞典》（第7卷），上海教育出版社1990年版，第144页。

题，并有针对性地提出解决方案和教学改进建议。因此，探索教研员知识属性分类，可以借鉴教师知识分类领域的研究成果。国内外学者针对此提出了诸多不同的看法，伯利纳将教师知识分为学科内容知识、学科教学法知识、一般教学法知识；斯滕伯格将教师知识划分为内容知识、教学法的知识、实践的知识；艾尔贝兹 1983 年在对一个有丰富经验的中学教师莎拉研究后得出结论——教师以一种独特的方式拥有一种特别的知识，她把这种知识称为"实践知识"，这种实践性知识包含五个范畴的知识：学科知识、课程知识、教学法知识、关于自我的知识以及关于学校的背景知识。舒尔曼在 1987 提出了教师知识理论框架，并在其基础上将教师知识基础进一步展开为学科内容知识、一般性和针对具体学科的教学法知识、课程知识、有关学生的知识、有关教育情境的知识以及其他课程的知识，详细地描述了教师的知识体系。国内学者林崇德从教师知识功能的角度将教师知识结构分为本体性知识、条件性知识、实践性知识[1]；陈向明根据教师知识实际存在方式的不同，将其划分为理论性知识、实践性知识，其中，理论性知识包含特定的学科知识，即教师的本体性知识以及教学方法、教育学心理学等条件性知识和一般性的科学文化知识等；实践性知识是教师理论性知识的显化，是教师真正信奉并在特定的教育教学情境中践行的教育理念。实践性知识经过长期积累将会演变成为教师个人的教学经验，并指导教师未来专业发展。[2] 还有学者将知识分为公共知识、个人知识，以及默会知识、外显知识等。就教研员知识属性分类而言，卢立涛在教师的实践性知识的基础上提出了教研员实践性知识的概念，他将其界定为教研员个人真正信奉的、在完成基本的教育教学研究、指导与组织管理等工作过程中所使用的或表现出来的各种显性或隐性的知识和信念。[3] 言外之意，其必然承认不同于实践性知识的另一种知识属性的存在。虽然不同视角下，知识分类方式存在不同侧重，但从知识对实践的"直接指导程度"而言，本书认为可将教研员知识划分为理论性

---

[1] 林崇德、申继亮、辛涛：《教师素质的构成及其培养途径》，《中国教育学刊》1996 年第 6 期。

[2] 陈向明：《对教师实践性知识构成要素的探讨》，《教育研究》2009 年第 10 期。

[3] 卢立涛、沈茜、梁威：《职业生命的"美丽蜕变"：从一线教师到优秀教研员——兼论教研员实践性知识的生成过程》，《教师教育研究》2016 年第 3 期。

知识与实践性知识，详见表6-1。

表6-1　　　　　　　　　教研员知识属性及特征

视角	理论性知识	实践性知识
意义指向	关于事物一般本质、规律及原理的理解和论述，强调"是什么"，指向结果	关于实践的具体行动方式、策略及经验，强调"怎么做"，指向过程
组织形态	系统性、稳定性、理性、良构性、条理性	有待系统化、灵活性、感性、劣构性、混合性
存在形式	鲜明性、可脱离人体寄存于媒介	默会性、作为心理特征寄存于个体之中
影响范围	权威性、公共性、易传播	私人信奉、个体性、不易传播
生成方式	通过简单阅读、学习而建构，通过实践性知识批判而转化	于问题解决实践中生成；理论性知识应用而转化

在一定意义上，理论性知识和实践性知识之间并不存在绝对界限，而且在一定条件下，它们可以相互转化。理论性知识是通过研究、分析和归纳实践经验而形成的抽象概念和原则。理论性知识只有在实践中得到应用和实施，才能更好地解决实际问题；实践性知识是从实践活动中总结获得的知识，实践的过程中涉及理论与实际情境的结合，且实践知识具有一定的默会性，存在于个人的经验和技能中。为了更好地传播和共享这类知识，它们需要经历理性批判和显性化的过程。

二　教研员知识发展路径构建的基本思路

教研员知识的生成发展过程与学习实践过程相统一。所谓"知识发展"是指以个体实然知识基础为历史起点，基于内、外部条件支撑，向应然样态前进、上升的历史过程。"路径"，往往被解释为通往某一目标的道路、过程，或用以表征达到目标的手段、方式或途径。而教研员知识发展路径，意在刻画教研员知识系统内部各要素逐步构建、整合、转化的过程、规律及其所需要的外部支撑条件、干预途径，是对"如何发展"问题的系统回答。

以此为指导，本书形成了构建教研员知识发展路径的基本思路。

第一,为了确保教研员在自身学术发展过程中能够明确发展方向,我们以指导教研员专业发展的 TRACK 框架作为理论性支撑,以便深入洞察和理解教研员所需的专业知识结构与属性。我们将对教研员所需掌握的各个知识元素进行细致的剖析,包括它们的基本属性以及在教学实践中的应用特性。通过分析,我们能够明确地描绘出教研员所需的专业知识结构及其在两个关键维度上的发展内涵,从而确保他们的学术成长与发展方向得以精确引导。在此过程中,我们还关注教研员知识的内在联系,这不仅包括他们对知识的掌握程度,还包括知识之间的相互联系和组织方式。我们仔细梳理了教研员的知识体系中包含的各个知识要素,并明确这些要素的属性,以此来准确地定义每项知识的本质特征。这不仅有助于教研员建立清晰的专业发展方向,而且对于他们更好地服务于区域教育信息化变革的需求至关重要。通过这一过程,教研员将能够更系统、更全面地掌握专业知识,从而在推动教育现代化的进程中发挥更大的作用。

第二,锚定教研员知识的发展起点,需要对历史与现实背景的深刻理解,着眼于教研员由教师角色转变而来的经验背景。深入剖析新手教研员在这些经验背景下的知识结构与能力水平,不仅有助于揭示他们已有的知识储备,也为他们的专业成长描绘出清晰的发展蓝图。准确定位这一发展起点,对于制定符合个人特点的成长路径至关重要。它确保了教研员在不断学习和提升的过程中,能够对区域教育信息化改革的特定需求作出更加精确的回应,从而在促进教育创新与进步的道路上发挥重要作用。

第三,深入探讨发展规律,着眼于教研员专业发展的环境背景,并以成人学习理论为基础,深入分析教研员这一特殊群体在专业学习过程中所呈现的独特特征和发展规律,旨在确保教研员知识发展的路径科学合理,从而提升其专业学习的效率和适应性,帮助他们更好地面对外部环境的复杂性和变化性。

第四,通过系统地梳理和整合关于教师及教研员知识发展路径的相关研究成果,构建出具有实践指导意义的教研员知识发展路径的模型。这一模型可以为教研员在专业成长过程中提供清晰的方向和借鉴,帮助他们更有效地提升教育教学水平和研究能力,从而更好地服务于教育教学改革和发展。

第二节 TRACK 视野下教研员知识发展路径的构建过程

一 发展方向：TRACK"元素"量变积累与"属性"质变演化

为明确教研员知识发展路径的发展方向，需要基于 TRACK 框架，剖析各知识元素属性，明确教研员知识结构及属性两个维度的具体发展内涵，以确保其方向性。教研员的专业知识元素属性则是由其实际职能决定的。[①]

因其职能的日趋多元化，教研员通常除了丰富的实践性知识以外，还具备一定的学术素养和教育研究能力。他们能够结合教育理论和前沿研究成果，为一线教师提供更新后的教学理念和方法。教研员之所以能够胜任"教师之师"，很大程度上取决于他们所特有的实践性知识与相比于一线教师而言更为深厚的理论性知识。

为观照专业知识分享、教师交流与培训等"知识传递"性质的工作，以及研究教学、引领区域信息化教学发展等"实践应用"性质的工作，在 TRACK 框架下的 TK、CK、RK 等基础知识元素兼具理论性及实践性；而 TCK、TRK、RCK 及 TRACK 等复合知识元素是在问题解决实践场景中对基础知识元素的拟合应用，极具个人特色，倾向于实践性知识，见表 6-2。

表 6-2　　　　　　　教研员知识："元素—属性"成分

属性	TK	CK	RK	TCK	TRK	RCK	TRACK
实践性	√	√	√	√	√	√	√
理论性	√	√	√				

通过分析 TRACK 元素及其蕴含的不同属性，可以发现教研员知识发展的内涵体现于"量变"与"质变"两个维度：

[①] 杨鑫、解月光、赵可云：《教研员信息化教研素养体系研究》，《中国电化教育》第 2017 第 8 期；赵可云、杨鑫：《教研员区域信息化教学引领力模型研究》，《电化教育研究》第 2017 年第 3 期。

第一，量变是一种渐进的、不显著的变化，是在原有度的范围内的变化，它不改变事物的根本性质，因而也称渐变。量变体现了事物发展过程中的连续性和稳定性。人们经常看到的统一、平衡、相持和静止等，都是事物处在量变过程中呈现的面貌。

在教研员知识发展的过程中，"量变"主要体现在理论性知识元素（TK、RK、CK）的逐步融入、不断丰富和逐步累积上，通常情况下，这一过程可以通过培训、学习等途径来达成。在中国，教研员的培训和学习途径多样，既包括政府组织的培训班，也涵盖了教育机构提供的培训、在职期间的培训等多种形式。培训内容广泛，涉及课程设计的创新、教学研究方法的提升、教育技术应用的深入等多个方面。虽然由于地区差异和学校类型的不同，培训的资源和质量存在一定的差异，但这类培训和学习的终极目标，都是提升教研员的专业素养和教学能力，从而为他们的知识体系的构建提供了坚实的理论基础。随着"新课改"的到来，教研员迎来了自身专业发展的关键时刻。他们不再固守传统的"教研惯性"，而是勇于突破框架，探索新的教研模式。在这个过程中，他们将所学的先进理论知识与创新的教育理念紧密结合，积极地转化为具体的教学实践，为教育改革注入了源源不断的活力，推动了中国教育的持续发展和进步。教研员们在实践过程中，不断地反思、总结和提升，使得自身的理论性知识逐渐地向实践性知识转化。在不断地探索与实践中，教研员们的实践性知识逐渐生成、完善并内化。这使得他们在面对日新月异的教育改革时，能够游刃有余地应对各种挑战，为提升教学质量和发展学生能力提供了有力保障。

第二，所谓质变，是指人身心发生的深远的、根本性的、具有重要意义的变化。质变学习不仅能够改变我们获取知识的方式，还能够改变我们的自我概念、世界观和行为方式。梅茨罗从认知的角度提出了观点质变理论，这种质变的特点是"更有囊括性、可辨别性、可渗透性、更具综合性"。他强调通过理性思考和反思解决认知上的冲突从而引发质变。观点的质变是一个循环过程，包括以下四个基本环节：其一，一种令人迷惑的困境，比如个人危机等；其二，批判性反思，由于发现个人所遭遇的事情和自己一直坚持的信念不相符时，对个人信仰、价值观、假设或意义进行反思；其三，参与反思性对话，与他人讨论自己的新观点以获得共鸣；其四，按照新观点行动。质变学习的相关观点为明晰现实中教研员知识发展路径的方向，贡献了新的思路。

在教研员知识发展的过程中，"质变"实际上是基础知识元素在实践中不断调整、优化的过程，同时是实践性知识不断提炼、升华、显性化的过程。教研员这一岗位，大多由一线中小学中的佼佼者转型而来，他们在从"优秀教师"向"新手教研员"的角色转变中，不仅工作内容和性质发生了巨大变化，在业务能力提升上也面临着诸多挑战。然而，正是在这一系列变革中，教研员们积累了丰富且深入的教育教学、组织管理经验，这些经验往往带有鲜明的"个体化"特征。当教研员踏入教研领域，他们会遭遇各式各样的新问题情境，这些问题情境要求他们通过实践活动和个体努力去应对和解决。在这一过程中，教研员曾经的经验逐渐从隐性状态转化为显性状态，他们通过反思和调整，使之转化为一种更加适应新情境的"实践性知识"。在新的实践活动中，教研员们会对问题情境进行重新构建，形成新的情境模式，并与之进行对话。通过不断地反思和内化，他们逐渐形成了一种个体化的、能够根据具体情境的变化而灵活调整的实践性知识。这种知识不仅是他们职业生涯的宝贵财富，更是他们不断追求教育创新和卓越的驱动力。在这个过程中，教研员不断超越自我，实现了从教师到教研工作者的质的飞跃。

综上所述，教研员在TRACK"元素"的量变积累和"属性"的质变演化的过程中，其个人的知识体系也在经历一场深刻的内化过程。这不仅体现在将理论性知识透过实践转化为可直接操作的技能上，也展现在将丰富的实践经验升华为系统化的理论体系上。这一过程的本质是不断去伪存真、剔除谬误、提炼精华，进而不断攀升。这样的过程极大地增强了理论知识的科学性和实践知识的实用性。"量"的积累与"质"的提升，这两条线索在知识发展的长河中动态地统一起来，为教研员提供了清晰的知识发展轨迹和方向。这条轨迹不仅指向知识的广度和深度，更指向理论与实践、知识与能力协同拟合的发展目标，引领教研员在教育研究这片广袤天地中，不断探索、创新、成长。

二 发展起点：教研员知识起点与专业生涯起点的逻辑统一

教研员是老师中的老师、一线中的一线，在促进教师专业发展、提高基础教育质量中发挥着重要作用。若要锚定教研员知识发展路径的发展起点，那便需要着眼于教研员由教师转变而来的历史现实，剖析新手教研员的知识现状，明确教研员知识发展的历史起点，以确保其发展路径的针对性。教研员的知识起点与专业生涯起点是相统一的，"教而优则研"的选拔机制决定了教研员必然继承教师的知识基础。这种继承表现为客观"遗传"了以前职业所固有的思维及工作方式。[①] 这样的继承不仅包括学科知识，还包括教学方法、专业素养和教育理念等方面的继承。这使得教研员在实践中能够更深入地思考教育教学问题，积累丰富的实践经验，并结合教育理论进行反思和总结。这样的优势使得教研员在专业发展的道路上更加得心应手。在行政管理、教学研究等实际工作中，教研员通过反复实践、总结和思考，逐渐形成了自己不同于一线教师的教育理念和教学风格。这种不断地重构与再发展，使得教研员的知识体系和专业素养能够不断提升，为教育教学工作注入了新的活力和动力。同时，教研员会受到教育改革、学科发展等外部因素的影响，不断调整和完善自己的教育理念和工作方式，以适应不断变化的教育环境和需求。这样的"继承机制"也展现了教研员在教学实践和专业发展中知识发展路径的基点。

经过深入剖析，教研员知识的成长并非一蹴而就，而是在深厚的教师知识底蕴之上，历经长时间的积淀与重构，逐步向更高层次递进的系统性过程。这一过程并非简单的飞跃式提升，而是建立在扎实的教师知识基础之上，通过持续的实践探索与深度反思，逐步形成的独具特色的教研员知识体系。

从历史演进的视角审视"新手教研员（专家教师）"的知识构成，我们不难发现，尽管不同教研员个体的专业知识结构及水平存在一定的个性化差异，但总体上而言，其知识结构往往展现出一种均衡或相对均衡的TPACK框架特征。这一框架涵盖教研员所精通的特定学科知识、教学法知识、技术知识以及众多交叉融合的知识元素，它们相互交织、渗透，共同构筑起教研员的专业知识大厦。首先，特定学科知识作为教研员专业知识结构的核心要素，是其专业素养的基石。教研员深入钻研所教授学科的内容与领域范畴，精准掌握学科的核心概念、理论体系及最新研究成果。

[①] 李玲、赵千秋：《教研员专业发展的困境与对策》，《教学与管理》2011年第22期。

这使得他们在教学实践中能够深刻洞察学科知识的本质与内涵，并能够有效传授给学生，助力学生构建扎实的学科知识体系。同时，教研员具备跨学科的视野与素养，能够将不同学科的知识进行有机整合与融通，为学生提供更为全面、深入的学习体验。其次，教学法知识是教研员专业成长的重要组成部分。他们深刻理解不同教学法对学生学习的影响机制，能够根据教学内容的特点和学生的实际需求，灵活选用并创新教学方法，以激发学生的学习兴趣并提升学习效果。此外，教研员注重教学过程中的评价与反馈环节，通过对学生学习情况的细致观察与科学评估，不断调整和优化教学策略，确保教学质量的持续提升。再次，随着信息技术的迅猛发展，技术知识在教研员的知识结构中占据越发重要的地位。教研员熟练掌握各类教育技术工具的应用技能，能够充分利用数字资源优化教学环境与资源配置。最后，通过技术的运用，教研员不仅能够丰富教学手段、提升学生的学习体验与成果，还能够更好地记录与反思自己的教学过程，为后续的教研工作提供有力的数据支撑与改进方向。除了上述核心知识元素外，教研员的知识结构还涵盖其他复合知识领域。例如，教研行动反思是教研员不断提升自身专业素养的重要途径之一。通过深入反思自己的教学实践与教研历程，教研员能够及时发现问题、总结经验教训，进而不断完善自己的教学理念与方法论体系。此外，泛在课程支持与知识整合也是教研员需要关注的重要方面。他们需要深入了解不同课程之间的内在联系与衔接点，为学生构建连贯、系统的课程学习体系，同时，他们需要将各种知识元素进行有效整合与融通，形成更为完整、深入的教学体系与知识网络。

在一定程度上，传统的 TPACK 框架可以支撑新手教研员应对简单的听课、评课等基本职能，但在面对更复杂的教育实践和信息化教学发展时，可能显得有些力不从心。教研员在引领区域信息化教学发展的过程中需要处理更多的复杂问题，这就要求他们具备更深层次的专业知识和技能。因此，需要在 TPACK 框架的基础上，继续建构教研员所特有的知识元素，以更好地满足其复杂实践的需求，以期推动教育教学的创新和提升。

三 理论依据：成人学习理论视域下教研员知识学习特征及原则

究其本质，教研员知识发展是一个成人学习的问题，教研员知识发展路径的构建应尊重成人学习的特征与规律。探析教研员专业发展规律，需要从教研员的专业发展环境和成人学习理论角度分析，通过了解教研员这一特殊群体的专业学习特征和规律，可以确保他们的知识发展路径更加科学有效。

成人学习理论强调将成人学习、成人教育的本质同儿童学习、学校教育的本质相区分。因此，发展成人教育学自身独一无二的知识基础的需求，就孕育了成人学习理论领域中最重要的两个理论：成人教育学和自我导向学习理论。塔夫首次提出"自我导向学习"这一概念，他认为自我导向学习是成人学生在确定需要掌握特定知识或技能后，所进行的一系列自主活动。在《自我指导学习》一书中，诺尔斯对自我导向学习进行了系统的阐述。他认为自我导向学习是一个动态的过程，个体在这一过程中，无论是独立还是在他人的辅助下，都能主动识别并诊断自己的学习需求，设定明确的学习目标，辨认并获取所需的学习资源，运用适宜的学习策略，并对学习成果进行评估。因此，自我导向学习理论可以有效地指导成人提高学习的积极性、有效性和主动性。自我导向学习理论能够有效地提升成人学习者的积极性、效率和自主性。在教研员的知识发展过程中，该理论有助于消除学习中的被动状态，从而显著增强他们自主学习的能力以及专业成长的实效性。

马尔科姆·诺尔斯是美国成人教育界著名的理论家和实践者，其实践经验及理论研究中的成就在西方成人教育界中具有相当影响，被视为进步主义成人教育派的代表。1968年，时任波士顿大学教育学教授诺尔斯提出了"成人教育学"这样一个全新概念，以用来区别传统的面向青少年的"学校教育学"。成人教育学这个词来自欧洲，诺尔斯把它定义为"帮助成人学习的艺术和科学"[1]。这一概念随后被广泛采用，作为界定成人教育、区分它与其他教育领域的一个标志性概念。诺尔斯的成人教育学，对成人学生的特点提出了五个基本假设。他认为成人学生应该具有如下特征：(1) 具有独立的自我概念，能够指导自己的学习；(2) 积累了丰富的生活经验，这些经验是其后继学习的资源；(3) 具有学习需要，这些

---

[1] Knowles M. S., "The Modern Practice of Adult Education", *Andragogy Versus Pedagogy*, No. 4, 1980.

需要与改变自我的社会角色密切相关；（4）以问题为中心，希望能立即运用自己所学的知识；（5）学习为内在动机所驱动，而非外在因素。成人学习理论主要以成人学习者的特点和需求为基础，强调成人学习的自主性和参与性，包括以下四个要点：（1）成年人学习的动机主要来自解决问题和实际应用的需求，而非简单的知识获取；（2）成人学习者具有丰富的生活经验，因此他们的学习应该建立在这些经验的基础上，并与现实生活紧密联系；（3）成人学习者更倾向于自主学习，他们希望对学习过程有一定的控制权，并愿意参与决定学习的内容和方法；（4）成人学习的动机和目标通常是明确的，因此教学应该关注学习者的需求和目标，并帮助他们建立起自我导向的学习态度。

成人学习理论被广泛应用于企业员工培训、教师专业发展等方面。在成人学习理论的视角下，教师专业发展强调教师的成人身份认同、重视自我概念和个体经验的塑造，以及基于现实需求的内在动机驱动。这一发展过程应立足于学校场域，关注日常教学实践中真实而具体的问题情境。教师应通过团队合作、交流等社会性互动，以及利用学校和社会复杂系统的支持，调用和整合自身经验，主动促使自我概念和个体经验发生持续且积极的转变。

以成人学习理论再审视教研员这一特定成人学习群体，可以发现：

第一，在独立人格方面，"教而优则研"的选拔机制，保证了教研员人格的成熟性，具有自我主张、独立想法及一定的自主学习能力。大多数教研员依然保留了其担任一线教师时所固有的思维方式、工作方式及专业发展方式，因此该选拔机制强调了教研员所具备的"自我主张"和独立想法。自我主张是指个体对自己的意识、需求和情感进行积极表达和追求的能力。在由一线教师向教研员角色转化的过程中，教研员在很大程度上会按照先前"教学排头兵"的视角看待问题，同时会结合自己相应的学科知识背景，在此基础上便形成了独属于每一位教研员自己的"自我主张"，并推动着其不断地自主学习。这种自主学习的态度和行为表明教研员充分具备追求知识和技能的动力，并能独立获取新知识、拓宽专业视野，有效排斥了被动学习的倾向。

第二，在个体经验方面，教研员具有丰富的教学经验，是教研员后继学习及知识发展的重要基础。教研员不仅通过多年的实际教学工作，积累了宝贵的经验和洞察力，能够深入理解实际教育过程中的多种要素。同时教研员的教研工作经验为他们提供了大量的教学研究、教学监督、教师培训等方面相关案例和经验，这些多层次的立体案例和经验可以帮助其全方位地看待区域教育教学的现状与问题，并支持其后续学习和知识发展。与此同时，这些经验为他们提供了反馈和改进原有教育理念和方式方法的机会，为后续知识发展提供指导和借鉴，是他们学习和知识发展的宝贵基础。

第三，在现实需求方面，教研员需要承担引领新课程改革和区域信息化教学发展的历史使命。这种转变实现了从管理者向引领者的角色转变，成为教研员学习的迫切现实需求。现如今，教研员需要在新课程改革和信息化教学发展中扮演更为积极的引领角色。随着教育理念和技术的不断更新，教研员需要成为教学变革的推动者和实践者，积极参与新课程改革和信息化教学的探索与实践。这种使命要求教研员不仅具备丰富的教学经验，还需要具备应对教育变革的能力和智慧。教研员还需要实现由管理者向引领者的角色转变。在传统上，教研员更多扮演着管理和指导的角色，但随着社会对教育的需求和期待不断提高，教研员需要担负起更多的引领和创新责任。他们需要不断学习、更新知识和开阔视野，以更好地适应和引领教育发展的变革。这种转变需要教研员具备更广阔的视野、更深厚的知识储备和更强大的实践能力，以适应教育变革的需要，引领教育事业的发展。

第四，在"以问题为中心"方面，教研员学习具有较强目的性，希望能够将所学知识直接用于解决具体实践问题。教研员在学习过程中应注重将理论知识与实际教学经验相结合，以期能够更好地应对区域教育治理中出现的各类现实问题，如目标制定、教师培训、教学监督等问题。其所追求的不仅仅是理论的积累，更重要的是如何将所学知识定向地转化为解决某个具体问题的能力，不断地探索区域教育教学的发展实践，从而提升区域教育教学的质量和效果，以此架好学校与社会间的桥梁，不断地推动国家教育政策的推进与落实。在这个过程中，教研员会通过不断地自我反思和实践探索，将所学知识与实际工作案例相结合，寻找最适合一线教师的教学方法和策略。因此，教研员的学习具有很强的实践导向，他们不满足于仅停留在理论层面，而是希望通过学习获取能够直接应用于实践的、可操作性强的知识和技能。

第五，在内部动机方面，对个人教育理想的追求，造就了教研员稳定的学习态度及学习动机。教研员作为教育领域的"老饕",大部分都对教育事业有着深厚的热爱和追求。他们深刻理解教育的重要性,始终通过不断推进区域教育治理,提高教育数字化程度,不断地去弥合教育发展的"鸿沟",提高区域大部分教育工作者、学生与家长的"教育幸福感"。这种个人教育理想能够不断激发教研员持续学习的愿望。此外,教研员对教育事业理想的追求还体现在对自我成长的追求上。"十四五"时期,教育事业发展的内外部环境正发生复杂而深刻的变化。建设教育强国作为实现中华民族伟大复兴的基础工程,在新时期面临着新的要求,教研员只有不断学习和进步,才能跟上时代的步伐,更好地响应落实国家政策。因此,教研员需要积极主动地参与学习和专业发展机会,不断提升自己的能力和水平。这种内在动机使得教研员在职业生涯中持续学习,不断提升自身,为教育事业的发展贡献自己的力量。

　　根据上述五个维度的深入分析,我们可以提炼出教研员在知识发展与能力提升过程中应遵循的五项核心原则。这些原则不仅为教研员指明了学习与成长的方向,而且为构建高效的知识发展路径提供了坚实的理论基础和实践指南。其一,在学习方式上,教研员应将自我导向学习与合作学习等主动学习方式置于核心位置,这些方式鼓励学习者主动探索和构建知识。同时,集体培训等被动学习方式则作为辅助,用以补充和扩展主动学习成果。其二,在学习形式上,教研员应重视移动学习、碎片化学习和泛在学习等非正式学习形式。这些形式能够充分利用现代信息技术,使学习更加灵活、便捷,适应教研员在多样化场景下的学习需求。其三,在学习内容上,教研员应从自身的知识体系和经验出发,构建以 TPACK(技术、教学法、学科内容知识)为基础,以 TRACK(教研员角色、能力、知识)完善为目标的学习内容体系。这样做可以有效避免学习内容的重复,增强学习的针对性和实效性。其四,在学习活动中,教研员应遵循知识学习与实践反思相结合的原则,促进理论性知识与实践性知识的相互融合和共同提升,从而构建教研员全面而深入的知识结构。其五,在学习任务上,教研员应着眼于知识的应用,将专业角色的发展和完善以及解决区域教育实际问题作为学习的根本出发点和归宿,确保学习成果能够有效转化为实践中的创新能力和发展动力。这五条原则构成了一个相互联系、相互支持的有机整体,为教研员在快速变化的教育环境下提供了清晰的学习路线图和成长指南。通过遵循这些原则，教研员将能够提升自身素质，更好地适应教育改革与发展的需求，为提高教育质量作出积极贡献。

四 教研员知识发展路径的提出

通过借鉴教师及教研员知识发展路径的相关研究，可以构建教研员知识发展的具体路径。知识因属性不同，其发展所需要的支撑条件及具体方式亦不尽相同。探索教研员知识发展的具体方法及路径，可借鉴教师知识发展研究领域的经典模式及相关成果，见表6-3。

表6-3　　　　　教研员与教师知识发展的相关路径

提出者	时间	项目	路径
刘东敏、田小杭	2008年	教师实践性知识	个体教育实践、实践性知识共享、现代信息网络等①
陈向明	2009年	教师实践性知识	师徒制、口耳相传、校本研修、实践共同体等②
郭炯	2012年	师范生实践性知识	观摩案例、分析案例、设计教学方案、实践教学方案、反思完善教学方案等③
蒋银健、郭绍青	2014年	教师专业发展	同伴互助、基于知识建构的研讨环境、工作坊、专家讲座/报告、课例研究、网络交流等④
张静、刘赣洪	2015年	教师知识TPACK	案例教学、脚手架支持和任务设计；协作课例研究与网络协同研修；教育叙事、自我评价和行动研究等⑤
卢立涛、沈茜、梁威	2016年	教研员实践性知识	磨炼与探索、合作与交流、自学与反思、问题情境对话、实践反思等⑥

---

① 刘东敏、田小杭：《教师实践性知识获取路径的思考与探究》，《教师教育研究》2008年第4期。
② 陈向明：《教师实践性知识研究的知识论基础》，《教育学报》2009年第2期。
③ 郭炯：《教师实践性知识的组织结构及生成途径研究》，《中国电化教育》2012年第11期。
④ 蒋银健、郭绍青：《基于知识建构的教师专业发展模型构建研究》，《中国电化教育》2014年第6期。
⑤ 张静、刘赣洪：《多维视角下教师TPACK发展机制与培养路径》，《远程教育杂志》2015年第3期。
⑥ 卢立涛、沈茜、梁威：《职业生命的"美丽蜕变"：从一线教师到优秀教研员——兼论教研员实践性知识的生成过程》，《教师教育研究》2016年第3期。

刘东敏、田小杭认为教师实践性知识在教育教学和教师专业发展中的重要性日益凸显，教师实践性知识是一种特殊的知识，单纯的理论知识学习和传授是获取不到实践性知识的。其探究的教师实践性知识的获取路径如下：（1）个体教育实践是获取教师实践性知识的主要路径；（2）实践性知识共享是获取教师实践性知识的必要路径；（3）现代信息网络是获取教师实践性知识的重要路径。

陈向明认为教师实践性知识大多产生于一线教师的教育教学实践，特别是他们的问题解决过程。很多知识都是现场生成的，而不是将学术界已经开发的知识直接运用到结果的分析中。教师实践性知识的传播和推广也不主要通过书本和讲座，而是通过师徒制、口耳相传、校本研修、实践共同体等非传统的方式进行。所生产的知识也不能完全被还原到教育学、心理学等学科，具有"超学科"的特征。

郭炯认为师范生实践性知识的生成途径是案例学习与实践，通过"观摩案例—分析案例—设计教学方案—实践教学方案—反思完善教学方案"的基本教学流程，使学生在很少进行在场实践的现实缺陷中最大限度地获得间接实践体验，形成实践性知识。

蒋银健、郭绍青构建了基于知识建构的教师专业发展概念模型和实体模型，以用于设计支持教师专业发展的实践程序。他认为教师专业发展过程中的各个环节都会受到外部干预的影响。外部干预包括同伴互助、基于知识建构的研讨环境、工作坊、专家讲座/报告、课例研究、网络交流等形式。

张静、刘赣洪认为深入分析TPACK发展机制是优化教师TPACK培养途径的前提，其提出了教师TPACK的多元化培养路径框架：在专业学习中，通过案例教学、脚手架支持和任务设计，创设真实情境以支持TPACK个体认知；在同伴互助中，通过协作课例研究与网络协同研修，形成实践共同体以促进TPACK的社会建构；在自主发展中，通过教育叙事、自我评价和行动研究，实现深度反思以激发TPACK元认知。

卢立涛、沈茜、梁威认为教研员实践性知识的生成实际上就是三大层面（教育教学基础与自我"内驱力"、教研实践与自我努力、外界支持与"新课改"刺激）与七小因素（教学实践经验、情感及认知内驱力、磨炼与探索、合作与交流、自学与反思、教研室与领导、"新课改"）相互作用的过程。

综合分析可知，教师与教研员在知识发展的路径上存在一定的共通之处。他们主要通过专家讲座、报告或是远程网络等外部方式来确保理论性知识的有效传递。同时，依托相关的行动引领与支撑，使得他们在教学或教研实践中能够不断进行反思，进而促进实践性知识的积累与发展。在此基础上，为了更好地推动教研员的专业发展，我们需要关注他们所处的区域环境及条件，深入把握教研员知识发展的方向、起点和理论依据。以此为基石，构建一条符合教研员特点的知识发展路径，旨在为他们理论性、实践性知识的建构和进化提供有力的支撑。为了实现这一目标，我们应当从以下四个方面着手：首先，强化专家引领作用，通过组织专家讲座、研讨会等形式，为教研员提供丰富的理论资源；其次，充分利用远程网络技术，打破地域限制，拓宽教研员的知识视野；再次，注重实践性知识的积累，鼓励教研员在实践中不断反思、总结经验，提升自身的教育教学能力；最后，搭建交流平台，促进教研员之间的互动与合作，共同推动教育教学事业的发展。通过以上措施，我们有望构建一套科学、合理的教研员知识发展路径，为中国教育教学事业的繁荣作出积极贡献。同时，这有助于提升教研员的专业素养，有利于培养出一支高素质、专业化的教育教学团队，为中国教育事业的持续发展奠定坚实基础。

第三节 TRACK视野下教研员知识发展路径的阐释

理论上，教研员的知识发展途径应当与教师知识发展一样，呈现多样化特点。这包括但不限于自主学习、同伴互助、制订个人发展规划、参与各类培训和研修项目以及开展合作研究等。然而，现实中中国的教研员专业研修在制度设计层面仍处于缺失状态。教研员的知识发展很大程度上依赖于个人努力以及系统内部的自我驱动。这一模式的事实效果表明，其远远不能全面满足教研员知识发展的需求。

TRACK视野下教研员知识发展路径旨在以辩证、联系的思维方式，全面揭示教研员知识内部的演变过程以及外部干预的手段和途径。这种方法强调通过外部因素影响内部因素，真正推动教研员知识的进步。具体来说，这一路径包括以下三个方面：首先，为了促进教研员理论性知识的发展，我们将采用泛在课程的支持、碎片化知识的补充以及 TRACK 框架的整合。这样不仅能丰富教研员的理论性知识，还能提升他们对教育前沿动态感知的敏锐度。其次，我们将通过多元化的专业引领、本土化的教研实践以及教研行动的反思，来推动教研员实践性知识的发展。这种方法将有助于教研员聚集多方的力量与智慧，从而在实际工作中更好地应对各种挑战，提高他们的专业能力，积累实践经验。最后，我们将通过区域课题的研究和教研共同体的构建，推动教研员理论性知识和实践性知识的转化与进化，如图 6-1 所示。总的来说，TRACK 视野下的教研员知识发展路径，既注重理论的深度，也注重实践的广度，这将有助于教研员在理论和实践之间建立更好的联系，实现知识的创新和发展。

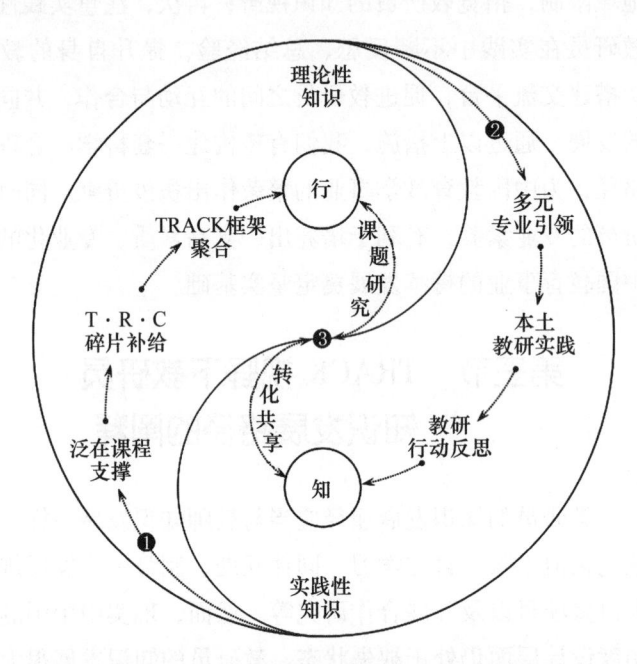

图 6-1　TRACK 视野下教研员知识发展路径

在辩证的实践视角审视下，这三条知识发展路径并无明确的先后顺序，它们相互交织、互相依存，共同构成了教研实践的连续统一体。在这一过程中，理论与实践、知识生成与实践应用不断地相互作用，推动了知识的不断创新与发展。这一视角的目的在于揭示教研员知识成长的多元复杂性，以及知识在实践中的动态演化过程。相对而言，从机械的逻辑视角来看，这三条路径则呈现相对独立的特征。理论性知识的生成路径、实践性知识的生成路径，以及这两者之间的转化路径，它们各自有着独特的演化逻辑和规律。在这个视角下，我们可以更清晰地追踪不同属性知识的起源、发展脉络及其内在联系。两个视角虽各有侧重，但都旨在全面、深入地揭示知识发展的复杂过程，以及教研员在这一过程中的角色与使命。通过综合运用这两个视角，我们可以更全面地理解教研员的知识发展路径，从而更好地指导教研实践，提升教研工作的质量和效果。

一 泛在课程与碎片式学习，理论性知识元素的纳入与框架聚合

理论性知识是经过严谨验证的系统化知识。系统的理论性知识为解决教研问题、推动实践创新提供了强有力的方法论借鉴。同时，它是教师培训及交流研讨的重要内容材料，为教师的专业成长提供了丰富的知识资源。此外，理论性知识为信息化发展政策的制定和解读提供了坚实的理论支撑，有助于引导和促进中国信息化进程的健康发展。理论性知识在教研员的知识体系中占据着重要地位，它是推动教研员专业发展的关键因素。为了提升教研员理论性知识的水平，可以通过以下几个路径来实现。

（一）泛在课程支撑

理论性知识具有公共性、系统性特征。现实中，由于教研员缺乏系统的职前培训，其专业知识体系往往趋于残缺。一般而言，传统培训是教研员获取理论性知识的主要途径，而鉴于"工学矛盾"（指工作与学习的矛盾，不能做到工作学习两不误）的现实制约，以及教研员较好的学习能力及主动性，泛在课程学习成为教研员系统建构专业知识的必然方式。"泛在"意在通过信息技术的支撑，突破物理时空限制，保证学习者可以随时随地开展学习，但泛在课程对信息技术和学习者的主动性、积极性要求很高，而教研员知识发展是一个成人学习的问题，前文中提到的成人教育的特点显示，泛在课程成为教研员学习的必由之路。

为教研员提供泛在课程支撑，应关注：

第一，依托区域信息化教育平台、计算机网络、手机等移动设备及各种社会性软件，搭建泛在学习环境。目前，随着中国在互联网领域持续发力，中国数字基础设施建设进一步加快，数字资源应用不断丰富，用网环

境持续优化，信息通信业高质量发展迈上新台阶。中国互联网络信息中心（CNNIC）发布的第 52 次《中国互联网络发展状况统计报告》显示，截至 2023 年 6 月，中国网民规模达 10.79 亿人，互联网普及率达 76.4%。中国手机网民规模达 10.76 亿人，网民使用手机上网的比例为 99.8%。中国网络视频用户规模为 10.44 亿人。这表明中国泛在课程环境已基本建成，教研员使用泛在课程方式学习有良好的硬件基础，泛在学习不再是理想中的空中楼阁，而是真真正正可以落地实施的学习方式。而另一项数据则表明，中国不仅互联网基础设施建设完备，而且网民在时间安排上已经将网络生活融入现实生活，截至 2023 年 6 月，中国网民的人均每周上网时长为 29.1 个小时，较 2022 年 12 月提升 2.4 个小时，平均每天上网时长为 4.1 小时。另外根据某平台生活服务数据报告，2022 年，有 956 万人在该平台学习了超过 40 种技能。这都表明泛在学习方式对于教研员群体的可能性。

第二，着眼教研员知识发展起点（TPACK），以 TRACK 知识框架为参照，重点观照教研知识、管理知识、课程知识及技术知识等知识领域，系统开发相关微课、MOOC 等泛在课程资源，以全面涵盖教研实践所需要的理论性知识框架；泛在课程可以随时随地，也可以随心所欲，但前提是"随心所欲不逾矩"，这里的"矩"指的就是教研员践行泛在课程要以 TRACK 知识框架为"龙骨"打造属于自己的"知识航船"，否则很容易沉溺在网络时代碎片知识的"汪洋大海"中。美国教育心理学家奥苏伯尔在认知同化学习理论中提出起固定作用知识概念。指认知结构中为学习和记忆新观念提供了必要固定点的旧观念。教研员在泛在学习环境中，要以 TRACK 知识框架为支撑，建立起新旧知识之间的联系，确保有意义学习的发生。

第三，为了进一步提高教研员的业务水平，我们将引入高校专家的力量，通过定期或者在工作间隙、闲暇时间，为教研员提供课程的指导与评价。这样的做法，旨在帮助教研员系统地构建理论知识框架，确保他们在繁忙的工作之余，也能够得到专业知识的充实和提升。这种将专业知识内容与泛在学习方式相结合的方式，不仅保障了教研员的学习时间，同时确保了他们在理论知识吸收方面的系统性。通过这种方式，我们相信教研员的理论知识将得到更加深入和全面的理解，从而更好地服务于教育事业。

（二）碎片知识补给

整合和建构碎片知识，是理论性知识发展的必经之路。这种碎片化知识的涌现，是生产力发展的必然产物，也是时代发展的趋势，我们无法避免。随着科技的飞速发展，社会分工日益细化，知识也因此不断被拆分成更细小的部分，其更新换代的速度也在不断加快。在这样的背景下，教研员必须培养出强大的信息筛选和知识判断能力。他们需要适应区域信息化变革的新局面，解决新问题，这就对他们的知识信息的"量""面"及"时效性"提出了更高的要求。此外，大量的有价值的信息和知识，往往是以脱离完整理论体系的零散、独立的知识或信息碎片的形式存在的。这些碎片可能包括政策文件、新闻报道、各类报道以及简短的文章等。为了有效地获取这些碎片知识，教研员应当注重以下两点。

第一，充分利用碎片时间。所谓碎片时间，是相对于正式时间而言，时间长度较短，时间随机不确定，在大块的正式工作时间和学习时间之余的时间。例如会议间隙、通勤的地铁或公交上、排队途中，甚至打针间隙。通过在碎片时间使用微博、微信、抖音等社会性软件，或阅读书籍、浏览报纸、网页等方式，随时捕捉存在于社会媒介中的碎片知识，如关于CK（学科知识）、RK（教研知识）、TK（技术知识）的某些研究性短文、政策文件、教研技巧、技术说明等，及时更新自己的信息库。

第二，整合应用碎片知识。在今天这样一个知识爆炸的时代，用"知识海洋"来形容人类社会的知识已经不够形象了，我们面对的是一个又一个"知识宇宙"。面对如此庞大体量的知识，漫无目的地进行碎片知识的吸收毫无意义而且效率奇低。碎片知识并非全都是有用的、有意义的，教研员应当吸收与TRACK领域相关的碎片知识。在解决陌生、棘手的教研问题时，教研员应有意识地查找、补充相关碎片化知识及信息，这些知识碎片往往以支架的形式支撑教研员解决某一现实问题，而这种以"学以致用"为目的的碎片知识补给，更有利于教研员理论性知识的发展。

（三）TRACK框架聚合

TRACK框架聚合，是一种由教研员主导的知识构建过程，涉及对不同来源的理论性知识进行严格的审视与批判性思考。在这个过程中，教研员会深度挖掘并识别各种知识间的关系与内在联系，实现不同知识点的无缝对接，最终构筑起一个结构化的知识体系。为了使 TRACK 框架中的知识元素实现有效的聚合，教研员需要完成以下两个关键步骤。

第一，教研员在进行理论性知识的筛选与内化过程中，必须严格对其进行价值认定。这不仅包括判断其理论的有效性和价值性，更要考虑其与教研员原有知识框架的契合程度，从而去伪存真，确保所吸收的知识能够真正为教研活动服务。在这个过程中，教研员要具备能够迅速识别碎片化知识的价值与效用的能力，例如在社交软件上看到的美食视频、报纸上的广告信息、网页自动弹窗的游戏页面等。教研员不仅需要对零散的知识进行筛选，更重要的是，要通过深入思考和研究，将这些知识片段与自己的知识体系有机地融合在一起。这就好比将散落的珍珠逐颗串成项链，既需要智慧，也需要耐心。一旦成功融合，这些碎片化知识就能成为教研员知识体系中不可或缺的一部分，为其教研活动带来全新的视角和思考。总的来说，教研员在对待碎片化知识时，既要具备敏锐的洞察力，又要具备严谨的思考能力。

第二，判断知识是否有效、有价值是 TRACK 框架聚合的第一步，但哪怕已经被判定为有效、有意义的碎片化知识也不是成体系的，是零散的，教研员需要对非正式学习所获取的碎片化知识进行系统化梳理，探索碎片知识之间的逻辑联系，以将其聚合为一个贯通的 TRACK 知识网络。在一定意义上，将理论性知识聚合为一个系统框架，不仅有利于知识的稳固建构，也有利于理论性知识的实践应用及向实践性知识转化。

综上所述，TRACK 框架作为一种动态且迭代的知识整合过程，对教研员的能力提出了较高的要求：他们需要具备敏锐的洞察力，能够迅速捕捉到教育领域的最新动态和变化趋势；他们应具备批判性思维，能够对现有知识进行深入分析和评估，去粗取精，去伪存真；系统化的构建能力也是必不可少的，教研员需要将各种知识元素有机地结合起来，形成一个完整且高效的知识体系。通过这样的过程，可以确保知识的准确性和实用性，从而有效提升教学和研究的质量，为中国教育事业的发展贡献力量。

二　田野式教研引领与实践，行动反思中实践性知识本土化生成

实践性知识是教研员个人信奉的行动准则、经验技巧、隐喻、映像等

综合性知识，直接支配教研员的专业思维及实践行为。实践性知识属于非结构化知识，所谓非结构化知识指以非线性、非层次化、非逻辑化等方式表现出来的知识。往往难以言传，需要通过实践体验、直观感受或类比等方式去理解和领悟，具有一定程度的个人主观性，它可能因人而异，不同个体、背景和环境下的认知和理解可能有所不同。实践性知识的形成和发展受多种因素影响，具有较强的可塑性，能根据环境和需求的变化不断发展和改进。实践性知识的复合性、情境性、缄默性及不确定性等特征，决定了其无法通过简单的知识传授而生成[1]，但并不意味着无法被意会及传承[2]，具体可经由以下路径生成。

（一）多元专业引领

专业引领是针对教研员知识发展及教研实践开展过程中所提供的专业角度上的引导、示范、评价及服务等全方位的支持。所谓"多元专业引领"，是指重点汇集本区域的优秀教师骨干、优秀教研员、高校理论专家、技术人员、政府及区域教育部门等多元力量与智慧，为教研员知识发展提供理论、实践、技术及政策等多领域的具体引领。

第一，本区域的优秀教师骨干提供本土信息化教学案例，给予其鲜活的教学实践示范。教师更好地教学，学生更好地学习是教研员教研活动的出发点和目的，而教师身处区域信息化教学第一线，有着第一手的实践资料和实践经验，从本区域优秀教师骨干处获得本土信息化教学案例，最终又服务于本区域教师教学，形成实践闭环。

第二，区域优秀教研员同行"以身说法"，为其提供第一视角的教研实践引领；见贤思齐，同一场教研活动，同一种教研理论，在不同教研员眼中有不同的见解。教研员自身要转换视角，更要从其他优秀同行处"借"视角，不同的第一视角结合在一起往往能形成更为客观的视角，可以更加全面地理解教研实践。

第三，高校专家为教研员输送信息化理论前沿成果及教研方法，给予其切实的理论及方法引领。相对教师和教研员，高校专家对信息化教学理

---

[1] 刘东敏、田小杭：《教师实践性知识获取路径的思考与探究》，《教师教育研究》2008年第4期。

[2] 陈向明：《教师实践性知识研究的知识论基础》，《教育学报》2009年第2期。

论前沿成果有着更深入的思考与理解，且更加科学、严谨。高校专家通过参加或组织各类教学研讨会、讲座等活动，分享信息化教育前沿理论和最新研究成果，引导教研员开展深入的教育研究，提升其教研水平和培训效果。当揭示教学理论新成果和新技术时，高校专家不仅传授知识，更重要的是帮助教研员提升其理论思维和解决问题的能力。例如，教授新时代教研方法，引入信息化技术在教研中的应用，比如大数据分析、云计算等，以此来优化教研流程，提高教研效率。建立线上线下结合的高校专家与教研员的沟通机制。

第四，技术部门为其提供信息化前沿技术、产品、资讯服务，给予其技术保障与引领。教研员可以从技术部门获得支持，这些技术部门包括但不限于政府技术部门、高校技术服务团队、教育科技企业等。虽然教研员不必考虑技术细节，但不代表教研员与技术无关，教研员通过联系技术部门了解信息化前沿技术发展状况，补充技术知识，获得技术支持。

第五，由于历史沿革，中国教研员天然具有教育管理属性，教研员需要依据地方政策指示，选定教研实践方向。当地政府及教育管理部门为教研员提供区域教育治理、管理及改革方面的具体案例及经验，给予其区域本土的政策引领。教研员作为被引领者及学习者，观摩案例、参与实践，通过效仿及体悟，审视、改造自己的实践性知识。

这种引领模式既注重理论的深度辅导，也强调实践操作的贴身指导，同时兼顾技术应用的最新动态和政策导向的解读，从而形成一个全方位、多层次、宽领域的教研员专业成长支持体系。

(二) 本土教研实践

亲身参与实践是实践性知识习得的根本条件[1]，教研员一般是在实践磨炼中摸索人际交往、组织管理及教研之道。[2] 诚然，特定的物质、技术水平，孕育特定的区域实践样貌，扎根区域实践，将理论与田野教研经脉相结合，是教研员实践性知识发展的基本途径。此外，成人学习理论表

---

[1] 李利：《实践共同体与职前教师实践性知识发展——基于教育实习的叙事研究》，《教师教育研究》2014 年第 1 期。

[2] 卢立涛、沈茜、梁威：《职业生命的"美丽蜕变"：从一线教师到优秀教研员——兼论教研员实践性知识的生成过程》，《教师教育研究》2016 年第 3 期。

明，教研现场出现的真实、迫切的本土问题，最能激发教研员的学习动机，而解决教研实践问题的过程也是积累知识经验的过程。

第一，教研员应着眼区域信息化软硬件设施及资源建设，推动信息技术与教学的深度融合，《中国中小学数字化转型调研报告》显示，中国东中西部数字化发展不均衡，东部发展明显领先西部、中部和东北地区。教研员应当根据区域信息化软硬件发展情况推动信息技术融合，不能好高骛远，更不能急功近利，应当实事求是稳扎稳打。这就要求教研员对区域信息化发展情况深入了解、实地调研，于其中积累 TCK（技术学科知识）感性经验。

第二，教研员应根植区域地理、社会、文化等本土特征，结合当地教育发展需求，研究、开发区域本土特色课程，于其中积累 RCK（学科教研知识）实践经验。中国国土广袤，横跨万里，不同区域有着不同的地理特征、风土人情和社会习惯，在南方更是有着"十里不同音，百里不同言"的俗语，教育往往受制于这些本土特征。教研员要根植区域特色、区域传统，有针对性地进行教研实践。例如，有一些区域拥有许多大型互联网企业，已经有了很好的编程教育基础，就可以在编程教育创新教学领域进行教研实践工作；有一些区域是传统工业区，政府希望推进智能机器人产业带动传统工业产业链升级，就可以在中小学搞智能机器人教学试点。总之，没有放之四海而皆准的 RCK 实践经验，不同区域有不同特色，不同区域的人民和政府对教育发展有着不同的理解和期盼，不能把一个地方的教研实践经验直接移植到另一个地方，那样只会导致水土不服，事倍功半。

第三，教研员应借助区域教育信息化管理、分析、预警及干预等技术，探析、研究本土信息化教学发展的普遍性问题，寻找问题解决新途径，研制新方案，并通过区域信息化教学人力、物力管理与调配，促进区域信息化教学可持续、均衡发展，并于其中积累 TRK（技术教研知识）实践经验。

(三) 教研行动反思

反思含有对行动方案进行深思熟虑、选择和抉择的意味[①],是获取经验、形成信念、得到感悟的主要方式[②],对教研行动的反思是教研员实践性知识生成的关键,教研员在反思中重新建构自我,重新建构教研活动。教研员需要进行自我认知上的反思,他们需要明白"我是谁"以及"我从哪里来"。这是教研员对自身定位以及自身过去的深化认知,厘清自我身份和责任,正确认识职业生涯,并理解自身在教研活动中的动态变化。这种认识包括对自身教研理念、教研技能以及价值理念的反思,使他们明确自己的发展目标和道路。借鉴布鲁巴赫(Brubacher)对反思的分类[③],本书认为教研员应注重以下几点。

第一,"对实践的反思","旁观者清,当局者迷",从时间维度上,教研员在一场教研活动结束后,会将自己从具体的实践中抽离出来,仿佛从一个当事者的角色转变为一个冷静的旁观者,以全新的视角对实践案例进行深度反思和对话。例如,教研员会对已经尝试过的教学方法或新课程进行全面的评估。他们会尽可能地客观地看待这些实践是否达到了预期的效果,是否提高了学生的学习效果,或者是否实现了课程标准。这种反思和分析,无疑为学校的教学改善提供了坚实的理论基础,同时为教师们提供了改善和调整教学方法的重要机会。在这个过程中,教研员们不仅仅是在分析和评估,更是在体悟那些隐藏在实践中的缄默的行为范式、实践理性以及智慧。这些都是无法通过理论学习得到的,只有通过实践、通过反思,才能真正地理解和掌握。

第二,"实践中的反思",从时间维度上,这种反思体现在教研实践之中,面对具体问题时,教研员不能一拍脑袋就草率地作出决定,也不能完全依靠个人经验和主观判断,应深思熟虑,三思而后行,要做到每一个决策都有理可依有迹可循,有知识、经验和证据作为支撑,积极提取、迁移相关知识经验,以支撑行动决策,并在此过程中反思行动的逻辑理性。

---

① [加] 马克斯·范梅南:《教学机智:教育智慧的意蕴》,李树英译,教育科学出版社 2001 年版。

② [美] 塔格特、[美] 威尔逊:《提高教师反思力 50 策略》,赵丽译,中国轻工业出版社 2008 年版。

③ 夏惠贤:《论教师的专业发展》,《外国教育资料》2000 年第 5 期。

第三,"为了实践的反思",从时间维度上,这种反思在教研实践之前,是前两种反思方式的综合预期结果,是为了形成教研实践方案,而事先所做的周密计划及反思,于此过程中,教研员实践性知识结构得以适应性调整及系统化,实现 TRACK 元素的多领域拟合发展。诚然,行动反思促使教研员由实践田野中不断体悟实践性知识,又使得实践性知识不断条理化、结构化,而呈现向理论性知识转化的趋势。

反思贯穿于整个教研活动的始末。教研员需要积极地调动和迁移相关的知识和经验,以此来加强行动决策的合理性。而在决策之后,反思行动的逻辑理性,审视其效果与成效,更是不可或缺的一环。通过这样的循环往复,教研员能够在实践中不断成长,使每一次的决策和行动都更加精准、有效,进而推动整个教研工作的持续进步与创新。

三 课题研究与共同体构建,知识平等群体中转化、共享及发展

在 TRACK 框架的架构之下,理论性知识与实践性知识以一种动态且互动的方式存在着。在这个框架中,一定条件之下,这两者能够相互渗透、彼此连通,进而达到一种协同发展的状态。为了推动这种知识属性的相互转化和发展,我们需要采取一系列的策略和措施,从而在理论研究和实践应用之间搭建起一座相互促进、共同进步的桥梁,具体可经由以下路径。

(一)区域课题研究

课题研究作为教研员的一项核心任务,不仅是实现实践性知识理论化的有效途径,更是推动区域信息化教育发展的重要手段。教研员在课题研究中,依据一定的学术规范,对实践性知识进行深入的整理、精练和批判,从而推动其向理论化方向迈进。同时,课题研究是将信息化教育理论应用于区域本土教研实践的重要桥梁,通过实践检验理论,教研员能够逐步深化对一般理论的理解,形成具有实践指导意义的信念和知识。

在课题研究中,教研员应当以解决问题为核心目标,紧密结合区域信息化教学实践中的具体问题,展开深入研究和探讨。同时,课题研究应当注重知识生成与实践创新的结合,通过实践检验、巩固和生成新的知识。这种以问题为导向的研究模式,有助于教研员精准把握区域信息化教育的发展方向,推动本土教研实践的持续深化。为确保区域课题研究的有效开

展，教研员应采取以下策略：首先，深入剖析区域信息化发展过程中的教学、管理、研究、推广等领域的现实困境与复杂问题，挖掘具有研究价值和现实意义的研究选题。这需要教研员具备敏锐的问题洞察力和分析能力，能够精准捕捉并提炼出区域信息化教学实践中的关键议题。其次，教研员应充分利用自身的本土教研经验及理论性知识，为课题研究提供坚实的知识基础。这包括教研员在日常工作中积累的实践经验、对信息化教育理论的深入理解以及与其他教研员的交流合作等。通过整合这些资源，教研员能够为课题研究提供有力的支撑和保障。最后，教研员还应积极寻求高校专家的支持与指导，以获取课题研究所需的理论引领和方法支持。高校专家具备深厚的学术背景和丰富的研究经验，能够为教研员提供宝贵的建议和指导。通过与高校专家的合作与交流，教研员可以不断提升自身的研究水平和能力，推动课题研究的深入发展。

在课题研究过程中，教研员应以专业研究者的身份，深入探究所研究问题的本质，进而形成具有本土特色且符合学术规范的研究成果。这要求教研员具备扎实的学术素养和严谨的研究态度，能够运用科学的研究方法和技术手段，对所研究问题进行深入剖析和探讨。同时，教研员应紧密结合所在区域的信息化特色，将研究成果应用于本土信息化教研实践，形成具有实际应用价值的成果。如果研究成果无法有效解决本土信息化教研中的实际问题，则研究将失去其实际意义；如果研究成果不符合学术规范，则不利于其在信息化教研共同体和学术界的传播与认可。

（二）信息化教研共同体构建

共同体，就是指由若干社会个人、群体和组织在社会互动的基础上，依据一定的方式和社会规范结合而成的一个生活上相互关联的大集体，其成员之间具有共同的价值认同和生活方式、共同的利益和需求，以及强烈的认同意识。① 这里有必要强调一点，共同体最重要的两个关键词是"共同"和"相互"。"共同"自不必多言，这是共同体概念的应有之义，远在人类社会存在之日起，共同体就存在了。而"相互"一词在信息技术爆炸性发展的今天有了新的含义，共同体成员之间的相互作用不再是简单

---

① ［美］J. 莱夫、E. 温格：《情景学习：合法的边缘性参与》，王文静译，华东师范大学出版社 2004 年版。

的交互，而是交互方式更加多样灵活、交互内容更加丰富充实、交互范围更加广泛。构建信息化教研共同体，汇集区域教研员的集体智慧及力量，是统筹引领区域教学发展的必然要求，也是实现教研员知识转化共享的有效途径。为了实现 TRACK 体系的社会建构，教研员在共同体之中应：（1）形成教研使命，获取身份认同及情感支撑，学习体悟其他优秀教研员的角色定位及工作处事风格等实践性知识；（2）以叙事、隐喻、对话的方式呈现、分享本土教研案例、经验等个人实践性知识，对其进行批判与检视，实现个人实践性知识显性化、公共化，促进其向理论性知识的转化及共享。在这一步骤中要警惕"形式上的共享，事实上的专断"，防止职业霸权的出现，在以往的教研活动中，高校专家教授和区域优秀教师往往成为教研员组织区域信息化教研实践活动的演员和观众。（3）以参与区域集体教研实践活动为契机，汇集各成员实践智慧，并结合理论原理，于协同研究、交流中实现两属性知识在群体中的拟合应用，推动个体知识鲜明化而分享，公共知识实践化而走向个体。

构建信息化教研共同体的优势在两个方面：强强联合与强弱互补。强强联合，指信息化教研共同体能够充分发挥区域信息化教研活动中涉及的不同主体的积极性。强弱互补，指发达区域教研员擅长运用信息化教研工具，对于教育理论研究也十分深入，他们可以通过分享和交流自己的专长，弥补欠发达区域的不足。山东省"十四五"教育事业发展规划中明确提出："组建 200 个在线教育扶智团队，实现在线同步课堂和同步教研，将优质资源输送到农村学校和偏远地区，促进教育资源均衡配置。"构建信息化教研共同体有利于教育扶智，缩小城乡教研差距。共同体的形成还能带动教研活动的活性和持续性。在共同体的环境中，共同体成员们将有更多的机会和动力去探索新的教研方法和教学策略，从而持续提升他们的教研能力和教学质量。尤其针对欠发达区域的教研员群体，可以从信息化教研共同体中获得发达区域的先进经验与前沿理论。共同体的工作机理为不同职业共同体成员提供了更多自主开展研究活动的机会，有利于发挥个性，展示自我。

显然，构建信息化教研共同体，有助于教研员知识的集体建构、分享及转化。

小　结

"整合技术的学科教研知识（TRACK）"构成了教研员专业成长的根本知识架构，是其专业发展的知识基石。教研员的发展路径，本质上是对于TRACK知识体系内在生成法则以及其外在支撑策略的深入揭示和系统表征。通过对教研员知识的本质属性和独特特征的深度剖析，我们研究确定了教研员知识发展的路径图和起点定位。在成人学习理论的视角下，我们审视并揭示了教研员学习的特殊性及其发展规律，同时汲取了相关研究的宝贵成果。基于教研员内部知识的自然生成和外部条件的有力支撑两个维度，我们提出了三套具体的发展策略：（1）泛在化课程与碎片化学习的结合，鼓励教研员主动吸收和构建理论性知识框架，实现知识的系统化和深入化；（2）田野式教研的引领和实践，通过实际的教学现场研究，促进教研员在行动中反思，实现实践性知识的本土化创新和丰富；（3）课题研究与共同体建设的联动，倡导教研员在平等互助的团队中交流、探讨，实现知识的有效转化、共享和持续发展。通过上述策略，我们旨在为教研员的专业成长提供坚实的理论指导和实践操作的参考，进一步推动教研员队伍的专业化、高素质发展。

第七章

教研员区域信息化教学引领力发展路径

　　教研员是区域教育教学变革的重要研究者与实践者，在教育理论与教育实践转化之间起着桥梁性作用。教研员既是教师课程教学实践的服务者、指导者，又是教育教学实践的示范者、引领者，更是教育理论一线实践应用的研究者。教研员的角色属性及其鲜明的"区域服务引领"指向，决定了其在区域教育教学改革中的重要地位与作用。区域信息化教学发展与推广是促进区域教育变革、实现区域教育均衡发展、推动教育现代化的重要手段与方法，教研员担负着重要的行政执行与实践推广职责，其对区域信息化教学的引领价值重大。

　　教研员在区域信息化的进程中担任着重要的角色，他们的区域信息化教学引领力的发展对于区域信息化教学的推广具有重要的作用。那么教研员的区域信息化教学引领力究竟从何而来？又向何而去？本章基于现存教研员专业发展的内涵与路径的研究，在剖析目前教研员专业发展的困境与区域信息化教学特征的基础上，构建了促进其专业发展的 U-D-S-P（大学—地方—中小学—实践群体）路径。本章还在梳理教研员专业发展路径与剖析 U-D-S-P 内涵、发展价值的基础上，基于教研员本身"桥梁"角色的定位，探索形成了基于 U-D-S-P 的教研员区域信息化教学引领力发展模式，并对一线的实践进行个案剖析。此外，本章结合教研员在区域信息化教学推广中的角色定位与专业成长互动特征，对 U-D-S-P 路径助推其专业成长的价值与相应策略进行了分析阐述，以期为借由教研员区域信息化教学引领力发展，促进区域教育信息化发展提供思路。

第一节　教研员区域信息化教学引领力现状

一　教研员专业发展内涵与路径的研究

随着中国三级课程管理制度的逐步落地实施，课程运作系统经历了翻天覆地的变化，教研室正逐步崛起为地区课程发展的核心力量。在这一大背景下，教研员这一群体逐渐崭露头角，他们不仅参与决策，提供专业引领，还负责质量监测，身兼数职，发挥着越来越重要的作用。因此，对教研员职业的发展现状进行深入剖析，对于中国教育事业的持续健康发展具有举足轻重的意义。

在中国学者的研究中，教研员的角色定位与发展过程受到了广泛关注。从目标定位的角度来看，教研员被赋予了引领课程改革、促进教师发展、提高教学质量等多重使命。他们不仅是课程政策的执行者，更是课程实践的探索者和创新者。教研员需要紧密围绕课程目标，结合地区实际，制定出符合本地特色的教学方案，推动课程的有效实施。在过程性发展方面，教研员的工作职能呈现多元化、专业化的趋势。他们不仅要参与课程设计、教材选用、教学评价等各个环节，还要与教师、学校、家长等多方沟通协作，共同推动教育教学的持续改进。同时，教研员需要不断学习和更新知识，提升自己的专业素养，以更好地适应教育改革发展的需要。在实际工作中，教研员的作用也日益凸显。例如，在课程改革过程中，教研员通过深入调研，了解学校和教师的实际需求，为课程改革提供有力的数据支持；在教师专业发展方面，教研员通过组织培训、开展研讨、搭建平台等方式，帮助教师提升教育教学能力，促进教师的专业化成长；在质量监测方面，教研员通过定期的教学质量检查、评估和反馈，确保教学质量稳步提升。

然而，当今教研员职业的发展也面临着一些挑战和问题。首先，教研员队伍的整体素质和专业能力还有待提高。部分教研员在专业知识、实践经验等方面存在不足，难以胜任日益复杂多变的教育教学任务。其次，教研员的工作负担较重，工作压力较大，需要进一步提高工作效率和质量。最后，教研员的职业发展路径和激励机制尚不完善，也制约了教研员队伍的整体素质和稳定性。

崔允漷认为，教研员应该成为专业的课程领导者，教研工作的重心需要从执行教学政策走向发展地方课程政策，从研究学科教学走向研究课程发展，从实施"以考代管"走向研究质量监测。教研员的专业发展应该成为专业的学习，聚焦课程、教学与评价，发展课程发展能力、专业服务能力与自我发展能力，强调教研员对教师发展课程的专业引领行为、过程。[1]

梁芹、蒋丰认为，教研员的发展问题既是一个社会问题，又是一个多因素的专业发展问题。教研员的专业发展是教研员在教育教学研究过程中会同教师针对教育教学中的理论与实践问题进行思考、建议的同时对自己的职业和专业水平进行提升的过程。教研员的专业发展同样需要关注，教研员的专业发展已然成为教研员完善生命历程和促进教育教学发展的重要组成部分，只有加以研究、开发和利用，才能够使教研工作充满生命的活力，使教研员活出生命的意义。[2]

时曦认为，教研员的专业发展就是教研员的专业素养不断提高，专业水平逐步提升，专业价值得以实现的过程。其本质是教研员教育思想和教研理论走向成熟、教研方式走向多元、教研行为走向民主、教研成果走向实践的过程。这个过程既源于社会进步与教育发展对教研员的专业要求，又源于教研员专业自主发展和专业价值不断超越的需要。在这个过程中，教研员必须满怀专业情感，倾注专业情感，关注终身学习，重视教研反思，消除职业倦怠，传承和发展专业理论和专业技能。[3]

李玲则聚焦小学学段的教研员，认为小学教研员专业发展是一个复杂的过程。从某种程度而言，小学教研员的专业发展制约着基础教育新课程的持续推进和基层教师的专业素养的提升，同时他们又被职能缺乏制度保障、理论素养不足、教研经验不足、缺乏有效的评价制度和标准等现实因素所限制，因而需要采取资格认证制度、提高其理论素养、丰富其教研经验和建立评价体系等措施，促进其专业发展。[4]

---

[1] 崔允漷：《论教研室的定位与教研员的专业发展》，《上海教育科研》2009年第8期。
[2] 梁芹、蒋丰：《对教研员专业发展的思考》，《成都教育学院学报》2004年第10期。
[3] 时曦编著：《教研员专业成长之路》，广西师范大学出版社2008年版。
[4] 李玲：《小学教研员专业发展中存在的问题与对策》，《教育探索》2011年第7期。

综上所述，中国学者从目标定位与过程性发展的角度认为教研员专业发展过程是教研员不断获得知识、优化教研策略、提高专业能力，专业价值得以体现、教研成果得以实践转化的过程，这些界定均体现教研员专业发展的自主性、动态性、持续性特征。

从目前的研究来看，教研员的发展需求迫切。[①]"听报告、参与讲座，去大学学习，对我而言都是极为有益的经历，然而，有时我亦深感迷茫，作为教研员，究竟应如何明确自身的发展方向？"这无疑是众多教研员在追求专业成长的道路上所面临的共同挑战。教研员作为教育领域中不可或缺的重要角色，他们肩负着推动教育教学研究和指导的重任，其专业素养与能力的提升对于提高教育教学质量具有举足轻重的意义。然而，现实情况表明，许多教研员在追求专业发展的道路上常常感到迷茫与困惑。不可否认，对于教研员而言，聆听报告、参与讲座以及深入大学学习，均是提升其专业素养的有效途径。通过这些活动，他们能够接触前沿的教育理念和教学方法，进而拓宽自身的视野与思路。然而，受限于诸多现实因素，现有的专业发展培训往往缺乏足够的针对性，难以满足教研员的实际需求。许多培训课程的设计并未充分考虑到教研员的实际工作状况与专业特点，导致他们在培训过程中难以获得实质性的收获。此外，教研员在专业发展方向上的迷茫是一个亟待解决的问题。由于缺乏明确的职业规划与专业指导，许多教研员在追求专业发展的过程中往往感到无所适从。他们不清楚应该朝着哪个方向努力，也不明确如何有效地提升自身的专业素养与能力。这种迷茫与困惑不仅阻碍了教研员个人的成长与发展，也制约了教育教学质量的进一步提升。

在发展途径上，对教研员专业发展应然路径的阐释较多，如提出教研员要注重实践、注重反思、注重合作[②]，但对于具体的实践发展性路径与案例探索都较少，缺乏履职实践的行动研究。[③] 教研员的专业发展应当是一个兼具多元化与综合性的过程，其中涵盖实践、反思、合作等多个核心

---

① 王洁：《从"专业指导"到"专业支持"——上海市教研员现状调查的分析与思考》，《人民教育》2011年第9期。

② 时曦编著：《教研员专业成长之路》，广西师范大学出版社2008年版。

③ 李玉明、梁秀香：《我国"教研员"研究的文献计量分析》，《上海教育科研》2013年第8期。

环节。实践作为教研员专业成长的基石,要求教研员深入教育教学的实际,全面把握教育教学的规律与方法,从而逐步形成独特的教育教学风格与特色。因此,教研员应积极投身于教育教学实践,勇于尝试与探索新的教学手段与方法,不断提升自身的教学技能与水平。

反思则是教研员专业成长中不可或缺的一环。通过反思,教研员能够审视自身的教育教学实践,识别存在的问题与不足,进而寻求有效的改进与提升途径。这一过程有助于教研员不断完善教育教学理念,优化教学方法,从而提升教育教学质量与效果。此外,合作是教研员专业成长的重要途径之一。教研员应与同事、学生、家长等各方建立紧密的合作关系,共同研究教育教学的规律与方法,形成协作共同体。通过合作,教研员可以汲取他人的宝贵经验与智慧,拓宽自身的视野与思路,进而提升专业素养与综合能力。

研究提出,要建立相关保障机制,完善社会支持体系及培训机制,强调教研员要在合作、实践与反思中实现专业成长。为了保障教研员的专业发展,还需要建立相关保障机制,完善社会支持体系及培训机制。政府和社会应该加大对教研员专业发展的支持和投入,为教研员提供更多的培训和学习机会,帮助他们不断提高自己的专业素养和综合能力。同时,学校和教育机构应该为教研员提供更多的发展平台和机会,鼓励他们积极参与教育教学研究和实践,推动教育教学的发展和创新。但在制度设计上,教研员的专业研修还是一个盲区,教研员专业发展主要是靠自己的努力以及系统内的自觉自为。目前,教研员的专业研修还存在一些盲区和不足,需要进一步完善和规范。政府和教育机构应该制订更加科学和合理的教研员专业研修计划和标准,为教研员提供更多的研修资源和机会,促进他们的专业成长和发展。但可以明晰的是,教研员在教育教学领域中与周围人员共同行动,构建协作共同体,是其实现自身发展、担当时代责任的一条有效途径。

二 教研员区域信息化教学引领发展的窘境及"互动"出路

教育部部长怀进鹏曾在教育部举行党组理论学习中心组集体学习暨教育信息化首场辅导报告会中表示,教育系统要把教育信息化作为发展的战略制高点,以教育信息化推动教育高质量发展,以教育信息化引领教育现代化"信息技术对教育发展的推动作用具有革命性意义",教育信息化不仅是推动教育均衡发展的重要途径,更在教育改革中占据了主导地位。而区域信息化教学,则是推动区域教育发展的关键路径之一。教研员在其中肩负着引领区域信息化教学的重要职责。然而,随着新的教育理念和技术形态的不断涌现,许多教研员对于新理念、新技术的认知和实践尚停留在较浅层次,未能深入理解和把握其精髓。这不仅导致教研员难以形成对基层教师实践行为的有效指导,更难以提炼出区域教育教学的宝贵经验,难以探索出适合区域发展的信息化教学策略和方法。因此,加强教研员在新理念、新技术方面的学习和实践,以提升其专业素养和指导能力,是推动区域信息化教学的深入发展的必然举措。

从教研员的当前状况及其专业发展环境来看,众多教研员在长期的教育实践中,形成了作为指导者、检查者与评估者等行政化角色的固定思维。一方面,这些角色定位对于其履行职责、推动区域教育按照既定标准稳步发展起到了积极作用。另一方面,这种思维惯性在一定程度上阻碍了他们在引领区域信息化教学中的步伐,使其面临一系列现实挑战。首先,教研员往往面临着相关政策和机构支持不足的困境。数字化教学的深入推进,需要政策层面的有力支持和机构层面的全面保障。然而,由于缺乏这些必要的支持,教研员难以全面把握数字化教学的最新动态和知识体系,更难以获得信息化教学所需的资源和技术支持。其次,教研员在专业成长过程中缺乏自我提升的机会和途径,以适应数字化教学的需求。区域教育信息化的推进要求教研员具备更加丰富的技能和知识,包括信息技术的运用、教学设计与评估方法等方面的能力。但现实中许多教研员难以获得相应的培训和学习机会,也缺乏与同行交流、分享经验的平台。最后,在引领区域信息化教学的过程中,教研员需要转变角色定位,更多地发挥支持者、引导者、合作者等职能。这要求他们摒弃传统的行政化角色思维,以开放、协作、创新的态度,与研究人员、教师、学生等各方共同构建教育共同体,共同探索教育数字化转型的路径和方向,以实现自身的专业发展。

教研员专业发展的过程是动态的过程,是与其职业价值的体现紧密联系在一起的,[①] 教研员角色的起点是一名教师,他必须精通学科基础,熟谙教学之道,有着丰富的教学经验,面对纷繁变化的课堂,也能清晰而准确地把握教育教学的规律与细节。但是,他不能仅仅是一般的教师,他要有高于一般教师的视野,他要以较强的专业研究能力而成为一线教师的业务引领者,是一个以研究为主要职业任务的教师。不过,教研员不能满足于自我研究和纯理论研究,他的职业价值要通过"教师的教师"这一角色来体现,传播思想、普及方法、共同研讨探索是教研员开展工作的主要方式。所以说,教学经验是其角色之本,学术视野与研究能力是其职业发展之"翼",开放协作是其专业发展必不可少的基石。

因此教研员的成长发展是在其交互传播、角色实践过程中得以呈现的[②],教研员需要在研究与实践行动中实现其专业成长,教研员本身的中介性与信息化教学本身的创新、研究特征更决定了其只能在互动合作关系中得以发展,即区域信息化教学中教研员的角色担当与专业成长,需要依赖共同体。共同体的构建则应当从信息化教学创新传播的角度来审视,从传播的角度看,在实践场域中,区域信息化教学推广有三类关键角色[③],即:以教育局行政机构人员为代表的采纳决策者,以教研员、校长、典型教师为代表的意见领袖,以及以一线实践教师群体为代表的应用实践者三类角色。但从信息化教学本身所具有的创新性与研究性特征来看,高校、科研机构的研究人员在其中亦起着重要的理念传递、创新修正、实践提升的作用,需要增加此类研究者角色。因此,教研员在区域信息化教学推广中,所接触的关键角色主要包括研究者、行政人员、学校管理层与一线教师。彰显教研员中介特质,架起沟通各方角色的桥梁,构建区域教育信息化共同体,则是其实现专业发展的必由之路。而在当今,这样的发展之路该如何产生,又如何令广大教研员们遵循呢?

[①] 刘宝剑:《教研员的职业角色与工作智慧》,《上海教育科研》2009 年第 8 期。
[②] 王洁:《教研员:断层间的行者——基于实践角度的分析》,《人民教育》2008 年第 19 期。
[③] 赵可云:《创新推广视野下基于 B–PDS 的区域信息化教学推广模式研究》,《电化教育研究》2016 年第 4 期。

第二节 教研员区域信息化教学引领力 U–D–S–P 发展路径的构建过程

一 教研员区域信息化教学引领力 U–D–S–P 发展路径的提出

如上文所述，教研员区域信息化教学引领力的发展需要建立在与关键角色的互动基础之上。在教师专业发展路径上，PDS 或 U–S 作为一种建立在人际交流沟通、理念传递与现实实践相互促进的路径，在国内外取得了巨大成功，为教研员专业发展提供了借鉴思路。

PDS（Professional Development School），即教师专业发展学校，这一概念起源于 20 世纪 80 年代的美国。当时，美国联邦政府为了消除社会公众对教育教学现状的不满、全面提高中小学教师培育质量，掀起了一场教师专业化运动的教育改革浪潮。在这一背景下，PDS 应运而生，成为提升教师教育质量、推动教育创新的重要途径。PDS 的理念基于全美对教师教育重要性和必要性的深刻认识。它强调以中小学校为中心，将大学教育学院与一所或多所中小学紧密地联系在一起，建立起长期稳定的合作关系。这种合作模式将教师职前培养、在职培训和中小学校改革融为一体，旨在培养具备高度专业素养和教育实践能力的教师，同时推动中小学校的改革与发展。在美国，PDS 的发展经历了从试点到普及的过程。越来越多的州开始建立 PDS，并不断完善其运行机制。这些 PDS 不仅为师范生提供了丰富的实践机会，也为在职教师提供了持续学习和专业成长的空间。同时，PDS 促进了大学与中小学之间的交流与合作，推动了教育资源的共享和优化配置。近些年来，中国也开始借鉴 PDS 的成功经验，推动教师教育的改革与发展。一些教师教育机构对原有的实验学校进行了改进，建立了与地方政府和社会联合培养师范生的新机制。这些机构通过加强与中小学的合作，为师范生提供了更多实践机会，帮助他们更好地适应教育教学工作。同时，一些地方师范院校与当地中小学校建立了紧密的合作关系，共同开展教育实践活动和教师培训项目。例如，首都师范大学在北京地区建立了教师发展学校（TDS），这是一种具有中国特色的 PDS 模式。TDS 以中小学教师为主要服务对象，通过提供系统的培训和教育资源支持，帮助教师提升专业素养和教学能力。同时，TDS 积极参与中小学校的教育改革，推动教育教学方式的创新和实践。这些 PDS 和 TDS 的成功实践表明，教师教育机构与中小学之间的紧密合作对于提升教师教育质量、推动教育创新具有重要意义。未来，中国应继续深化这一合作模式，探索更多有效的教师培养和发展途径，为培养更多优秀教师、推动教育事业发展作出更大贡献。

PDS 作为一种创新的教师教育模式，已经在全球范围内得到了广泛的关注和应用。它强调教师教育的实践性和专业性，注重大学与中小学之间的合作与交流，为培养高素质的教师队伍、推动教育创新提供了有力的支持。中国应继续借鉴 PDS 的成功经验，推动教师教育的改革与发展，为培养更多优秀教师、提高教育质量奠定坚实基础。

U-S 合作，即大学与中小学之间的伙伴关系。作为一种推动中小学校变革实践的重要机制，U-S 合作不仅有助于提升教师的专业素养，还能推动教育的创新发展。U-S 合作的核心在于建立互助共同体，实现资源共享与优势互补。大学拥有丰富的教育资源、先进的教育理念和研究方法，而中小学则拥有实践经验和丰富的教育场景。通过 U-S 合作，双方可以共同开展教育教学研究、教师培训等活动，从而拓展教师学习的情境，提升教师的专业素养。此外，U-S 合作能够使跨界学习成为教师实现专业发展的重要机制。中小学教师通过与高校专家的互动协商，可以接触更多的教育理念、教学方法和研究成果，从而拓宽视野、更新观念。同时，高校专家也能通过深入了解中小学教育实践，将理论与实践相结合，推动教育的创新发展。在跨界知识的转化与更新方面，中小学教师通过与高校专家的合作，可以实现三种方式的转变。首先是单向接收中的知识迁移，即教师从高校专家那里获取新的教育理念、教学方法等，并将其应用到自己的教学实践中；其次是深化理解下的知识转译，即教师在实践中不断反思、总结，将所学的理论知识转化为自己的教学经验和智慧；最后是探究研讨后的知识变革，即教师与高校专家共同开展课题研究、教育实验等活动，通过深入研究、探讨，实现知识的创新和变革。U-S 合作还为中小学教师跨越传统教研组和学校等共同体的边界提供了机会。传统的教研组和学校共同体往往局限于本校或本地区的资源和经验，而 U-S 合作则可以将教师的视野拓展到更广阔的领域。通过与高校专家的合作，教师可以接触更多的教育资源和教育理念，从而拓宽自己的知识结构和思维方式。U-S合作作为推进中小学校变革实践的一种重要机制，在促进中小学教师跨界学习方面发挥着重要作用。通过建立互助共同体、实现资源共享与优势互补、推动跨界学习等方式，U-S合作有助于提升教师的专业素养、推动教育的创新发展。因此，我们应该进一步推广和深化U-S合作，为中小学教育的改革和发展注入新的活力。

而从教研员本身在信息化教学中的角色与现实环境来看，教研员既是"信息化教育理论"实践应用的研究者、引领者，是一线教师信息化教学实践的示范者、服务者，也是区域信息化教育教学改革的规划者与管理者。

作为"信息化教育理论"实践应用的研究者、引领者，教研员通过深入研究和探索信息化教育的理论基础和最新发展趋势，推动信息技术与教育的融合，并经由学术研究、撰写论文、组织学术交流等活动，为区域教育共同体提供前沿的理论支持。他们深入探索信息化教育的内涵和外延，研究如何将先进的教育理论融入教学实践。他们不仅要理解并掌握信息化的教育理念，还要通过实证研究，探索信息化教育的有效方法和策略。这样的研究过程，不仅推动了信息化教育理论的发展，也为一线教师提供了可借鉴的教学经验。

作为一线教师信息化教学实践的示范者、服务者，教研员通过自身丰富的实践经验和专业知识，为一线教师提供信息化教学的示范和指导，并组织教学观摩、开展教学示范课、提供教学资源和技术支持等，帮助教师有效地运用信息技术改进教学质量。他们不仅要自身先行一步，通过自身的实践，展示信息化教学的魅力和效果，还要积极为一线教师提供指导和帮助。他们通过举办培训班、研讨会等活动，帮助教师掌握信息化教学的基本技能和方法，解决教师在实践过程中遇到的问题。这样的服务，不仅提高了教师的信息化教学能力，也激发了教师参与信息化教学的积极性。

作为区域信息化教育教学改革的规划者和管理者，教研员参与区域教育教学改革的规划和管理工作，与教育行政部门和学校合作，制订信息化教育发展的规划和政策，推动信息技术在教育领域的广泛应用。他们站在全局的高度，根据区域教育的实际情况和发展需求，制定出科学合理的信息化教育教学改革方案。他们不仅要负责方案的实施和推广，还要对改革过程进行监控和管理，确保改革能够顺利进行。这样的规划和管理，不仅推动了区域教育的整体发展，也为教育信息化教学的深入实施提供了有力保障。

在这个过程中，还存在一些不可忽视的问题。首先，教研员要明确信息化教学不是简单的技术应用，而是教育理念的更新和教育模式的创新。因此，在实践过程中，不能仅仅停留在技术的表面应用上，更要深入探索信息化教育的本质和内涵。其次，教研员要注重教师的专业发展。教师的信息化教学能力不仅关系信息化教学的效果，也关系教师的职业发展和教育教学的整体质量。因此，要通过多种途径和方式，提高教师的信息化教学能力，为他们的职业发展创造更多机会和空间。最后，教研员要注重教育公平。在信息化教学的推进过程中，我们要关注城乡、区域、学校之间的差异，确保所有学生都能够享受到优质的教育资源和服务。

可以看到，教研员作为区域信息化教学中的纽带，既要面向区域一线，指导实践、推动区域改革，又要面向行政机构，提供决策建议、优化改革环境，更要提升自身信息化理论、发展自我、升华认知。

二 教研员区域信息化教学引领力 U-D-S-P 发展路径的内涵

基于以上分析与思路借鉴，本书提出教研员区域信息化引领力发展的 U-D-S-P 路径。

U 指高校，指向高校或科研机构研究人员。在信息化教育实践的推进过程中，教研员与高校及科研机构的研究人员间建立了紧密而富有成效的协作关系。这种关系不仅基于双方的相互支持与促进，更在于共同推动教育信息化的发展、提升教育质量，培养更多具备信息化素养的优秀人才。教研员作为一线教育工作者，对于教育实践中的问题与挑战有着深刻的体验和独到的见解。他们通过与高校及科研机构的研究人员合作，能够更好地把握教育信息化的前沿动态，了解最新的教育理念和技术手段。同时，教研员可以将自身的教学经验和实际需求反馈给研究人员，为他们的研究提供宝贵的实践素材和灵感来源。高校及科研机构的研究人员则拥有深厚的学术背景和丰富的研究经验。他们可以通过开展实证或理论研究，探索信息化教育的理论和实践问题，为教育实践提供科学的指导和支持。在与教研员的合作中，研究人员可以将最新的研究成果和技术手段应用于教育实践，推动教育信息化的发展。双方的合作形式多种多样，可以携手开展研究项目，组建跨学科、跨领域的研究团队，共同探索信息化教育的创新路径。此外，高校及科研机构的研究人员可以担任教研员的专业顾问，为其提供学术指导和技术支持。他们可以参与教研员组织的教研活动，针对具体问题进行深入探讨和解答，为教研员提供有针对性的改进建议。除了直接的研究合作，双方还可以开展人才培养和学术交流活动。教研员可以参加高校或科研机构组织的研讨会、培训课程和学术会议等，与专业人士进行深入交流，拓宽自己的学术视野和知识面。同时，他们可以将自己在教育实践中的经验和成果分享给更多的教育工作者，推动教育信息化理念的普及和实践的深入。高校和科研机构也可以邀请教研员参与教育研究项目，担任讲师或指导学生，共同培养更多的信息化教育专业人才。这种合作模式有助于实现资源共享和优势互补，推动教育信息化事业的持续发展。教研员与高校及科研机构研究人员的紧密协作是推动教育信息化发展的关键力量。通过双方的合作与交流，可以共同探索信息化教育的创新路径、提升教育质量，培养更多具备信息化素养的优秀人才。这种合作模式不仅有助于提升教研员的科研能力和专业素养，也有助于推动高校及科研机构研究成果在教育实践中的应用和转化。

D 指行政机构，教育信息化发展的道路上，教育行政机构的行政人员扮演着关键角色，他们引领并推动着区域教育信息化的发展进程。教育信息化，即以现代信息技术为手段，促进教育的现代化和高效化。在这一过程中，教育行政机构的行政人员不仅要对现代信息技术有深入的了解和掌握，还要具备高度的战略眼光和决策能力。他们负责制定和执行教育信息化的相关政策，确保教育信息化的顺利推进。教研员作为教育行政机构中的一支重要力量，以其专业性和对信息化教学的深入理解，为教育行政机构提供了宝贵的专业意见和建议。教研员在教育信息化进程中，不仅是政策的制定者，更是执行者。他们通过与教育行政机构紧密合作，共同推动信息化教学的普及和发展。他们深入一线，了解学校和教师的实际需求，为制定更加符合实际的教育信息化政策提供了有力支持。他们积极参与信息化教学的实践探索，不断总结经验，为其他学校和教师提供可借鉴的范例。此外，教研员在教育信息化的评估和监控方面发挥着重要作用。当教育行政机构需要对信息化教学的实施和效果进行评估和监控时，教研员凭借其丰富的专业知识和实践经验，能够提供精准、客观的评价和反馈。他们参与制定评估标准和方法，确保评估结果的公正性和科学性。同时，他们针对评估中发现的问题和不足，提出具体的改进建议和措施，为完善信息化教育的监管和评估体系贡献智慧。在教育信息化的道路上，教研员与教育行政机构相互支持、协作，共同致力于区域信息化教学的发展和改进。他们通过深入研究、实践探索和政策制定等多种方式，推动教育信息化不断向前发展。这种紧密的合作关系不仅有利于提升教育行政机构的决策水平和管理能力，也能够促进教研员的专业成长和职业发展。

S指一线中小学校，指向中小学校的管理者（诸如校长等）。在推动学校信息化教学进程中，中小学管理者需全面把握信息化教学的核心理念、实施策略及实践路径。他们既要关注信息化教学设备的投入与更新，更应注重有效利用这些设备以提升教学质量和效率。同时，积极营造信息化教学的良好氛围，以激发师生参与信息化教学的积极性和热情，是管理者的重要职责。在这一关键进程中，教研员的作用至关重要。作为专业的教育研究人员，教研员具备丰富的教育理论和实践经验，能够为中小学管理者提供全方位的专业支持和指导。在信息化教学方面，教研员能够协助管理者制定科学合理的信息化教学规划，明确教学目标和实施路径，为信息化教学的顺利实施提供有力保障。此外，教研员通过举办形式多样的培训活动，帮助中小学管理者提升信息化教育能力和教学管理水平。他们定期组织研讨会和培训班，邀请相关领域的专家学者进行授课和经验分享，使管理者能够及时了解信息化教学的最新动态和先进理念。同时，教研员结合学校的实际情况，开展针对性的培训活动，帮助管理者解决在信息化教学过程中遇到的困难和问题，推动学校信息化教学水平的不断提升。通过教研员的专业支持和指导，中小学管理者能够更加深入地理解信息化教学的理念和方法，进一步提升在信息化建设与规划方面的水平。这不仅有助于推动学校信息化教学进程的发展，还能提高学校的教学质量和管理水平，为培养更多优秀人才奠定坚实基础。

P则指中小学一线实践教师。在传统观念中，与教研员关系最为密切的无疑是那些身处中小学一线的实践教师。他们之间的紧密联系，源自教研员自身的成长路径。大多数教研员都曾在中小学一线担任相应学科的任课教师，他们清楚一线教师的需求与挑战，因此能够为他们提供专业支持和实践指导，实现双方的良性互动。教研员作为教育领域的专家，他们的职责不仅仅是指导实践教师进行教学工作，更要帮助他们不断提升教学质量。通过与中小学一线实践教师的紧密合作，教研员能够深入了解教师的教学实践，发现其中的问题和不足，并提供针对性的建议和改进措施。这种互动不仅有助于提升教师的专业能力，还能够促进他们在教学中的创新和进步。在信息化教学日益成为主流的背景下，教研员与中小学一线实践教师之间的合作显得尤为重要。教研员可以为教师提供关于信息化教学的专业培训和指导，帮助他们更好地了解和掌握信息化教学的最佳实践。同时，他们可以与教师分享自己的教学资源和经验，促进教学资源的共享和交流。面对教学中的各种挑战和问题，教研员与实践教师之间的合作更是不可或缺。他们可以通过共同研讨、互相学习和协作，找到解决问题的有效方法。教研员的专业知识和经验能够为教师提供有力的支持，而教师的实践经验和反馈则可以为教研员提供宝贵的参考和启示。通过互相支持、合作和协作，教研员与中小学一线实践教师共同推动信息化教学在区域中小学中的落地和发展。

教研员区域信息化教学引领力 U–D–S–P 发展路径相较于传统的 PDS 或 U–S 路径，增加了 D 与 P，这是由于教研员在区域中具有天然行政化色彩，且与行政机构的交流颇多。而增加 P 则是为了凸显教研员在区域信息化教学中最终面向的实践主体——一线教师。

教研员区域信息化引领力发展的 U–D–S–P 路径，就是指教研员通过与具有信息化教学理念的高校（科研机构）人员、拥有行政决策权的当地教育行政人员、拥有学校管理决策权的学校管理者、信息化教学实践主体一线教师的共同双向互动，借助多元参与者营造的共同体环境，实现区域信息化教学引领力发展的途径。必须指出的是，教研员引领力发展的 U–D–S–P 场域，恰是实现区域信息化教学科学持续性推进的动力场。

第三节　教研员区域信息化教学引领力 U–D–S–P 发展路径的可行性与价值

一　U–D–S–P 发展路径的可行性

教研员的"桥梁"角色特点决定了 U–D–S–P 路径的可行性。有学者从社会变革中的教研活动系统结构角度指出，教研员的现实作为就是教研员群体结合自身的"中间地带"优势，领导建立一种教学管理和研究的生态系统。① 而在区域信息化教学推广中，教研员的活动系统结构关系可以用下图表示（见图7-1）。

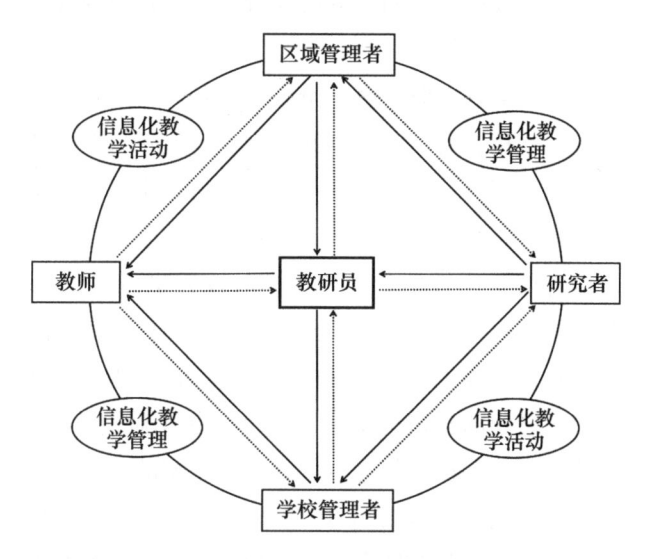

图7-1　区域信息化教学中教研员活动系统结构关系

在这一活动系统结构关系中，教研员活动的功能主要表现为其以信息化教学管理机制形成与信息化教学实践行为发展为追求，前者是区域信息化教学推广的基础与保障，后者是区域信息化教学推广的核心与目标。其行为发生在教研员和研究者、区域行政人员、学校管理者、一线教师间，教研员区域信息化教学引领力发展也体现在这种关系中。

教研员的"研究特质"决定了在其与研究者互动中，实现信息化教学理念的认知与提升创新。青出于蓝，而胜于蓝。教研员来自一线教师，但是要高于一线教师。高在哪儿？一是他们教育教学的基础理论知识丰富，对国家的教育教学文件的理解和认识要深刻到位。二是他们教学经验丰富，有很深刻的课堂教学底蕴。三是他们专业知识功底深厚，专业技能精巧熟练，相关知识渊博，相关能力广而通。四是最重要的，就是教研员学习能力强。只有不断地学习，才能不断地进步。这四个方面恰恰是由教

---

① 杨小敏、向蓓莉：《促成并引领富有研习智慧的教学协作——社会变革中教研员职能的再定位》，《中国教育学刊》2011年第6期。

研员的"研究特质"所决定的。由于工作与现实的需要,教研员必须不断地"前进",立足现实又把握现实,不断研究和学习教育教学的理论知识与相关政策,这与我们通常而言的研究者的职能是吻合的,因而教研员与研究者的互动是十分必要的。

教研员通过学术会议、研讨会、论坛等平台与研究者共同合作,进行知识共享与交流,互相启发,激发创新思维。研究者从教研员的实践中发现问题,提出新的研究方向和课题,从而推动信息化教学理念的认知与提升创新。教研员则从研究者的理论研究中获取新的思路和方法,以更系统和科学的方式推进信息化教学的实施。同时双方也可以结合实际教学需求,设计和撰写信息化教学的教材和指南,为教师提供实用的教学工具和方法。这种合作不仅有利于推广信息化教学理念,也能够促进研究成果的应用与推广。他们之间的合作与交流,有助于深化对信息化教学的理解,促进教学方法的创新,并推动信息技术在教育领域的应用。

教研员的"实践特质"决定了其在与教师互动中,实现理念的传递与实践的创新再生。"正确的路线确定之后,干部就是决定的因素。"教研员是将教育部《义务教育课程方案和课程标准》贯彻、落实到课堂的关键人物,教研员是指导学科课堂教学重要的环节。大多教研员在工作中充斥着浓厚的实践氛围,这使得其职业要求必备的"实践特质"得以充分地体现,并且教研员大多为来自本学科教育教学一线"摸爬滚打"出来的优秀分子,这更要求其与一线教师之间要具备畅通的交流"桥梁",以此真正实现理论与实践的良性互动,向一线课堂传递上层政策,拔高教师理论层次。具体来说,教研员通常要组织和带领任课教师学习领会和贯彻落实《义务教育课程方案和课程标准》的精神和理念,在每个学期的教研工作中深入课堂教学的第一线,认真地听课、评课,查看和批改教师的教案,精心地指导任课教师的教学工作,积极地组织开展学科教师的研究课、公开课和观摩课等活动,提升教师的教学能力。

教研员与教师的互动是教学领域中一项重要而富有成效的合作方式。正如上文所述,教研员通常具备丰富的教育经验和专业知识,他们能够将最新的教学方法、教材资源、评估工具等信息传达给教师,这种理念的传递促使教师们积极更新自己的教学观念,不断提升教育教学质量。教研员与教师的互动也能够激发教师的创新思维,推动教学实践的创新再生。教研员在与教师的交流中，会关注教师们在教学中遇到的问题和挑战，并提供针对性的指导和支持。教研员鼓励教师们勇于尝试新的教学方法、教学策略和评估方式，鼓励他们开展小型研究项目，探索适合自己学科和学生的教学模式。这种实践的创新再生为教师提供了一个积极的学习环境，使他们能够不断改进自己的教学实践，提高学生的学习效果。

教研员的"行政特质"决定了其在与学校管理者互动中，实现实践的校域落地与机制构建。"组织工作是一门艺术"，在区域实施教研工作时，教研员通常会作为区域或是校域相应学科的"引领者"，组织和协调各种资源和人员，管理教研项目和教研团队，根据实际情况和专业知识作出科学的决策，承担相应的责任。另外还需要考虑到与学校管理者、教师、学生、家长以及其他相关人员合作关系的构建，形成合作共同体。与校长这一领导者的角色类似，他们需要激发团队成员的积极性和创造力，引领团队朝着共同的目标努力，这要求教研员还需要具备信息化前瞻力、信息化管理能力、信息化协调能力等，以示范和激励他人。"行政特质"孕育于教研员与地方教育行政部门、学校管理者的工作互动当中，这在组织能力、管理能力、决策能力、沟通能力和领导能力等方面得到体现。这些特质帮助教研员有效地组织和实施教研工作，推动教育教学的改进与发展。

教研员与学校管理者之间的互动有助于将教研成果真正落地到校园实践中。教研员通过与学校管理者的交流，了解学校的教育需求和发展目标，并针对性地提供教研支持和服务。充足的教研支持有助于构建有效的机制和体制，支持教研成果的应用和推广。教研员与学校管理者之间的互动还有助于形成共识和合力，推动学校整体发展。教研员可以积极参与学校管理层的决策和规划过程，提供专业建议和支持。他们可以与学校管理者共同制定学校的教育目标和发展方向，明确各个层面的责任和任务分工。通过这种合作，教研员和学校管理者形成紧密的合作关系，共同推动学校的教育教学改革和发展，实现教育质量的提升和学生素质的全面发展。

教研员的"面向整体"特质决定了其在与区域管理者的互动中，实现区域统筹的设计与再造。教研员的工作千头万绪，有关于学科教学方面的业务工作都要抓，要面面俱到，在每一个细小的环节都不可有一点的疏忽大意。对于任何具体的细小问题，都要细细思量，考虑周全，谨慎行事，严肃对待，严格管理，不可随意听之任之。这就要求其在思量教育信息化问题的时候要学会"俯瞰"整个区域，以系统化的观点对待教育教学，结合区域教育特点与突出问题，紧扣现实需求，跳出某一学科或某一学校、某一学段的思维惯性"栅栏"，实现区域整体的统筹设计，并与区域管理者携手并进，再创区域教育信息化新局面。

教育教学的发展要建立在全时空的大教育观之上，这在教研员与区域管理者的互动中体现得尤为明显。教研员与区域管理者的互动有助于实现教育资源的统筹配置，确保教育资源的合理配置，避免资源浪费和重复建设。师资建设方面，教研员可以通过与区域管理者的合作，建立起跨学校的教研网络，促进教师之间的交流与合作，这不仅可以提高教师的专业素养和教学水平，也可以促进学校之间的资源共享与学习互助，推动整个区域的教学质量的提升。统筹规划方面，双方可以共同研究和探索教育改革的方向和路径，制定相应的政策和措施。教研员可以提供专业的教研支持和咨询服务，为区域管理者提供相关数据和研究成果，为教育改革的决策提供参考。同时，区域管理者可以通过与教研员的合作，了解教研的最新动态和趋势，及时调整政策和方案，确保教育改革的顺利实施。以上这类合作发展，皆须建立在教研员"面向整体"的思维特质之上。

在教研工作中，教研员最忌"自我封闭"和"自我陶醉"型的错误教研方式。自我封闭型的教研指下校听课过少，不能深入课堂教学一线，掌握课堂教学的实际情况，就会失去教研工作的指导意义，如"电话教研"。自我陶醉型的教研指教研计划设计得不科学，重数量轻质量，整天路途奔忙，往来流动，造成教研工作走马观花，浮于表面，严重地影响了教研工作的质量。因此，教研员在发展其区域信息化教学引领力时要紧抓"研究特质""实践特质""行政特质""面向整体"这四大职业要素，体现其中介特征。

U-D-S-P路径，既是体现教研员中介特征的舞台，更是具有生命力的实现其自身专业发展平台。其展示了在当今飞速变化、技术不断迭代的时代中，教研员作为推动区域教育信息化关键角色的纽带特质与前行道路，体现了教研员职业发展路途中的对于区域信息化教学引领力发展的迫切要求与发展缺口，更加彰显教研员于区域信息化教学中独特的枢纽作用，这对促进教育教学的创新和改进、实现教育资源的共享和优化配置、推动教师专业发展和能力提升、促进教育公平和均衡发展有着重要的意义，有力地支持与指引了教研员的区域信息化教学引领力的发展，这也是区域不断推动教育数字化转型的题中应有之义。

二 教研员区域信息化教学引领力发展的 U-D-S-P 路径价值

U-D-S-P 路径的价值在于，在塑造教研员专业引领力提升的同时，借由其所构造的多元互动关系实现区域信息化教学可持续性发展。这一路径着重体现了教研员的个体专业引领价值，在加强其在信息化教学方面的专业素养和领导力，并作为一种隐形职业机制内含于区域信息化教学发展的过程中，刺激区域教师共同体发展生命力，有助于区域信息化教学内生性发展机制的形成。

（一）U-D-S-P 路径使得教研员个体专业引领价值得以体现

借由 U-D-S-P 路径，教研员把信息化教育教学的思想在区域范围内传递，将区域范围内的实践经验进行归纳、总结、提炼，升华形成符合地域特征的区域信息化教学策略与推广机制。教研员"教学研究"的专业特征得以彰显，真正地实现了"教学实践"与"理论研究"的有机结合，起到了"中间传递"与"理论转化为实践"的桥梁作用，教研员的专业价值得以体现，个体理论与实践的专业能力得到了提升，教研员所承载的服务、引领与研究的角色得以实现。

（二）U-D-S-P 机制使得教研员引领区域构建教师共同体更具发展活力

一线教师是信息化教学的最终实施者，其信息化教学能力决定了区域信息化教学所能达到的高度。在区域教育教学变革中，教研员扮演着与一线教师直接交流的角色。教研员若能通过 U-D-S-P 机制发挥自身在区域信息化教学中的引领作用，则能盘活区域教师的共同体意识，使教师在理念与价值认同上都有良好的获取反馈渠道。教研员借由 U-D-S-P 载体通过教研、培训、示范等策略将信息化教学理论转化为区域教师群体的信息化教学实践行为，使群体教师信息化教学理论与实践行为均得到发展，群体教师逐渐形成信息化教学思想与教育教学变革思维，为其日后应对新的信息化教学发展与教学变革做好心理与实践准备。

（三）U-D-S-P 机制有利于区域信息化教学内生性发展机制的形成

信息化教学本身处于动态发展过程中，且每个区域的教育教学有其本身的特征。教研员引领的区域信息化教学的核心应当是培养出能够引领本地可持续发展的信息化教学共同体,而这也是教研员本身"面向区域"所应当具有的责任与义务。唯有如此,才能更好地适应与面对未来的区域教育教学变革和信息化浪潮。U-D-S-P 机制是这种内生性发展机制形成的温床,借由此,对本地信息化教学理念与运行机制进行科学总结,提炼形成符合地域特征的区域信息化教学运行体系,能在更大层面减少区域推广的障碍,使地域化的经验更具科学推广性,建立起的运行机制能为日后的教育教学改革提供运行层面的借鉴,为日后教育教学改革打下基础。

借由 U-D-S-P 机制,实现教研员区域信息化教学引领力发展,带动区域群体教师信息化教学能力的发展、区域信息化教学运行机制的形成,关键都在于能够营造区域教育变革意识与构建符合地域特征的运行机制,为现在与未来本地区域教育变革奠定根基,这也正是教研员引领区域信息化教学的愿景。

第四节　教研员区域信息化教学引领力发展的 U-D-S-P 实现策略

教研员区域信息化教学引领力是在推动区域信息化教学发展的过程中,教研员引导、带领、影响区域信息化教学组织及组织内部人员,对信息化教学进行实践与研究,以提高区域信息化教学水平为使命的一种综合力。前瞻力、研究力、规划力、影响力、评估力和实践力是构成教研员区域信息化教学引领力的六个核心要素。[①]

教研员区域信息化教学引领力作为一种综合力,其六个核心要素的形成与发展主要贯穿在三种具体行为中:培育形成自身信息化教学理念认知,实现信息化教学理念向教师教学实践行为的转化,构建区域信息化教学整体可持续推进的策略机制。这三种行为是教研员引领区域信息化教学推广的三个关键,且都处于动态更新中。其引领力发展在三种行为的实践过程中得以体现,这三种行为能力相伴相生,相互反哺。

---

① 赵可云、杨鑫:《教研员区域信息化教学引领力模型研究》,《电化教育研究》2017 年第 3 期。

为了表述方便，下文将其分别加以梳理（见表7-1）。U-D-S-P下的教研员区域信息化教学引领力专业成长发展是累积性的，教研员思想与行动互动，情感与智慧交互，不断促进着其专业成长道路的发展。

表7-1　教研员区域信息化教学引领力发展的 U-D-S-P 路径

行为交互	U	D	S	P
\multicolumn{5}{信息化教学理念认知与发展}
交互对象与教研员价值	开阔视野，传递思想 提炼实践，升华理念	面向区园：支持服务 管理保障，行政助推	面向校域：支持服务 管理保障，行政助推	实践印证，理念更新
交互方法与载体	调查分析，理念培训 案例观摩，实践研讨	视野开阔，规章指引 政策驱动，激励评估	实践反馈，规章指引 平台搭建，激励评价	实践反馈，互动交流
教研员自身行为	\multicolumn{4}{研究、反思、创新}
\multicolumn{5}{信息化教学理念向教师实践行为转化}
交互对象与教研员价值	实践转化，持续发展 变革引领，升华理念	面向区域：支持服务 管理保障，行政助推	面向校园：行为影响 支持服务，管理保障	实践主体，速度质量
交互方法与载体	调查分析，培训研讨 课题转化，典型剖析	行为支持，态度影响 政策支持，激励驱动	亲历实践，政策支持 规章约束，激励驱动	示范参与，案例剖析 课例观摩，教学展示 专题研讨，多元交流
教研员自身行为	\multicolumn{4}{实践、研究、反思、创新}
\multicolumn{5}{区域信息化教学推进机制发展形成}
交互对象与教研员价值	理论指引，协助构架	面向区域：路径指引 区域决策，激励评估	面向校域：校域决策 政策机制，激励评估	团体构建，实践印证 机制修正，创新发展
交互方法与载体	调查分析，合作研讨	政策机制，规章指引	政策机制，规章指引	实践反馈，互动交流
教研员自身行为	\multicolumn{4}{管理、反思、再造}
\multicolumn{5}{技术支持：借助媒体软件平台工具实现教研员推广形式的多元化}

一 信息化教学理念认知形成发展

教研员信息化教学理念认知形成发展,是其在信息化教学领域中建立威望、引领变革的基石。随着信息技术的迅猛发展和广泛应用,信息化教学已成为教育领域的重要趋势。在这一背景下,教研员的角色定位的重要性越发凸显。他们不仅需要具备深厚的教育教学理论知识,还需要具备前瞻意识,以开放包容的心态接受新的教育教学理念。

信息化教学与传统教学相比,具有显著的新颖性和专业性。教研员需要用研究的眼光去审视和解决信息化教学中遇到的实际问题,这要求他们加强信息化教学改革意识与理论修养。通过与大学、相关科研机构人员进行深入交流,教研员能够更全面地了解信息化教学的最新理念和实践模式,从而为自己的教学研究和改革提供有力支持。在理念的发展过程中,教研员与研究人员的交互沟通发挥着关键作用。前期,教研员多处于聆听和接受的位置,研究人员通过深入的调查分析,了解当地信息化教学现状,并在此基础上为教研员提供形象化的感知材料,如实践观摩、案例分析等。这些活动帮助教研员初步建立对信息化教学的认知,打开信息化教学思维的窗口。随着理念的推广和实践的深入,教研员与研究人员的互动变得更加丰富和深刻。地域化的信息化教学理念在实践过程中逐渐萌生,教研员与研究人员的双向互动促使信息化教学理念更加符合当地的教育教学实际。这种互动不仅使教研员的信息化教学理念认知更加丰富和深刻,还为其生成符合地域特征的信息化教学理念思维提供了有力支持。教研员作为有思想的教育行动者,他们的信息化专业理念在实践中应用后,会发展出新的地域性特征。新理念的萌发和创新往往是在与实践教师的交互中生成的。教研员通过调查分析和与实践教师的沟通,了解教师在现实教育教学中对信息化教学理念的贯彻情况,从而实现新理念的实践推广和问题的及时发现与改进。这种有针对性的方式有助于形成符合区域特点的信息化教学理念。

此外,教研员在研究与实践中实现信息化教学理念的认知发展,离不开行政机构的服务支持。行政机构可以通过制定规章制度、政策引导和提供激励保障等方式,为教研员群体提供更多的发展与实践机会。这不仅有助于教研员接触新的信息化教学思想和理念,还为其在区域内传播理念提供了有力支持。同时，校域管理层应为校域与教研员的交互提供支持，提供校域信息化教学理念传递的渠道，促进校域教师群体与教研员的沟通互动。这些措施有助于教研员的信息化教学理念能够快速有效地在校域内得以传递和应用。

在江苏省苏州市，教研员这个群体被形象地称为"学科司令"，这个称号不仅体现了教研员在教育教学工作中的重要地位，更凸显了他们在推动教育改革与发展中的关键作用。教研员作为学科领域的专家，不仅需要具备深厚的专业知识，还需要具备对教育教学实践深入洞察和把握的能力。因此，针对教研员工作的情景性、实践性等特点，如何为他们提供有效的专业赋能，成为一个亟待解决的问题。为了在理论与实践之间架起一座坚固的"桥梁"，构建了教研与科研融合的"大教研"模式。这一模式的构建旨在通过教科研重心、方式和组织形式的转型，实现教研员角色的深刻转变。具体来说，教研员需要从单纯的专业引导走向方向引领，从单一的学科指导走向全面的专业支持。同时，教研人员与科研人员需要从过去的悬空隔离走向双向融通，形成紧密的合作关系。在"大教研"模式下，教研员将更加注重向实践学习，从实践中汲取营养，提升自身的专业素养。他们将通过深入课堂、观察教学、与教师和学生交流等方式，了解教育教学的实际情况，发现存在的问题和不足，并提出有针对性的改进措施。同时，教研员将积极参与科研项目的研究，将理论与实践相结合，探索教育教学的新思路、新方法。此外，教研员信息化教学理念认知的形成与发展是一个持续的过程。随着信息技术的不断发展，信息化教学已经成为现代教育教学的重要组成部分。因此，教研员需要不断更新自己的教学理念，掌握新的教学技术和方法，以适应信息化教学的需求。这既需要教研员自身的不断努力和学习，也需要外部环境的支持和帮助，为区域信息化教学的推广和实践作出更大的贡献。

二　信息化教学理念向实践的转化创生

在信息化教学的浪潮中，教研员发挥着至关重要的作用。他们不仅帮助教师完成信息化教学理论向教学实践行为的转化，更在区域信息化教学中建立起自己的威望，体现了专业担当，并引领着教学变革的潮流。教研员的这种转化能力，既是其信息化教学引领力的核心体现，也是其专业价值和影响力的基石。

在这一转化过程中，教研员与教师的交互沟通至关重要。教研员不仅是引领者，更是实践者，与一线教师共同探索信息化教学的真谛。教研员在研读与分析信息化教学理念的基础上，形成具有实践指导意义的策略方案，通过教学案例剖析、共同备课、研课、示范课、专题性研修等方式，解决教师在前期认知中的共性问题。他们以通俗化的方式将信息化教学理念呈献给一线教师，帮助他们实现理念认知、教学设计实践、自身信息化教学意识的反思与专业成长。这种转化过程，不仅帮助教师实现了从理论到实践的跨越，还实现了教研员自身信息化教学理论与教师教学实践之间的有机结合，从而诠释了信息化教学理念的真正价值。在这个过程中，教研员的"以身示范"作用不可忽视。他们以普通实践者的身份进入信息化教学实践，与一线教师并肩作战，共同面对挑战。这种实践者的身份，让教研员更能够体会一线教师的实际需求和困惑，从而更加精准地提供指导和支持。同时，教研员的实践行为在很大程度上减少了推广的阻力，提高了区域推广的速度与质量。他们在实践中不断积累经验，提升自身信息化教学实践能力与理念解读能力，为未来的教学工作奠定了坚实的基础。

然而，信息化教学实践过程难免存在各种实践性阻力。这时，教研员的研究力就显得尤为重要。他们深入信息化教育教学的现场，针对教学中遇到的现实困境，与教师以共同体的方式协作研究实践。他们不仅对问题进行理论上的探讨，更在行动中寻找解决问题的有效方法。这种研究与实践相结合的方式，不仅提高了教学质量，还让教研员自身的研究能力得到了锻炼和提升。同时，教研员与一线教师建立在合作共同体基础上的信息化教学改进，是一个不断发展紧密联系的过程。这种合作不仅促进了教师信息化教学行为的提升，也让教研员自身得到了深度发展。他们通过共同探讨、相互学习、不断反思，共同推动着信息化教学理念的科学实用化。此外，教研员在与研究者、行政人员以及校域管理人员的交互中发挥着重要作用。他们与研究者共同探讨信息化教学理念向实践转化的研究过程，提炼具有实践价值的教学方法、策略与机制。他们与行政人员沟通协作，争取政策支持与激励机制，为信息化教学的推进提供外层保障。他们与校域管理人员互动配合，推动校域信息化教学实践的整体推进。这些交互活动不仅丰富了教研员的工作内容，也提高了他们的工作效率和影响力。

浙江省杭州市于2023年举办"弘临课堂节"中小学研讨活动，旨在聚焦学教方式的创新与变革。此次活动汇集了华师大专家团队、各学科领域专家，以及临平区各中小学校的校长与教师。共同就课堂教学与作业改革的模式进行深入研讨。在"双减"政策的背景下，浙江省杭州市临平区致力于落实新课程标准的要求，致力于提高课堂教学质量，并助力教师的专业成长。临平区围绕服务学校教育教学、教师专业成长、学生全面发展及教育管理决策，实行了以"飞行调研＋送教入校"为核心的教研工作机制。其中，教研员在推动信息化教学理论向实践转化中扮演着关键角色，他们不仅协助教师将理论转化为实际行动，更在此过程中建立起自己的权威和影响力。教研员通过与一线教师、研究者、行政人员及校域管理人员的紧密合作，共同促进了信息化教学的持续发展和进步。面对未来教育数字化转型的浪潮，应当深化对教研员角色和价值的认识，加大支持力度，使其在信息化教学的道路上行稳致远。

三 区域信息化教学推广机制形成发展

教研员建立完成区域信息化教学推广机制，是教研员在区域信息化教学中建立威望、在变革中谋求职业位置、实现自身专业与角色担当的"价值体现"。教研员通过建立完成区域信息化教学推广机制，不仅能够在变革中谋求自身的职业位置，还能够实现自身的专业发展与角色担当，展现其独特的价值体现。

教研员的区域统筹能力在很大程度上决定着信息化教学推广的广度与深度。通过与教师的深入互动，教研员需要总结归纳适合地域特征的信息化教学方法，并形成面向实践教师的培训、教研机制。这一机制的建立，旨在使信息化教学方法具有区域推广性，让更多的教师能够掌握并运用到实际教学中。同时，教研员要善于发现并培养区域信息化教学推广中的典型教师，这些典型教师将成为引领区域信息化教学改革的核心力量。形成教师共同体，共同推动区域信息化教学的深入发展。在这个过程中，教研员与教师共同构筑了"研究共同体"，共同成为区域信息化教学的引领者。他们通过相互学习、交流与合作，不断提升自身的教学水平，为区域信息化教学的持续发展奠定坚实基础。此外，教研员需要与研究者保持密切的交流与合作。通过与研究者的深入交流，教研员可以提炼出相应的教学规律，挖掘背后的教育思想。这些教学规律和教育思想将为完善区域的运行机制提供有力支持，使其更加系统科学。同时，教研员需要谋划未来的变革方向，持续引领区域教育的变革与发展。

在与区域行政人员的交互中，教研员需要积极参与政策制定，形成适合区域发展的政策体系。这些政策旨在引导区域信息化教学的整体发展走向，用规范的制度来约束和激励信息化教学的推广。通过制定具有针对性的政策，可以确保区域信息化教学推广的可持续性，为区域教育的长远发展提供有力保障。在与校域管理人员的合作中，教研员需要协助学校制定适合自身发展的政策机制。这些机制旨在促进校域信息化教学的整体推进，呼应区域发展方向，激发校域教师积极参与信息化教学实践的热情。同时，教研员需要为学校营造良好的信息化教学改革氛围，为校域信息化教学的持续发展奠定基石。

2023年，教育部在湖南长沙召开全国基础教育教研工作会议。会议强调：要健全教研体制机制，努力构建以教育行政部门为主导、教研机构为主体、中小学校为基地、相关单位通力协作的教研工作格局；要加强教研队伍建设，探索建立教师和教研员任职"旋转门"制度，打通教师和教研员职业流动通道。这足以体现教研员构建区域信息化教学整体可持续推进的策略机制是教育变革中的关键一环。他们通过总结归纳信息化教学方法、培养典型教师、与研究者和行政人员交流合作等方式，推动区域信息化教学的深入发展。在这一过程中，教研员不仅实现了自身的专业成长与角色担当，更为区域教育的长远发展贡献了智慧和力量。

四 教研员信息化教学引领力发展的成长智慧愉悦

教研员信息化教学引领力发展的过程，是一种积极适应变革并努力追求自身专业成长的主动状态。在这个过程中，教研员不仅要具备"主动奉献"的精神，还要有"忘我投入"的心理境界。在推动区域信息化教学的进程中，教研员通过传播先进理念、推广实践经验、深入研究探索，不断追求实践研究的智慧愉悦，使自身的专业成长充满"灵性"与"幸福感"。

在与教师的交流、对话、合作共同体构建的过程中,教研员时刻展现其答疑解惑与升华提炼的专业能力。他们不仅是知识的传播者,更是教师成长道路上的引路人。通过与教师们的紧密合作,教研员不仅帮助教师解决问题,还提炼出具有普遍意义的教学经验,不断体现自身的内在职业价值。教研员通过自身的角色担当,推动教师群体的成长,这不仅体现了教研员的专业素养,也提升了他们的"幸福指数"。因为教师的成长不仅促进了区域教育教学的变革,也为教研员带来了职业价值角色的最生动鲜活的体验。这种体验源于心灵深处的"内在愉悦",是教研员在推动教育教学变革中获得的成就感。

在与行政人员、学校管理人员的互动中,教研员能够将现实的教育教学诉求传递给相关人员,将富有改革气息的信息化教学理念生动呈现。通过教研员的努力,形成的区域变革、校域发展策略凝聚了教研员的思想智慧。这使得教研员的内在职业认同感在心中凝结,专业成长的价值得以呈现。在反思、实践、研究、管理、创新的过程中,教研员得以将信息化教学理念传递给教师,推广至整个区域。他们通过反思创新,不断健全发展区域信息化教学理念与机制,推动区域信息化教学的持续向前。同时,教研员通过管理评价,确保区域信息化教学的科学发展,实现对区域信息化教学的科学引领。在这个过程中,教研员的灵动与创造力、奉献与职业价值得以在自身的行为与反思中不断呈现。他们不仅是教育教学的引领者,更是教育改革的推动者。他们的专业素养和敬业精神,为区域教育教学的发展注入了强大的动力。此外,教研员需要关注教育教学的最新动态和研究成果,不断更新自己的知识储备。他们需要通过参加各类培训、研讨会等活动,拓宽视野、增强能力,以更好地适应信息化教学的要求。同时,教研员还要加强与教师的沟通交流,了解他们的需求和困惑,为他们提供更加有针对性的指导和帮助。

总之,教研员信息化教学引领力发展的过程是一个充满挑战与机遇的旅程。这是一场融合了技术与教育的变革,教研员们不仅要保持对教育的深刻理解,还要掌握现代信息技术的运用。在这个过程中,教研员需要不断提升自己的专业素养和综合能力,以更好地适应教育教学变革的要求。这包括了对教育理念的深入理解,对教育心理学、教育统计学等专业知识的掌握，以及对学生个性化需求和学习方式的敏锐洞察。同时，随着信息技术的飞速发展，教研员们需要不断学习和掌握新的教学工具和平台，如在线教育平台、多媒体教学软件等，以便更好地服务于教育教学工作。

在这个过程中，反思、实践、研究、管理、创新是教研员们必须经历的几个阶段。反思是对自己教学实践的深入思考，从中发现问题和不足，为改进提供依据；实践是将反思的结果付诸行动，通过不断地尝试和调整，找到最适合学生的教学方法和策略；研究是对教育教学理论的深入探索，通过参与课题研究、撰写论文等方式，不断提升自己的理论素养；管理是对教学资源和过程的统筹规划，确保教学活动的顺利进行；创新是在反思、实践、研究、管理的基础上，不断探索新的教学模式和方法，推动教育教学的持续发展和进步。通过不断反思、实践、研究、管理、创新，教研员将为区域教育教学的发展贡献自己的力量，实现自身专业成长的价值。此外，技术对于教研员引领区域信息化教学实现专业发展具有重要意义。技术不仅为教研员们提供了更多的教学工具和平台，还为他们提供了更多的数据和信息支持。通过这些数据和信息，教研员们可以更加准确地了解学生的学习情况和需求，为制定更加个性化的教学方案提供依据。同时，技术能够帮助教研员们更好地进行教学管理和评估，提高工作效率和质量。

在与 U–D–S–P 各方的互动沟通中，技术都可以起到很好的支持作用，能够在很大程度上减少沟通合作的资源耗费，对教研员自身的成长反思、管理行为亦能起到很好的支撑辅助作用。在教研员引领区域信息化教学推广的过程中，应当充分发挥技术本身所具有的优势来支持教育教学变革。

教研员信息化教学引领力发展的过程是一个充满挑战与机遇的旅程。在这个过程中，教研员们需要不断提升自己的专业素养和综合能力，同时需要充分利用技术的优势和作用，为区域教育教学的发展贡献自己的力量，实现自身专业成长的价值。这不仅是一场教育的变革，更是一场人与技术的和谐共舞，将为未来的教育事业注入新的活力和动力。

第五节 个案实践

一 实践过程

2011年5月，本书研究团队在西部某贫困县展开了区域小学信息化教学研究实践。依托基础教育信息技术与课程整合试验，当地的教研员们积极以主体身份参与信息化教学变革实践，他们不仅是观察者和指导者，更是实践的引领者和推动者，为区域信息化教学的发展注入了强大动力。基于教研员区域信息化教学引领力发展的 U-D-S-P 路径，在研究团队的指导下，这些教研员们深入学校和课堂，与教师和学生共同探讨信息化教学的现状和挑战，共同制定与构建信息化教学的发展策略和路径。他们通过组织教师培训、课堂观摩和教学辅导等活动，激发了教师的信息化教学热情和创新能力，助力他们更好地融入信息化教学的实践，不断提升教学水平并更新这些教师们的教育理念。同时，教研员们积极与学生和家长进行沟通和互动，了解他们的需求和期待，促进学生对信息化教学资源的有效利用，引导家长理解和支持信息化教学的意义和价值。通过这种紧密互动和支持，教研员们成功地将信息化教学理念融入学校和社区的教育实践，推动了区域小学信息化教学的可持续发展。具体的实践过程如下。

（一）实践背景

此贫困县地处国家连片开发的秦巴山区，这片山区地势崎岖，交通不便，经济发展相对滞后。在教育领域，该县面临着诸多挑战，其中最为突出的便是教育基础薄弱、师资数量不足且结构不合理的问题。地理位置偏远，优秀的教育人才难以流入，导致教师队伍整体素质偏低，难以支撑起高质量的教育教学工作。

此外，该县的教学设施远不能适应教育发展的客观要求。许多学校缺乏现代化的教学设备，如多媒体教学工具、实验室设备等，这使得教师在授课过程中难以充分展示教学内容，影响了学生的学习兴趣和效果。同时，城乡教育发展不平衡的问题进一步加剧了该县教育面临的困境。

在这样的背景下，该县区域内的教研员很难具备充分接触信息技术的条件。他们往往缺乏相关的培训和学习机会，对于信息化教学理念的理解和实践经验相对不足。这导致他们在面对新的教学技术和方法时，常常感到迷茫和困惑，无法有效地将其应用于实际教学中。

为了改善这一状况，2011年6月，该县将实施基础教育信息技术与课程整合试验作为落实《国家中长期教育改革和发展规划纲要（2010－2020年）》的一项举措。这一试验旨在通过引入信息化教学手段，提高教育教学质量，促进教育公平。

（二）前期准备

基础教育信息技术与课程整合试验以推行课堂教学模式为基本方式，争取在不增加课时、不增加学生课业负担的前提下，通过信息技术与新课程深层次的整合，大幅度提升课堂教学质量与效率，进而推进教育公平，实现基础教育的优质均衡发展。为推进教育公平、大面积提高教学质量、加速教育现代化进程，多年来，此贫困县一直在寻找能够促进区域教育发展的课堂教学模式。基础教育信息技术与课程整合教学试验的推广，为这里的基础教育带来了新的发展机遇。

作为实施基础教育信息技术与课程整合试验最关键的第一步，选择试验学校既要有利于成功地使基础教育信息技术与课程整合教学模式生根，又要有利于下一年进一步扩大试验规模。在选择项目学校的过程中，首先召开宣传动员会，号召校长主动申请，再由课题组谈话了解，进入学校实地考察，然后由课题组和当地教育局综合考虑校长对基础教育信息技术与课程整合试验的认识与态度、学校的师资力量与基础设施、试验学校之间距离等因素共同确定试验学校。

（三）管理保障

一是健全县、校两级管理机构。县教育局成立由局长任组长、主管教研工作与基础教育工作的副局长和县教研室主任副组长、各试验学校校长为成员的信息技术与课程整合教学试验领导小组，负责信息技术与课程整合教学试验的组织、协调和管理，抽调具有一定现代教育信息技术能力且具有较高教学水平的教研员与教师成立信息技术与课程整合教学试验教研组，配合课题组学习并指导信息技术与课程整合课堂教学。

二是建立健全各项管理制度。建立信息技术与课程整合试验教师教研、培训、管理制度，试验班级硬件设施保障制度等。建立试验学校交流制度，扩大交流范围，分享教学成功经验，在制度上为教学试验的顺利实施提供保障。

三是建立信息技术与课程整合试验学校及教研员结对帮扶制度。根据试验学校和教研员的实际情况，鼓励新、老试验学校，新老试验教研员与教师加强交流，在自愿、互助的原则下结对帮扶，以老带新，共同发展。

四是建立信息技术与课程整合教学试验评价激励制度。以提高教学质量、促进信息技术与课程整合教学试验的发展为主，建立以组织管理、硬件建设、教师培训、档案管理、试验成果、结对交流、试验文化氛围等为主要内容的学校评价激励制度，建立以教学设计、课件制作、公开课、参加培训、结对交流、学生作品，教学成果等为主要内容的教师评价激励制度，定期对试验学校和教研员进行评价，以物质和荣誉两种形式激励学校和教研员。

（四）拓展培训

为了让试验教师既能尽快领悟和接受信息技术与课程整合教学模式的理念，又能适应信息技术与课程整合课堂教学的要求，尽快掌握教育信息技术，信息技术与课程整合教学试验教研组一方面做教师的思想工作，一方面采取多项措施促进教师发展：（1）开展试验教师入门培训；（2）结合教学实际进行专题培训；（3）分阶段进行信息技术与课程整合课堂教学设计、PPT 课件制作、网络教学资源的检索技术、综合课例的制作等培训；（4）个别辅导；（5）结对帮扶；（6）举办竞赛，以竞赛促进教师发展。

（五）集体备课

为使教师尽快掌握信息技术与课程整合教学的理念与模式，实现信息技术与课程整合课堂教学常规化，经过课题组和教研组共同研究，教研组采用多种形式，多次组织试验教师开展集体备课。

具体实施方式如下：将试验教师集中起来，由教研组提供教学设计案例，通过教师分组讨论，对原案例进行修改；当老师具备一定的独立备课能力时，教研组与教研组对教学内容进行合理分配，要求教师间合作完成教学设计（包含课件制作），教研组针对教学设计向试验教师反馈修改意见，再由试验教师修改后供同级试验教师共享，试验教师根据教学实际进行修订。这样既解决了试验教师备课时间不足、负担过重的问题，又便于教研组及时进行个别指导。通过集体备课，全体试验教师对于信息技术与课程整合教学理念的把握日趋成熟，大大提升了试验教师的现代信息技术教育水平,从而加快了信息技术与课程整合教学常规化的进程。

(六) 搭建平台

一是制作、发放信息技术与课程整合教学试验联系卡。将信息技术与课程整合教学试验课题组成员、教研组成员及试验学校,教师的联系方式统计制作成卡,发放给每位试验学校校长和教师,以方便相互联系。

二是利用互联网建立 QQ 群。由县信息技术与课程整合教学试验教研组的教育信息技术教研员负责申请 QQ 群,由教研员分别管理,发布信息、组织交流教学心得与方法等。

三是召开信息技术与课程整合教学观摩研讨会。通过现场观摩课、学生的作品展示、教师的教学设计方案和综合课例的展示、信息技术与课程整合教学试验进展情况的汇报等形式,一方面展示信息技术与课程整合教学试验以来的突出成果,另一方面交流和分享信息技术与课程整合教学试验经验,以便今后在更多的学校推广试验的新成果。

四是召开全县信息技术与课程整合教学试验年会。总结交流信息技术与课程整合教学试验工作,使试验学校校长和试验教师共同分享信息技术与课程整合教学试验的经验与成果。

五是在跟进课堂的同时,教研组让试验教师搭乘"顺风车"跟随教研员听其他试验教师的课。

在整个实践过程中,信息技术与课程整合教研组中的教研员们作为连连各方的关键"枢纽",在实现信息技术与课程整合教学的目标导向下,能以开放的视野去接触吸纳新的思想。在区域行政层面的支持下,经由前期研究者指导下的异地观摩、理念培训、案例研讨等活动,教研员逐渐树立起自身的信息化教学认知,并担负起区域改革的角色赋予。在理念的传递与实践中,教研员主动地谋求区域行政与校域管理层的支持,政策机制不断健全。在一线教师的实践转化过程中,通过以课代训、专题研讨、课例观摩等方式,帮助一批批教师加入信息化教学实践与改革团队,一所所学校的信息化教学策略、方法得以呈现改进,一个个信息化教研团队得以建立完善。教研员区域信息化教学引领能力得以发展,其研究与实践桥梁角色得以体现,教研员的威信得以建立。

由此,教研员的区域信息化教学引领力在 U–D–S–P 路径不断搭建与畅通的条件下得以成长,并在研究者的帮助与支持下,逐步形成稳定机制，以实现教研员专业发展的稳定化与可持续化。在这个视角下，教研员作为区域信息化教学变革的先行者和引领者，为西部贫困县的教育事业注入了新的活力和动力，为区域小学信息化教学的发展前行铺平了道路，为学生的未来教育提供了更广阔的空间和可能性。

二 实践结果

截至 2017 年秋季学期，历经 6 年的发展，研究者将县域范围内的全部 34 所中心小学（100% 覆盖）纳入区域信息化教学的推广体系，参与信息化教学改革的一线实践教师人数达到 400 多人，受益学生人数达到 10000 名左右。从近几年学生学业成绩与综合素质的纵、横向全面对比来看，整体区域性发展明显得到改善。

对于教研员而言，在 U–D–S–P 互动机制的推动下，区域信息化教学引领力得以持续发展与提升。作为机制的核心，教研员不仅促进了所在学校与合作教师信息化教学水平的稳步提升，而且为基础教育信息技术与课程整合教学试验的实施与研究提供了有力支持。这一成效在交互传播与角色实践的过程中得到了充分展现。从实践结果来看，以教研员为核心的 U–D–S–P 路径不仅巩固了教研员在区域信息化教学中的引领地位，而且推动其 TRACK 专业知识框架在实践中得到深化与拓展。这充分验证了 U–D–S–P 机制与路径的有效性，并有效地促进了区域信息化教学水平的整体提升。

得益于教研员们的先驱与枢纽职能的影响，一批引领区域信息化教学改革的优秀教师也相继涌现。这些优秀教师以其扎实的专业知识和丰富的教育经验，积极参与区域信息化教学的实践，不断探索和创新教学方法和手段，积极推广信息化教学理念和方法。与教研员构建起自上而下的区域信息化教学共同体，形成了良好的教学互助网络，相互交流、学习和借鉴，共同促进了区域信息化教学的快速发展。正是因为这些优秀教师的努力和贡献，学生的学业成绩和综合素质得到了明显的提升。他们在信息化教学的引领下，培养了更多具备创新思维、合作精神和实践能力的学生。这些学生在各个领域表现出色，不仅在学业上取得优异的成绩，还展现出较高的综合素质和社会责任感。可以看到，这些优秀教师的涌现为整个区域的教育改革注入了强大的动力和希望。他们的成功经验和实践案例，不仅是区域内其他教师的榜样和借鉴，也对全国范围内的信息化教学改革具有积极的示范和影响作用。他们的努力将继续推动区域信息化教学的发展，并为学生提供更加优质和多样化的教育资源和机会。

在推进教育信息化的进程中，教研员作为核心力量，在 U–D–S–P 互动机制的引领下，发挥了举足轻重的作用。通过他们的实践研究、借鉴创新，整个区域成功地构建了一套完整的信息化教学培训、实践、管理政策机制。这不仅为本地区的教育信息化改革提供了宝贵的参考和借鉴，还极大地推动了学校信息化教学实践平台的建立，为相关行政部门提供了科学的决策依据和意见。

在构建信息化教学培训机制方面，教研员们深入一线，通过实地调研和访谈，充分了解了教师的信息化教学需求和困惑。在此基础上，他们组织了一系列针对性强的培训活动，包括专题讲座、教学观摩、实践操作等，旨在提升教师的信息化教学素养和能力。同时，教研员们积极引进外部优质资源，为教师们提供了更多学习机会和平台。在实践层面，各学校根据自身的特点和需求，相继出台了符合校域的信息化教学推进方案。这些方案充分考虑了学校的教学资源、教师队伍、学生特点等因素，提出了具体可行的措施和策略。例如，一些学校利用信息化手段优化了教学过程，提高了教学效果；另一些学校则通过信息化平台加强了师生之间的互动交流，提升了学生的学习兴趣和积极性。在管理政策机制方面，区域教育部门制定了一系列政策文件，明确了信息化教学的目标、任务和要求，为各学校的信息化教学改革提供了指导和支持。同时，他们建立了信息化教学评估体系，定期对学校的信息化教学工作进行检查和评估，以确保改革成果得到有效落实。

随着信息化教学改革的深入推进，区域信息化教学共同体逐渐建立起来，成为推动教育现代化进程的重要力量。在这个共同体的构建过程中，各学校之间加强了交流合作，共同分享教育资源和经验，推动了教学模式的创新和发展。这一变革不仅提高了整个区域的教育教学质量，还推动了区域教育信息化的进程，为培养新时代人才奠定了坚实基础。在信息化教学改革的过程中，县域范围内的学校纷纷响应号召，积极投身这场改革。教师们在教学过程中逐渐融入了信息化元素，利用多媒体教学、在线学习平台等现代化教学手段，使得课堂变得更加生动有趣。学生们则在信息化环境下获得了更多的学习机会和资源，能够随时随地获取知识、交流心得，学习效果显著提高。同时，教研员们在这一过程中发挥了重要作用。他们不仅为教师们提供了丰富的信息化教学资源，还通过组织培训、研讨会等活动，帮助教师们提高信息化教学水平。在教研员的引领下，整个区域通过构建完整的信息化教学培训、实践、管理政策机制，成功地推动了教育信息化的改革进程。此外，区域信息化教学共同体注重加强与其他地区的交流合作。通过与其他地区的学校、教育机构等建立合作关系，共同分享教育资源和经验，推动了区域间教育信息化的协同发展。这种跨区域的交流合作不仅拓宽了教育教学的视野，也为区域教育的发展注入了新的活力和动力。区域信息化教学共同体的建立和发展，为教育信息化改革提供了有力支撑。它不仅推动了教学模式的创新和发展，还提高了教育教学的质量和效率。在未来的发展中，我们应该继续加强区域间的交流合作，推动教育信息化向更高水平迈进，为培养更多优秀人才贡献力量。

在此县内，教研员在整个区域信息化教学推进过程中的引领力得以发展，引领价值得以呈现，其内在的专业成长力得以激发。教研员意识到因自身专业能力发展与互动关系的持续性带来的重大变革，以积极主动的心态参与教育教学变革。其专业价值的内外呈现，也使其发展环境得以显著改善，其在区域范围内的专业地位得以认可，拥有了更加主动地谋求变革的资源与内在动力。以教研员为核心 U–D–S–P 路径持续引领区域教育变革的实践行为在此县焕发出勃勃生机。

小 结

教研员在区域信息化教学推广中扮演着十分重要的角色，促进其专业引领能力的发展是实现其区域引领的前提与基础。但与教研员的角色定位及信息化实际需求形成鲜明对比的是，许多教研员在区域信息化教学进程中角色缺失，这与教研员本身业已形成的"行政化"角色预期有一定的关系，但更深层次的原因则是教研员本身专业素养及推广能力不足，致使其在区域信息化教学推广中被"边缘化"。相比倾向于把教研员置于推动教学改革，将其作为外在因素作用于教育教学实践的价值论述，对教研员如何在新的教育教学环境下，探索实现自我专业成长的机制和发展平台处于真空状态,忽视了教研员本身作为独立主体的专业成长,对于教研员信息化教学引领力发展的机制与策略更是缺少研究探讨与实践践行。

本章建立在 U-D-S-P 路径上的教研员区域信息化教学引领力发展,是教研员职业角色定位与互动关系得以体现的重要现实场景,以教研员引领力发展所营造的共同体,能够为区域信息化教学推广与教学变革提供可持续发展的动力,是一条值得探索与尝试的路径。在信息化环境下,持续不断地为教研员提供专业发展动力与平台,是促进教育信息化、推动教育变革的重要途径与任务,值得引起关注。

参考文献

中文文献

著作

范良火：《教师教学知识发展研究》（第二版），华东师范大学出版社2013年版。

教育大辞典编纂委员会编：《教育大辞典》（第7卷），上海教育出版社1990年版。

时曦编著：《教研员专业成长之路》，广西师范大学出版社2008年版。

叶澜、白益民、王枬等：《教师角色与教师发展新探》，教育科学出版社2001年版。

李波主编：《教研员专业发展基本素养与实践指导》，甘肃教育出版社2014年版。

译著

[美] 布莱恩·阿瑟：《技术的本质：技术是什么，它是如何进化的》，曹东溟、王健译，浙江人民出版社2014年版。

[加] 马克斯·范梅南：《教学机智：教育智慧的意蕴》，李树英译，教育科学出版社2001年版。

[美] 塔格特、[美] 威尔逊：《提高教师反思力50策略》，赵丽译，中国轻工业出版社2008年版。

期刊文章

毕景刚、韩颖：《专业发展背景下的中小学教研员能力结构研究》，《教育理论与实践》2016年第14期。

陈向明：《教师实践性知识研究的知识论基础》，《教育学报》2009年第

2 期。

陈东：《试论现代化教学环境中教师教育技术的培训》，《电化教育研究》2000 年第 12 期。

陈锋娟、章光琼、张思等：《精准教研的内涵特征、价值取向与发展路径》，《中国远程教育》2024 年第 3 期。

陈丽、郭玉娟、张文梅：《"互联网＋教育"的世界观：复杂系统观》，《中国远程教育》2023 年第 8 期。

崔允漷：《论教研室的定位与教研员的专业发展》，《上海教育科研》2009 年第 8 期。

董艳、黄月、孙月亚等：《校长信息化教学领导力的内涵与结构》，《现代远程教育研究》2015 年第 5 期。

龚道敏：《区域性教研机构开展网络教研的模式探索与实践》，《中国远程教育》2008 年第 3 期。

高瑛、项佳敏、马宏佳：《教师实践性知识发展影响因素研究》，《课程·教材·教法》2020 年第 3 期。

关晓明、蒋国珍：《教研员引领的网上教研活动研究》，《中国远程教育》2009 年第 9 期。

何克抗：《TPACK——美国"信息技术与课程整合"途径与方法研究的新发展（下）》，《电化教育研究》2012 年第 6 期。

胡小勇、徐欢云：《"互联网＋教研"形态研究：内涵、特征与趋势》，《电化教育研究》2020 年第 2 期。

黄堂红：《教研信息化的内涵、意义及发展对策探讨》，《电化教育研究》2009 年第 3 期。

蒋银健、郭绍青：《基于知识建构的教师专业发展模型构建研究》，《中国电化教育》2014 年第 6 期。

黄荣怀、江新、张进宝：《创新与变革：当前教育信息化发展的焦点》，《中国远程教育》2006 年第 4 期。

李玲、赵千秋：《教研员专业发展的困境与对策》，《教学与管理》2011 年第 22 期。

李建辉、王志广：《简论师范生的教师专业情意、态度与价值观》，《福建师范大学学报》（哲学社会科学版）2013 年第 5 期。

刘宝剑：《教研员的职业角色与工作智慧》，《上海教育科研》2009年第8期。

刘春芝、刘强：《教研员要做到的"一二三四五"》，《教育科学研究》2011年第4期。

刘东敏、田小杭：《教师实践性知识获取路径的思考与探究》，《教师教育研究》2008年第4期。

刘海燕：《教研员的角色定位与发展期待》，《教育理论与实践》2012年第14期。

卢立涛、沈茜、梁威：《职业生命的"美丽蜕变"：从一线教师到优秀教研员——兼论教研员实践性知识的生成过程》，《教师教育研究》2016年第3期。

卢乃桂、钟亚妮：《国际视野中的教师专业发展》，《比较教育研究》2006年第2期。

卢乃桂、沈伟：《中国教研员职能的历史演变》，《全球教育展望》2010年第7期。

梁威、李小红、卢立涛：《新时期我国基础教育教学研究制度：作用、挑战及展望》，《课程·教材·教法》2016年第2期。

雷励华、张子石、金义富：《教育信息化2.0时代校长信息化领导力内涵演变与提升模式》，《电化教育研究》2021年第2期。

缪抗美、高斌：《区域教育现代化建设中的教育信息化》，《中国电化教育》2009年第12期。

平和光、杜亚丽：《"互联网+教育"：机遇、挑战与对策》，《现代教育管理》2016年第1期。

潘洪建：《当代知识观及其对基础教育课程改革的启示》，《课程·教材·教法》2003年第8期。

秦丹：《网络环境中教师专业发展动机的研究》，《中国电化教育》2012年第5期。

任其平：《论教师专业发展的生态化培养模式》，《教育研究》2010年第8期。

沈伟、汪明帅：《何以为师？教研员的素质现状与提升途径》，《中国电化教育》2021年第5期。

宋萑：《论中国教研员作为专业领导者的新角色理论建构》，《教师教育研究》2012 年第 1 期。

宋乃庆、吴乐乐：《区县教研员领导力的内涵、构成要素与提升策略》，《教育科学》2023 年第 3 期。

孙祯祥、翁家隆：《境外校长信息化领导力内涵的发展历程及启示》，《中国电化教育》2014 年第 2 期。

孙祯祥：《校长信息化领导力的构成与模型》，《现代远距离教育》2010 年第 2 期。

桑新民、郑文勉、钟浩梁：《区域教育信息化的战略思考》，《电化教育研究》2005 年第 3 期。

谭天美、范蔚：《"互联网+教研"：校本教研主体互动新契机》，《教育科学研究》2017 年第 4 期。

檀传宝：《再论"教师德育专业化"》，《教育研究》2012 年第 10 期。

王培峰：《教研员职能转变的定位与路径》，《中国教育学刊》2009 年第 2 期。

王坤庆：《教师专业发展的境界：形成教师个人的教育哲学》，《高等教育研究》2011 年第 5 期。

王晓莉：《教师专业发展的内涵与历史发展》，《教育发展研究》2011 年第 18 期。

王永军：《面向教育 4.0 的创新发展：中小学校长信息化领导力框架之构建》，《远程教育杂志》2020 年第 6 期。

吴娱、苏君阳：《区域教育资源共享中的教育信息化领导力探析》，《电化教育研究》2016 年第 1 期。

肖正德：《网络教研：一种促进教师专业发展的新型教研模式》，《现代远距离教育》2007 年第 1 期。

闫志明、李美凤：《整合技术的学科教学知识网络——信息时代教师知识新框架》，《中国电化教育》2012 年第 4 期。

颜建勇、黄珊、郭剑鸣：《大学教师教学学术能力发展机制构建研究》，《现代大学教育》2022 年第 3 期。

杨鑫、解月光、赵可云：《教育信息化背景下教研员知识体系的构建研究》，《电化教育研究》2017 年第 10 期。

杨鑫、觧月光、赵可云:《教研员信息化教研素养体系研究》,《中国电化教育》2017 年第 8 期。

杨小敏、向蓓莉:《促成并引领富有研习智慧的教学协作——社会变革中教研员职能的再定位》,《中国教育学刊》2011 年第 6 期。

张静、刘赣洪:《多维视角下教师 TPACK 发展机制与培养路径》,《远程教育杂志》2015 年第 3 期。

张国民、张剑平:《我国基础教育中机器人教育的现状与对策研究》,《现代教育技术》2008 年第 5 期。

张紫屏:《跨学科课程的内涵、设计与实施》,《课程·教材·教法》2023 年第 1 期。

钟志贤、曾睿、张晓梅:《我国教育信息化政策演进(1989—2016 年)研究》,《电化教育研究》2017 年第 9 期。

邹斌、陈向明:《教师知识概念的溯源》,《课程·教材·教法》2005 年第 6 期。

赵可云、杨鑫:《教研员区域信息化教学引领力模型研究》,《电化教育研究》2017 年第 3 期。

赵可云:《创新推广视野下基于 B - PDS 的区域信息化教学推广模式研究》,《电化教育研究》2016 年第 4 期。

朱旭东:《论教师专业发展的理论模型建构》,《教育研究》2014 年第 6 期。

英文文献

Brown J., Collins A., Duguid P., "Situated Cognition and the Culture of Learning", *Psychology of Education: Major Themes: Pupils and Learning*, Vol. 18, No. 1, 1989.

Grossman P. L., "Teachers' Knowledge", *International Encyclopedia of Teaching and Teacher Education*, No. 2, 1995.

Jonassen D. H., "Learning to Solve Problems with Technology: A Constructivist Perspective", *Merrill Prentice Hall*, 2003.

Knowles M. S., "The Modern Practice of Adult Education", *Andragogy Versus Pedagogy*, No. 4, 1980.

Laffitte R., "Teachers' Professional Responsibility and Development", *Research on Teacher Thinking: Understanding Professional Development*, 2012.

Olson J., "Making Sense of Teaching: Cognition vs. Culture", *Journal of Curriculum Studies*, Vol. 20, No. 2, 1988.

Shulman L., "Knowledge and Teaching: Foundations of the New Reform", *Harvard Educational Review*, Vol. 57, No. 1, 1987.